Joseph Roth

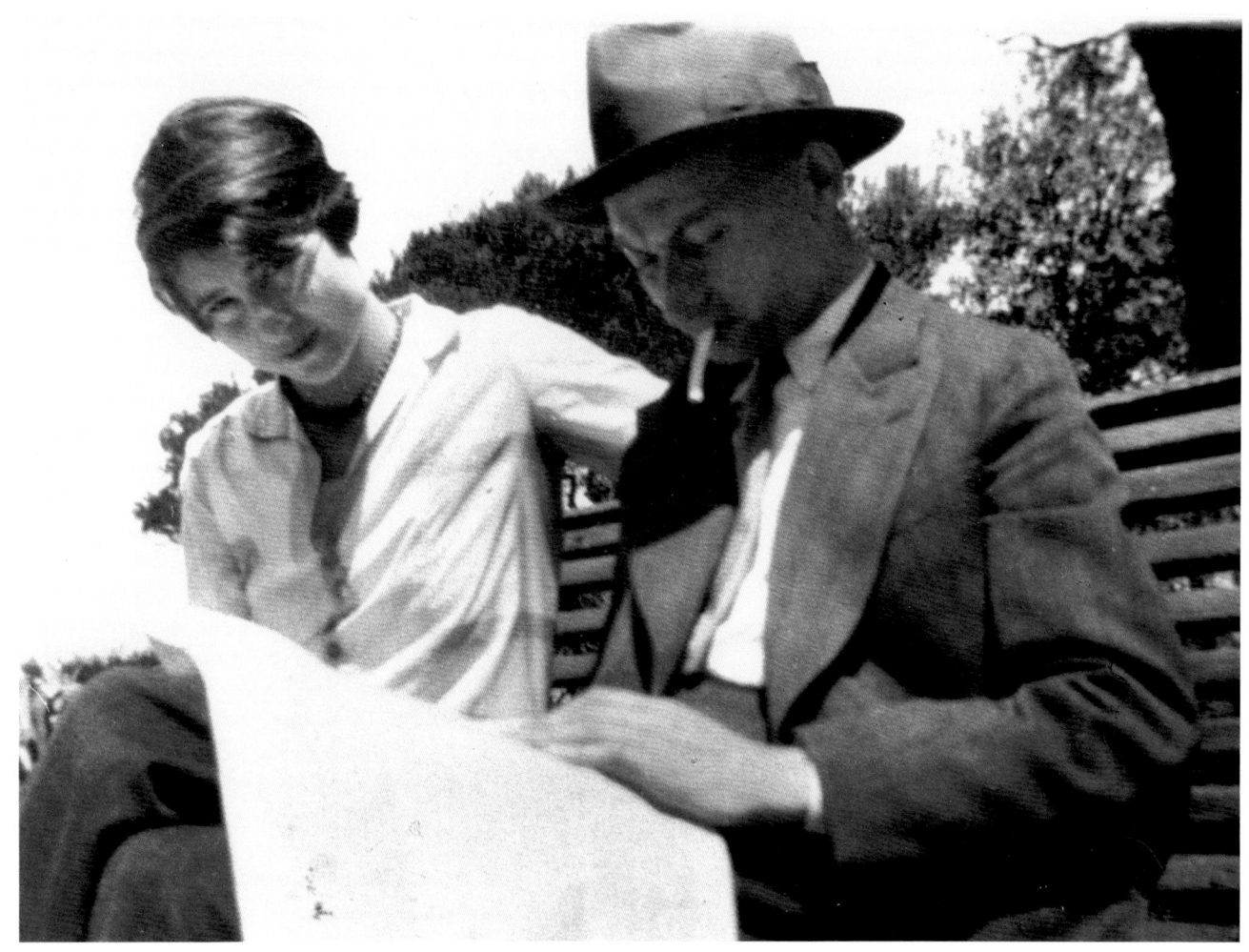

Heinz Lunzer
Victoria Lunzer-Talos

Joseph Roth

Leben und Werk in Bildern

Kiepenheuer & Witsch

Die Abbildung auf Seite 2 zeigt Friedl und Joseph Roth auf einer Parkbank. Fotografie, vermutlich im Spätsommer 1925 in Südfrankreich.

Wir danken dem Leo Baeck Institut, New York,
für die freundliche Unterstützung

© 1994 by Verlag Kiepenheuer & Witsch, Köln
Alle Rechte vorbehalten. Kein Teil des Werkes darf in irgendeiner Form (durch Fotografie, Mikrofilm oder ein anderes Verfahren) ohne schriftliche Genehmigung des Verlages reproduziert oder unter Verwendung elektronischer Systeme verarbeitet, vervielfältigt oder verbreitet werden.
Umschlag: Kalle Giese, Overath, unter Verwendung eines Fotos aus dem Deutschen Literaturarchiv, Marbach/Neckar.
Gesamtherstellung Mohndruck, Gütersloh
ISBN 3-462-02352-7

Inhalt

Galizien — 9
- *Joseph Roth: »Erdbeeren«* — 10
- Das Land — 15
- Die Geburtsstadt Brody — 20
- Joseph Roths Kindheit — 26
- Volksschule in Brody — 30
- Gymnasium in Brody — 32
- Lemberg — 36

Wien 1913–1917 — 42
- *Joseph Roth: »Der Hauslehrer«* — 43
- Studium — 45
- Die Hauptstadt — 52

Krieg 1914/1918 — 55
- Roths Militärdienst 1916–1918 — 56
- In Galizien — 60
- Erste Veröffentlichungen — 64

Journalismus. Anfänge — 68
- *Joseph Roth: »Die weißen Städte«* — 69
- Wien 1919–1920 — 72
- Berlin 1920–1925 — 80

Friedl Roth — 94
- *Liebe und Sorge – Joseph Roth über seine Frau Friedl* — 95

Frühe Romane und Erzählungen — 114
- *Joseph Roth: »Es lebe der Dichter!«* — 115
- »Das Spinnennetz« — 117
- »Hotel Savoy« — 121

Starjournalist 1923–1927 — 126
- *Joseph Roth: »Bekenntnis zum Gleisdreieck«* — 126
- »Frankfurter Zeitung« — 128
- *Joseph Roth: »Marseille«* — 132
- Frankreich — 134
- Reisereportagen — 148

»Juden auf Wanderschaft« — 154
- *Joseph Roth: »Juden auf Wanderschaft«* — 154

Starjournalist 1927-1933 — 162
- *Joseph Roth: »Die Tagespresse als Erlebnis. Eine Frage an deutsche Dichter«* — 162

Berühmter Journalist – Berühmter Schriftsteller? — 172

Romane im Verlag Kurt Wolff — 176

Autor beim Gustav Kiepenheuer Verlag — 180
- »Hiob. Roman eines einfachen Mannes« — 186
- »Radetzkymarsch« — 192

Emigration 1933–1939 — 202
- *Brief Joseph Roths an Stefan Zweig vom 7./8. November 1933* — 203
- Der Antifaschist Roth — 206
- Exil in Frankreich — 214
- *Schreiben im Exil: Brief Joseph Roths an Blanche Gidon vom 26. Mai 1936* — 223
- Roths Werke in Exilverlagen — 224
- Exilverlag Querido — 226
- Niederlande, Belgien — 230
- Exilverlag Allert de Lange — 232
- Exilverlag De Gemeenschap — 244
- Agentur Barthold Fles — 249
- Reise nach Polen und Österreich — 251
- Engagement für Habsburg – Engagement für Österreich — 258
- Abschiede — 264
- Paris, Café Tournon — 267
- Tod — 273

Stefan Fingal: »Legende vom Heiligen Trinker« — 274

Dank — 276
Literaturhinweise — 279

*»Ich sehne mich nach Paris, ich habe es nicht
aufgegeben, niemals, ich bin ein Franzose
aus dem Osten, ein Humanist, ein Rationalist
mit Religion, ein Katholik mit jüdischem
Gehirn, ein wirklicher Revolutionär.«*

*Joseph Roth an Benno Reifenberg,
Brief vom 1. Oktober 1926*

Galizien

1 »Mondlichtaufnahme vom Styr«. Fotografie, um 1916.
Der Styr fließt in der Nähe von Brody.

Joseph Roth: »Erdbeeren«

»Die Stadt, in der ich geboren wurde, lag im Osten Europas, in einer großen Ebene, die spärlich bewohnt war. Nach Osten hin war sie endlos. Im Westen wurde sie von einer blauen, nur an klaren Sommertagen sichtbaren Hügelkette begrenzt.

In meiner Heimatstadt lebten etwa zehntausend Menschen. Dreitausend unter ihnen waren verrückt, wenn auch nicht gemeingefährlich. Ein linder Wahnsinn umgab sie wie eine goldene Wolke. Sie gingen ihren Geschäften nach und verdienten Geld. Sie heirateten und zeugten Kinder. Sie lasen Bücher und Zeitungen. Sie kümmerten sich um die Dinge der Welt. Sie unterhielten sich in allen Sprachen, in denen sich die sehr gemischte Bevölkerung unseres Landstriches verständigte.

[...]

Bei uns zu Hause herrschte Frieden. Nur die engsten Nachbarn hielten Feindschaft. Die Besoffenen versöhnten sich wieder. Konkurrenten taten einander nichts Böses an. Sie rächten sich an den Kunden und Käufern. Jeder lieh jedem Geld. Alle waren einander Geld schuldig. Einer hatte dem anderen nichts vorzuwerfen.

Politische Parteien wurden nicht geduldet. Die Menschen verschiedener Nationalität unterschied man nicht, weil jeder in allen Sprachen redete. Man erkannte nur die Juden an ihrer Tracht und ihrer Überlegenheit. Manchmal machte man kleine Pogrome. Im Wirbel der Ereignisse waren sie bald vergessen. Die toten Juden waren begraben, die Beraubten leugneten, Schaden erlitten zu haben.

Alle meine Landsleute liebten die Natur, nicht um ihrer selbst willen, sondern mancher Früchte wegen, die sie spendete.

Im Herbst gingen sie in die Felder, um Kartoffeln zu braten. Im Frühling wanderten sie in die Wälder, um Erdbeeren zu pflücken.

Der Herbst bestand bei uns aus flüssigem Gold und flüssigem Silber, aus Wind, Rabenschwärmen und leichten Frösten. Der Herbst war beinahe ebenso lang wie der Winter. Im August wurden die Blätter gelb, in den ersten Septembertagen lagen sie schon auf dem Boden. Niemand kehrte sie zusammen. Ich habe erst im Westen Europas gesehn, daß man den Herbst zusammenfegt zu ordentlichen Misthaufen. An unsern klaren Herbsttagen wehte kein Wind. Die Sonne war noch sehr warm, schon sehr schräg und sehr gelb. Sie ging in einem roten Westen unter und erwachte jeden Morgen in einem Bett aus Nebel und Silber. Es dauerte lange, ehe der Himmel tiefblau wurde. Dann blieb er so den ganzen kurzen Tag.

Die Felder waren gelb, stachlig, hart und taten den Sohlen weh. Sie rochen stärker als im Frühling, schärfer und etwas unbarmherzig. Die Wälder am Rand blieben tiefgrün – es waren Nadelwälder. Im Herbst hatten sie silberne Kämme auf den Häuptern. Wir brieten Kartoffeln. Es roch nach Feuer, Kohle, verbrannten Schalen, angesengter Erde. Die Sümpfe, an denen die Gegend reich war, trugen eine glänzende leichte Decke aus gläsernem Frost. Sie dufteten feucht wie Fischernetze. An vielen Stellen stieg der Rauch steil und tänzelnd in den Himmel. Aus den fernen und nahen Gehöften kam das Krähen der Hühner, die den Dunst gerochen hatten.

Im November kam der erste Schnee. Er war dünn, glasig und haltbar. Er zerging nicht mehr. Da hörten wir mit dem Kartoffelbraten auf. Wir blieben in unsern Häusern. Wir hatten schlechte Öfen, Fugen in den Türen und Ritzen in den Dielen. Unsere Fensterrahmen waren aus leichtem, feuchtem Fichtenholz gemacht, sie hatten im Sommer ihre Gestalt verändert und schlossen schlecht. Wir verstopften die Fenster mit Watte. Wir legten Zeitungspapier zwischen Türen und Schwellen. Wir hackten Holz für den Winter.

Im März, wenn die Eiszapfen von den Dächern tropften, hörten wir schon den Frühling galoppieren. Schneeglöckchen ließen wir in den Wäldern. Wir warteten bis zum Mai. Erdbeeren gingen wir pflücken.

Die Spechte klopften schon in den Bäumen. Es regnete oft. Die Regen waren weich, aus einer Art samtenen Wassers. Sie dauerten gleichmäßig einen ganzen Tag, zwei Tage, eine Woche. Es wehte ein Wind, die Wolken rührten sich nicht vom Fleck, sie standen, wie Gestirne stehen, unverrückbar am Himmel. Es regnete gründlich und mit Bedacht. Die Wege wurden weich. Der Sumpf drang in die Wälder vor, die Frösche schwammen im Gehölz. Die Räder der Bauernwagen knirschten nicht mehr. Alle Wagen fuhren wie auf Gummi. Die Hufe der Pferde wurden lautlos. Alle Menschen zogen die Stiefel aus, hängten sie über den Rücken und wateten barfuß.

Über Nacht wurde es klar. Eines Morgens hörte der Regen auf. Die Sonne kam, wie heimgekehrt aus einem Urlaub.

Diesen Tag hatten wir erwartet. An diesem Tag mußten die Erdbeeren reif sein.

Wir gingen also die Straße entlang, die aus der Stadt gerade in den Wald führte. Unsere Stadt war sehr regelmäßig angelegt. In der Mitte kreuzten sich ihre beiden Hauptstraßen. In diesem Mittelpunkt entstand ein kleiner Kreis, auf dem man zweimal in der Woche den Markt abhielt. Die eine Straße führte vom Bahnhof zum Friedhof. Die andere vom Gefängnis in den Wald.

Der Wald lag im Westen. Man ging mit der Sonne. Der Wald hatte am längsten Tag. Stand man an seinem äußersten westlichen Ende, so sah man die Sonne am tiefsten Rand des Horizonts verschwinden und kostete noch den letzten Sonnenstrahl.

Hier wuchsen die schönsten Erdbeeren. Sie verbargen sich nicht bescheiden, wie es sonst ihr Charakter ist. Sie stellten sich den Suchenden in den Weg. Sie zitterten auf dünnen, aber starken Stengeln. Sie waren voll und wuchsen nicht aus Demut so tief am Boden, sondern aus Stolz. Man mußte sich bücken, um sie zu erreichen. Nach Äpfeln, Kirschen und Birnen muß man sich strecken und klettern.

An den Erdbeeren klebten kleine Erdklümpchen, die man mit freiem Aug' nicht sah und die man also in den Mund steckte. Es knirschte zwischen den Zähnen, aber der Saft, der aus der Frucht drang, schwemmte die Erde weg, und das weiche Fleisch streichelte den Gaumen.

Alle Menschen sammelten Erdbeeren, obwohl es verboten war. Wenn der Förster kam, nahm er den Frauen die Töpfe weg, streute die schönen roten Erdbeeren aus und zertrat sie.

Was aber konnte er uns machen, die wir Erdbeeren sofort aßen? Er sah uns böse an und pfiff seinem Hund. Er trug ein Schild aus Messing an der Brust. Er glänzte grün, stählern und war eigentlich ein metallener Gegenstand in einer Welt aus Blatt, Holz und Erde.

Niemand fürchtete den Förster. Je mehr Erdbeeren er zertrat, desto mehr wuchsen im Walde.

[...]

Unsere Stadt war in den Winternächten grausam. Der Schnee war eine Maske über ihrer Niedrigkeit. Er erstickte die zankenden Stimmen, die aus den Häusern kamen. Jedes Haus trug braune geschlossene Fensterläden mit schmalen gelben Lichtstreifen. An manchen Straßenecken brannten tanzende rote Flämmchen in gelben Petroleum-Laternen. Der Schnee leuchtete sanft und schmerzend zugleich. Der Wind bürstete die Dächer, der weiße Staub flog auf. Der Wind lag wie eine kalte Hand vor dem Mund. Tief unter dem Schnee lagen die Holzplatten, aus denen bei uns der Bürgersteig bestand. Man trat bis zum Knie in den Schnee.

[...]

Die Menschen in unserer Stadt hatten ein Bedürfnis nach Schönheit und nach Werken der Kunst. Seit undenklichen Zeiten gab es bei uns einen kleinen Park, in dem Kastanienbäume blühten, sehr alte ehrwürdige, dicke Bäume, deren Kronen der Magistrat manchmal schneiden ließ und in deren Schatten an heißen Sommertagen die Menschen schlafen. Der Park war rund, ein Kreis ohne Feld, mit dem Zirkel ausgemessen, von einem hölzernen, graugestrichenen Zaun umgeben, auf den man überhaupt hätte verzichten können – so wenig war es ein Zaun. Er war eher ein hölzerner Ring, an manchen Stellen weich, zersplittert, verfault, an andern zerbrochen, aber im Ganzen immer noch vorhanden, ein lockerer Gürtel an den Hüften des Parks. Er konnte weder Hunden den Eintritt wehren noch den Gassenjungen, die niemals einen der offiziellen Eingänge benutzten. Es war lediglich die Ordnungsliebe unserer Leute, die ihnen geboten hatte, durch eine Linie von mehr symbolischer Bedeutung den Park von der Straße abzugrenzen.

In der Mitte des Parks stand eine kleine hölzerne Bude mit schrägem Giebel, an dessen Ende ein Wetterfähnchen angebracht war. Auch diese Wetterfahne war zwecklos. Der Wind drang niemals durch das dichte Blätterdach der Kastanien. Die Windfahne hatte nichts zu tun. Dennoch richteten sich manche nach ihr. Denn es kam vor, daß sie aus rätselhafter Ursache heute nach Westen gerichtet war und morgen nach Norden. Ich

2 »Rauhreif am Styr«. Fotografie, um 1916.

glaube, daß irgend jemand sich die Mühe nahm, die Wetterfahne unserer Stadt nach der jeweiligen Windrichtung zu regulieren. Es wird einer von den vielen Verrückten gewesen sein, die bei uns öffentliche Funktionen ausübten.

Der wirkliche Zweck der hölzernen Bude war ein anderer: Sie war eigentlich ein Erfrischungspavillon, sie spendete Eis und Sodawasser mit und ohne Sirup und wurde von einer schönen, stattlichen blonden Frau verwaltet, bei der ich und andere die Liebe gelernt haben. Das Sodwasser, das sie ausschenkte, muß von einer besonderen Art gewesen sein, oder die jungen Männer meiner Heimat waren es.

Unser Pavillon war manchmal geschlossen, an Stunden, in denen man es gar nicht erwartet hatte. Mitten am Tage, zu einer Zeit, in der in anderen Städten der Welt Sodawasser getrunken wird, war unser Pavillon geschlossen, taub, grau, schweigsam. Die Vögel zwitscherten über ihm in den Kronen. Er war ein verwunschener Pavillon. Kein Geräusch drang aus seinem Innern. Man sah kein Schloß an seiner Tür, er war von innen zugemacht worden.

Wann er geöffnet wurde, wußte niemand. Aber nach einer Stunde, oder nach zwei, oder nach drei mußte er wieder offen sein. Er war es wirklich. Ein Zauber öffnete und schloß ihn. Niemals sah man, wann es geschah. Auch die jungen Männer, derentwegen er sich schloß, wußten nicht, wieso sie auf einmal eingesperrt waren. Sie hatten auch keine Zeit, auf die Tür zu achten.

[...]

Wir hatten nun ein Denkmal. Wir standen und saßen davor und betrachteten die Züge unseres großen Landsmannes. Er hatte immer dieselbe Seite seines Buches aufgeschlagen.

Im Herbst befürchtete man die schädliche Wirkung der Nässe und der Fröste für den teuren Stein. Man baute ein hohes hölzernes Haus und stülpte es über das Denkmal.

Den ganzen Winter lang bis zum April stand unser großer Gelehrter hinter Brettern. Er schlief einen Winterschlaf wie manche Tiere.

Wenn der Frühling kam, begann ein Hämmern im Park, man entfernte das Futteral vom Denkmal. Es war auch eines unserer Frühlingssymptome.
Das Denkmal ist schon frei! Es wird Frühling! – sagten die Leute im April.
[...]
Der Sommer lag da und wartete auf sein Ende. Im Herbst mußten die Fremden kommen, die Hopfenhändler aus Österreich, Deutschland, aus England, die reichen Männer, von denen viele Menschen in unserer Stadt lebten. Der Sommer lag da und gebar verschiedene Krankheiten. Vom faulen Obst bekamen die Menschen Bauchweh und starben, in den Brunnen trocknete das Wasser, ein paar Nadelwälder begannen zu brennen, die trockenen Gräser der Steppe entzündeten sich. In den Nächten war der Horizont gerötet, ein beizender Dunst lag in der Luft.
[...]
Unsere Stadt war arm. Ihre Einwohner hatten kein geregeltes Einkommen, sie lebten von Wundern. Es gab viele, die sich mit nichts beschäftigten. Sie machten Schulden. Bei wem aber liehen sie? Auch die Geldverleiher hatten kein Geld. Man lebte von guten Gelegenheiten.
Immer wieder ereignete sich etwas, das die Leute mit Hoffnungen erfüllte. Der große Hotelbau hatte nur Enttäuschungen gebracht. Es kam ein Winter mit frühen und starken Frösten, er überfiel uns wie ein Mörder, Ende November gab es schon 25 Grad. Die Vögel fielen starr von den Bäumen, jeden Morgen konnte man sie auflesen. Der Schnee seufzte unter den Tritten, der Frost schnitt uns in die Haut mit tausend dünnen Bindfäden, die Öfen platzten vom vielen Holz, der Wind trieb den Rauch in die Schornsteine zurück, so daß wir in den Stuben fast erstickten. Wir konnten die Fenster nicht aufreißen, wir hatten sie schon mit Watte und Zeitungspapier verstopft. Die Fensterscheiben bekleideten sich mit dicken, undurchsichtigen Krusten aus Kristall, Winter, merkwürdigem gläsernem Gesträuch.
Die Armen wurden von unserm Herrn Grafen gespeist. Aber die nicht betteln durften, verhungerten, starben, man rannte oft mit Leichen durch die Gassen, die schwarzen Kutscher hieben auf die schwarzen Pferde ein, daß sie galoppierten, und die Hinterbliebenen liefen dem Toten nach, es war, als beeilten sich alle, die Toten und die Lebenden, noch schnell in die überfüllten Gräber zu gelangen. Kein Platz! kein Platz! – schrien die Raben. Diese gefräßigen Vögel hingen schwarz und schwer in den kahlen Ästen, beflügelte Früchte, sie schlugen mit den Flügeln und zankten sich laut, sie flogen vor die Häuser und pickten wie Spatzen an die gefrorenen Fenster, sie waren nah wie schlimme Nachrichten, sie waren fern wie böse Ahnungen, schwarz drohten sie auf schwarzen Ästen und auf dem weißen Schnee.
Wie schnell fielen die Abende über uns herein, Abende, die mit einem scharfen Wind kamen, mit glänzenden fernen Sternen auf einem Himmel aus blauem Frost, mit kurzen heftigen Dämmerungen in den Stuben, mit heulenden Teufeln in den Öfen, mit Gespenstern aus Nichts. Eine halbe Stunde im Tag war die Sonne zu sehn. Sie war matt und weiß, von einer gefrorenen Fensterscheibe verhüllt. Die langen schweren Eiszapfen hingen von den tiefen Dächern, eine Art toter Troddeln. Schmale Stege zeichneten sich im tiefen Schnee ab, Fußgänger gingen zwischen weißen hohen Schneedämmen. Es gab nichts Heiteres außer dem Klingeln der Schlittenglocken, sie läuteten fast wie Frühling. Der Frost gab ihnen ein kurzes, aber scharfes, gläsernes Echo, in der Ferne waren sie summende helle junge Fliegen.
Aus schwarzen Strichen auf weißer Ebene bestanden die Nadelwälder. Nebel verdeckte die Ferne und die Hügel, die Gewässer lagen gurgelnd unter dicken Fenstern, rings um die Brunnen erhoben sich Kreise aus geschliffenem, starkem, gefährlichem Glas.
In diesem Winter, der die Armen noch ärmer machte, erwarteten wir mit mehr Ungeduld als gewöhnlich den reichen Herrn Britz aus dem fernen Peking, den reichen Teehändler, dessen Schutzmarke (eine Waage, von einem Engel gehalten) in der ganzen Welt berühmt ist und den echt chinesichen Tee garantiert.«

(Joseph Roth: »Erdbeeren« [Auszüge]. In: Werke, Band 4, S. 1008-1032)

3 Österreich-Ungarn. Landkarte mit den Grenzen von 1914 und 1921.

Das Land

Galizien war schon, als Joseph Roth geboren wurde, ein sagenhaftes Land, das die meisten nur vom Hörensagen, vom Hören düsterer Geschichten, kannten. Es galt allen Nicht-Galizianern, aber auch vielen von jenen, die den Aufstieg zu »etwas Besserem« geschafft hatten, als gottverlassene Gegend. Ausdruck der Rückständigkeit des weit vom Zentrum entfernten Landes waren nicht nur die Distanz, sondern auch Elemente der Landschaft: Staub, Schlamm, Sumpf.
Als Kronland der österreichisch-ungarischen Monarchie gehörte das »Königreich Galizien«, obwohl im Osten des Staates gelegen, der »cisleithanischen«, vorwiegend deutschsprachigen und auf Wien orientierten, nicht der ungarischen Reichshälfte an. Es umfaßte einen großen Teil des heutigen Südpolen und Teile der heutigen Ukraine.
Seit dem 14. Jahrhundert war das frühere ostslawische Reich Galizien unter polnischer Herrschaft gestanden, polnische Feudalherren siedelten sich an, und ihnen folgten, unter ihrem Schutz, eingesetzt als Steuereintreiber und »Finanzfaktoren«, zahlreiche zuvor aus Westeuropa vor den Verfolgungen nach Polen geflohene Juden. Mit der ersten Teilung Polens 1772 wurde das Land als »Königreich Galizien und Lodomerien« an das Habsburgerreich angegliedert. Die Habsburger hatten eine noch durchgehend feudale Agrarwirtschaft vorgefunden: Nach einer Phase der Modernisierungsversuche und der Germanisierung wurde Galizien seit der Verwaltungsreform von 1868 nicht direkt von Wien, sondern von den lokalen polnischen Behörden im Sinne der adeligen polnischen Grundbesitzer verwaltet. Deren Ziel war im wesentlichen die Beibehaltung ihrer eigenen Vormachtstellung.
Die Bevölkerung Ostgaliziens bestand aus einer kleinen polnischen Oberschicht (vorwiegend Adel und Grundherren), einer großen Zahl Ukrainer, damals »Ruthenen« genannt (vorwiegend Bauern), einer beachtlich starken Minorität von Juden (um 1890 ca. 11,7 %, in sehr unterschiedlichen Berufsbereichen tätig) sowie kleinen Inseln von im 18. Jahrhundert angesiedelten deutschen Bauernkolonien.
Galizien, besonders Ostgalizien, war ein sehr fruchtbares Land. Es erstreckte sich auf der Nordseite der Karpaten terrassenförmig bis zur (damaligen) russischen Grenze, und der fette Boden erlaubte den ertragreichen Anbau von Getreide, in manchen Gegenden auch von Melonen, Mais und Tabak. Die vielen Flüsse und Seen waren fischreich und sorgten für gute Bewässerung. Daß der Reichtum des Bodens nicht zum allgemeinen Reichtum der Einwohner führte, lag an der Sozialstruktur. Mit Ausnahme von Teilen der polnischen Oberschicht und vereinzelter bürgerlicher Unternehmer waren die Menschen in Galizien arm. Um so größere Tragweite bekamen die Auseinandersetzungen um die Beteiligung der Volksgruppen am Wirtschaftsleben, Auseinandersetzungen, die im Lauf des 19. Jahrhunderts durch den aufkommenden Nationalismus und den permanenten Antisemitismus verschärft wurden.

Unter der polnischen Herrschaft, von der Mitte des 16. Jahrhunderts bis 1764, hatten die Juden im Rahmen ihrer religiösen Institutionen eine nie wieder erreichte Selbständigkeit genossen, die sowohl Religionsfragen und die Wahl des Oberrabiners als auch die Regelung ihres zivilen Alltags betraf. Diese Toleranz und einen gewissen Schutz erhielten die Juden, weil sie für die Grundherren wirtschaftlich unentbehrlich waren. Juden waren mit der Steuereintreibung betraut, wickelten alle Geldgeschäfte ab, waren Pächter von (im Besitz der Grundherren befindlichen) Wirtshäusern, Mühlen, Brauereien, Schnapsbrennereien usw. Die überwiegende Mehrheit der Juden lebte dabei selbst genauso ärmlich wie ihre christlichen Nachbarn.
Mit den einem aufgeklärten Absolutismus verpflichteten Habsburger-Kaisern änderte sich die Situation der Bewohner Galiziens. Im Interesse des Staatswohls strafften sie die Verwaltung, setzten die Selbstverwaltungseinrichtungen der Juden außer Kraft und erhoben von den Juden neue Steuern. Das für Galizien 1789 erlassene »Toleranzpatent« folgt der allgemeinen Absicht, die Juden in den Gesamtstaat als nützliche Wirtschaftsfaktoren zu integrieren, wenn auch noch nicht als gleichwertige, bloß andersgläubige Bürger. In der konkreten Situation wirkte sich die kai-

4 »Am Brunnen von Wladimir Wolynsk« / Vladimir-Volynskij. Rußland, heute Ukraine. Fotografie, um 1916.

5 Rzeszów. Galizien, heute Polen. Straßenszene am Rynek (Marktplatz). Fotografie, um 1900.

serliche Politik besonders für die ärmeren Juden negativ aus. Zudem stieß das Zurückdrängen des Einflusses religiöser Autoritäten auf Widerstand. Andererseits blieb das traditionelle jüdische Leben besonders in vielen kleinen Orten in Galizien bis weit in unser Jahrhundert bestehen – bis zur Vernichtung durch die Nationalsozialisten.

Ein Anfang zur Emanzipation und Assimilation der Juden war jedenfalls bereits unter Kaiser Joseph II. gemacht. Im Lauf des 19. Jahrhunderts erhielten auch die Juden als österreichische Staatsbürger die vollen bürgerlichen Freiheiten. Zugleich verschärften sich auf der wirtschaftlichen und nationalen Ebene die Konflikte innerhalb des Landes. Noch in der Mitte des 19. Jahrhunderts orientierten sich die assimilierten Juden an Wien; später stieg der Grad der Polonisierung. In seiner Folge sollte sich nunmehr auch für die Juden – als Einzelpersonen wie als Gruppe – die Frage nach der Verbindlichkeit der traditionellen Regeln, damit die Frage nach ihrer Stellung im Staat stellen: Sahen sie sich als Religionsgemeinschaft oder als Nationalität? Das Dilemma der jüdischen Identität ist eine unvermeidliche Folge der Säkularisierung.

Joseph Roth, als galizischer Jude ein gutes Jahrhundert nach dem Toleranzpatent geboren, hat diesen Konflikt zwischen traditionellem jüdischem Selbstverständnis und Anschluß an die internationale Moderne selbst empfunden. Als junger, erfolgreicher, weitgehend assimiliert lebender Journalist schrieb er in seinen Reportagen aus Polen und Rußland und im Essay »Juden auf Wanderschaft« beschwörende Worte zur Verteidigung der kulturellen Werte dieser in sich geschlossenen, nicht entfremdeten, »heilen« Gegenwelt. Später, den brutalen deutschen Nationalismus vor Augen, erweiterte Roth seine Loyalität, sein Heimatgefühl auf das österreichisch-ungarische Staatsganze:

»*Auf das Leben der Völker angewandt, heißt das: Sie suchen vergeblich nach sogenannten nationalen Tugenden, die noch fraglicher sind als die individuellen. Deshalb hasse ich Nationen und Nationalstaaten. Meine alte Heimat, die Monarchie, allein war ein großes Haus mit vielen Türen und vielen Zimmern, für viele Arten von Menschen. Man hat das Haus verteilt, gespalten, zertrümmert. Ich habe dort nichts mehr zu suchen. Ich bin gewohnt, in einem Haus zu leben, nicht in Kabinen.*«

(Joseph Roth: »Die Büste des Kaisers«. In: Werke, Band 5, S. 675)

»*In der Ferne leuchtet der Schlamm wie schmutziges Silber. Man könnte die Straßen in der Nacht für trübe Flüsse halten, in denen sich Himmel, Mond und Sterne tausendfältig und verzerrt spiegeln wie in einem sehr schmutzigen Kristall. Zwanzigmal im Jahr schüttet man Steine in den Schlamm, ungefüge, grobe Steinblöcke, Mörtel und rostbraune Ziegel, und nennt es Schotterung. Aber der Schlamm bleibt doch am Ende siegreich, er verschlingt die Steinblöcke, den Mörtel, die Ziegel, und seine trügerische Oberfläche heuchelt glatte Ebenen, wo ganze Höhenzüge schlummern unter glucksenden Wassern, ein von Engpässen qualvoll durchfurchtes Kettengehügel.*«

Landschaft wie kulturelle Verknüpfungen weisen konträre Aspekte auf:

»*Auf den Märkten verkauft man primitive, hölzerne Hampelmänner, wie in Europa vor 200 Jahren. Hat hier Europa aufgehört?
Nein, es hat nicht aufgehört. Die Beziehung zwischen Europa und diesem gleichsam verbannten Land ist beständig und lebhaft. In Buchhandlungen sah ich die letzten literarischen Neuerscheinungen Englands und Frankreichs. Ein Kulturwind trägt Samen in die polnische Erde. Der Kontakt mit Frankreich ist der stärkste. Über Deutschland, das im toten Raum zu liegen scheint, sprühen Funken herüber und zurück. Galizien liegt in weltverlorener Einsamkeit und ist dennoch nicht isoliert; es ist verbannt, aber nicht abgeschnitten; es hat mehr Kultur, als seine mangelhafte Kanalisation vermuten läßt; viel Unordnung und noch mehr Seltsamkeit. Viele kennen es aus der Zeit des Krieges, aber da verbarg es sein Angesicht. Es war kein Land. Es war Etappe oder Front. Aber es hat eine eigene Lust, eigene Lieder, eigene Menschen und einen eigenen Glanz; den traurigen Glanz der Geschmähten.*«

(Joseph Roth: »Reise durch Galizien. [1]. Leute und Gegend« [Auszüge]. Frankfurter Zeitung, 20. November 1924. In: Werke, Band 2, S. 284-285)

Die Heimat Galizien hat Joseph Roths Denken und Empfinden sowie seine literarischen Ausdrucksmittel nachdrücklich geprägt, auch wenn Wien, Berlin und Paris später wichtige Einflüsse ausübten.

Das ursprüngliche, sinnliche Erleben der Landschaft, der Jahreszeiten und ihrer Stimmungen fand in Roths Schriften ein Echo in poetischen und suggestiven Bildern. Nicht selten setzte er landschaftliche Befindlichkeiten gleichnishaft für Situationen oder seelische Zustände. So kann eine unberührte Schneelandschaft für Verletzlichkeit, für akute Gefährdung stehen. Die häufige Verwendung der Eigenschaftswörter »golden« und »silbern« in Beschreibungen der galizischen Landschaft vermitteln uns ein Gefühl für die Kostbarkeit der Erinnerung sowie für den hohen Wert, den der Autor seiner Heimat beimaß.

6 Zborów/Zborov. Galizien, heute Ukraine. Im Judenviertel. Fotografie, 1917.

7 Die Grenze zwischen Österreich-Ungarn und Rußland bei Brody. Fotografie, um 1916.

8 Zborów/Zborov. Galizien, heute Ukraine. Bauernhaus. Fotografie, um 1916.

7
8

Die Geburtsstadt Brody

Die Geburtsstadt Joseph Roths war eine mittelgroße, aber bedeutende Stadt nahe der Grenze zwischen Österreich-Ungarn und Rußland, Sitz einer Bezirkshauptmannschaft, eines Merkantil- und Wechselgerichts, eines Militär-Platzkommandos und einer Zoll- und Finanzbehörde. Zur Zeit von Roths Geburt hatte Brody etwa 16 000 Einwohner, wovon 12 000, d. h. 72 Prozent, Juden waren. Die Stadt war 1684 unter dem Namen »Lubicz« gegründet worden und hatte später den heutigen Namen nach einem schon bestehenden an den Sümpfen gelegenen Dorf Brody (»Furt«) angenommen. Handel wurde schon im 17. Jahrhundert getrieben und von den polnischen Magnaten gefördert. Brody zählte – wie Lublin, Krakau und Jaroslau – zu den »kehillot raschiot«, den ältesten bedeutenden Städten der galizischen Judenheit, in denen Sitzungen der Vierländersynode, dem obersten Organ der jüdischen Selbstverwaltung, stattfanden.

Nach dem Anschluß Galiziens an die österreichische Monarchie wurde ein Brodyer Kaufmann zum Oberlandesrabbiner ernannt, dem höchsten für Juden erreichbaren Amt.

Brody war früh schon ein intellektuelles Zentrum, seine Rabbiner waren hoch angesehen. Beim Aufkommen der »Volksreligion« des Chassidismus stellten sich die Brodyer Rabbiner auf die Seite der traditionellen orthodoxen religiösen Ausbildung.

Der Konservativismus in religiösen Dingen verhinderte nicht eine Aufgeschlossenheit in anderer Richtung: So gaben etwa die Handelsbeziehungen nach Berlin der jüdischen Aufklärung Auftrieb. Die gute wirtschaftliche Entwicklung Brodys im späten 18. und in der ersten Hälfte des 19. Jahrhunderts förderte allgemein seine positive Einstellung zum Westen sowie zum österreichischen Staat und bestärkte seine assimilatorischen Tendenzen. Bereits 1815 gründete die Stadt eine deutschsprachige Realschule, was ihren Bürgern früh schon den Zugang auch zur Wiener Universität ermöglichte. Von 1779 bis 1879 genoß Brody den Status einer »freien Stadt«, was ihr zu einer langen Epoche großen Wohlstands verhalf. Die günstige Lage an der Grenze und die Einrichtung der Brodyer Handelsmessen führten (bis zur Fertigstellung der wichtigen

9/10

9 Brody. Galizien, heute Ukraine. Jüngere Synagoge, genannt »Neue Schul'«, erbaut im 18. Jahrhundert. Portal. Fotografie, um 1900. *Dieses Gebäude ist zerstört.*

10 Brody. Haus mit Durchfahrt in der Goldgasse / Vulica Zolota. Fotografie, um 1915.

11 Brody. Große Synagoge, genannt »Alte Schul'«, erbaut im 17. Jahrhundert. Ansicht der Rückseite. Fotografie, um 1900. *Diese Synagoge steht teilweise noch.*

12

12 Brody. Rynek (Marktplatz) im Winter. Fotografie, um 1916.

13 Brody. Rynek (Marktplatz). Ostseite. Fotografie, um 1916.

14 Brody. Rynek (Marktplatz). Vor den Arkaden des Marktgebäudes sind Verkaufsstände errichtet. Fotografie 1914/1918.

Eisenbahnlinien Warschau–Moskau und Lemberg–Odessa, die Brody nicht mehr berührten) zu einem intensiven Handel mit Rußland. Getreide, Wolle, Hopfen und Eisenwaren wurden hier gestapelt und vertrieben. In diesen Jahren bestand auch ein kaiserlich-russisches Konsulat in der Stadt. Spätestens ab 1879 verlor Brody seine wirtschaftliche Bedeutung, und in der Folge sank auch die Bevölkerungszahl. Die traditionellen Bildungseinrichtungen – die jüdisch-religiösen wie die laizistischen – blieben jedoch bestehen. Die Brodyer Juden nahmen regen Anteil an den politischen Entwicklungen: Bei den Wahlen zum österreichischen Reichstag entsandten sie stets jüdische Abgeordnete. Während der Zugehörigkeit zur Doppelmonarchie florierte das jüdische Leben in Brody, auch wenn am Ende des 19. Jahrhunderts die wirtschaftliche Bedeutung der Stadt stark zurückging.

13
14

Galizien: Die Geburtsstadt Brody

15
16

15   Brody. Nordseite des Rynek, Blick in die Goldgasse / Vulica Zolota. Fotografie, um 1900.
Die Goldgasse war (und ist) Brodys Hauptstraße. An der rechten Straßenseite sind Marktgebäude am Rynek (Marktplatz) zu erkennen. Die Goldgasse beginnt mit den beiden vorgebauten Eckhäusern, die in der Bildmitte zu sehen sind.

16   Brody. Die k. k. Böhmische Landesbank am »Stadtpark«/ am Neuen Markt. Fotografie, um 1916.
Das Gebäude, einer der wenigen offiziellen Bauten der Stadt, die um die Wende zum 20. Jahrhundert errichtet worden waren, beherbergte im Krieg 1914/1918 ein Divisionskommando der k. u. k. Armee.

17   Brody. »Wachablöse« am Rynek (Marktplatz). Fotografie, um 1916.

18   Brody. Kavallerie-Kaserne. Fotografie, um 1916. Ausschnitt.
Die Gebäude der alten Kaserne wurden im Krieg 1914/1918 als Feldspital 6/12 verwendet.

Galizien: Die Geburtsstadt Brody 25

17/18

Joseph Roths Kindheit

Moses Joseph Roth wurde am 2. September 1894 in Brody, Galizien, als Sohn jüdischer Eltern geboren. Dort verlebte er seine Kindheit und Jugend, bis er an der Wiener Universität zu studieren begann.

Bis 1905 (dem Jahr, in dem Roth die Volksschule beendete) wohnte er mit der Mutter und dem Großvater bei Uniformschneider Kalman Ballon in der Goldgasse. Dieser war ein wohlhabender Mann und Mitglied der Handelskammer von Brody. Joseph Roths Kindheitseindrücke mögen vom Gegensatz gezeichnet gewesen sein, den er dort erlebte: Auf der einen Seite die modische Kundschaft des Schneiders: Offiziere und wohlhabende Bürger der Stadt; auf der anderen Seite die Familie, dominiert von Großvater Jechiel Grübel, der gerne mit Oberrabbiner Abraham Benjamin Kluger, dem Sohn des berühmten *maggid* von Brody, Solomon Kluger, diskutierte.

19 B. Mordchin: Porträt Jechiel Grübel. Öl auf Leinwand, 1910.
Roths Großvater, Händler in Brody, lebte von 1847 bis 1907. Jechiel Grübel war religiös, verwurzelt in der jüdisch-orthodoxen Tradition der Stadt Brody. In seinem Haushalt, in dem Joseph Roth aufwuchs, wurde deutsch gesprochen, im Haus seiner fünf Söhne in Lemberg bereits polnisch.
Das postume Gemälde entspricht genau einer Fotografie des alten Mannes. Die Familie hatte allerdings versäumt, den Künstler darüber zu informieren, daß Jechiel Grübel strahlend blaue Augen besaß.
Auch Joseph Roth hatte blaue Augen.

20 Brody. »Der neue Friedhof«; gemeint ist der im 19. Jahrhundert belegte jüdische Friedhof. Fotografie, um 1900.

Galizien: Joseph Roths Kindheit 27

21 Brody. Blick in die Bahngasse / Vulica Voksalna, vom Rynek (Marktplatz) aus zum Bahnhof. Fotografie: Heinz Lunzer, 1993.
In der Bahngasse, die das Stadtzentrum mit dem Bahnhof von Brody verband, stand das Haus, in dem die Mutter und Joseph Roth vermutlich nach dem Tod des Großvaters wohnten. Es existiert nicht mehr.

22 Maria (Mania) Roth, geb. Grübel. Fotografie: Atelier Buxdorf, Brody, um 1912.
Die Fotografie trägt auf der Rückseite die Aufschrift: »Meinen lieben teuren Geschwistern Lucy, Sally, zum Andenken von Schwester Mania«.
Die Mutter Joseph Roths, eines der sieben Kinder Jechiel Grübels, lebte von 1872 (?) bis 1922. Im Jahr 1892 heiratete sie den Getreidehändler Nachum Roth, der nach eineinhalbjähriger Ehe von einer Geschäftsreise nicht mehr zurückkehrte. (Er starb 1910 in geistiger Umnachtung, ohne seinen Sohn kennengelernt zu haben.) Maria Roth führte den Haushalt ihres Vaters bis zu dessen Tod. Während des Ersten Weltkriegs lebte sie in Wien, dann im Haus ihres Bruders Sigmund Grübel in Lemberg.

21
22

Moses Joseph Roth wurde nach dem Großvater seiner Mutter, Moische Jossif Gräber, benannt, der von Beruf Grabsteinmetz in Brody war. Roths spätere Behauptung, aus »Schwabendorf« oder »Szwaby« zu stammen, entspricht seiner gelegentlichen Neigung, die Herkunft aus Brody (nicht unbedingt die jüdische) zu verschleiern. Vermutlich wollte er sich dem Anschein des Provinziellen entziehen und der Geringschätzung vieler, die Brody als tiefstes Hinterland verstanden. (Einen Ort mit dem Namen »Schwabendorf« konnte man in westlicheren und damit »zivilisierteren« Gebieten der Monarchie vermuten.)

23 Joseph Roth, etwa drei Jahre alt, auf einem Sessel stehend. Fotografie, um 1897.

24 Joseph Roth, etwa vier Jahre alt, auf einer Balustrade sitzend. Fotografie: Atelier Buxdorf, Brody, um 1898.

Porträtfotos dieser Zeit dienten der Repräsentation und wurden vom Fotografen mit Statussymbolen – etwa der Barockbalustrade – angereichert. Die frühen Fotografien täuschen über die bescheidenen Verhältnisse von Roths Mutter hinweg; sie war ökonomisch abhängig von ihren Brüdern – was Joseph Roth in der späteren Jugend bedrückte. Freilich ließ man sich nur im besten Gewand fotografieren. Die Alltagskleidung war gewiß einfacher, so daß Roths Behauptung, er sei arm aufgewachsen, subjektiv verständlich erscheinen mag.

Mutter und Sohn lebten sehr zurückgezogen, wofür die beengten Verhältnisse möglicherweise eine Erklärung sind. Insgesamt scheint die Mutter streng und vereinnahmend über der Erziehung des Sohnes gewacht zu haben.

25 Joseph Roth, vier Jahre alt, auf einem Holzpferd sitzend. Fotografie: Atelier Buxdorf, Brody, 1898.
Die Fotografie trägt auf der Rückseite die Aufschrift: »Zum Andenken der l[ieben]. Tante Rózia samt dem lieben Onkel Sigmund 2/Nov. 1898.«.

Volksschule in Brody

Von 1901 bis 1905 besuchte Roth die jüdische Volksschule, die aus dem »Hirschschen Schulfonds in Galizien« zur Förderung der beruflichen Ausbildung der ostjüdischen Jugend finanziert wurde. In dieser Schule wurde Roth in Deutsch, Polnisch und auch – obwohl sie keine traditionelle religiöse Schule (Cheder) war – in Hebräisch unterrichtet.

26   Joseph Roth, neun Jahre alt, mit seiner Mutter. Fotografie, 1903.

27   Brody. Das Gebäude in der Pfarrgasse / Stusa Vulica 14, in dem vermutlich die Baron-Hirsch-Schule untergebracht war. Fotografie: Heinz Lunzer, 1993.
Die Schule lag zentral, zwei Häuserblocks östlich vom Rynek (Marktplatz) und nur wenige Gehminuten von der Wohnung der Familie Roth entfernt.

26

27

28 Joseph Roth als Schüler mit Geige. Fotografie: Atelier Buxdorf, Brody, 1905.
Die Fotografie trägt auf der Rückseite die Aufschrift: »1905. Dem l[ieben]. Onkel Sigmund und l[ieben]. Tante Rózia! Zum Andenken vom Neffen Muniu«.
Musikinstrumente gehörte zu den Versatzstücken des Bildungsbürgertums der Zeit. Es gibt keinen Hinweis darauf, daß Roth in seinem späteren Leben Geige oder ein anderes Instrument gespielt hätte.

29 Brody. Der »Stadtgarten« mit dem Denkmal des polnischen Schriftstellers Józef Korzeniowski (1797–1863). Fotografie, um 1930.
Dieser Park, wenige Straßen vom Rynek (Marktplatz) entfernt, fungierte teilweise als zweiter Marktplatz und zweites Stadtzentrum.

Gymnasium in Brody

Von 1905 bis 1913 besuchte Roth das k. k. Kronprinz Rudolf-Gymnasium in Brody. In den meisten Jahrgängen war er ein Vorzugsschüler.

Die Gymnasien von Lemberg und Brody waren lange Zeit die einzigen deutschsprachigen höheren Schulen in Galizien. Das Gymnasium Brodys wurde 1815 als »Realschule« gegründet, 1851 verstaatlicht und ab 1847 als Realgymnasium mit einer eigenen Vorbereitungsklasse (»um Schülern, welchen die Kenntnis der Unterrichtssprache abgeht, das Studium an unserer Anstalt zu erleichtern«) geführt. 1891 organisierte man es als humanistisches Gymnasium. Um 1900 wurde die Unterrichtspflicht auf die anerkannten Sprachen des Kronlandes – Polnisch und Ruthenisch (Ukrainisch) – ausgedehnt.

Das von den meisten Schülern mosaischen Glaubens gesprochene Jiddisch war keine anerkannte Sprache. Die Zahl der jüdischen Schüler entsprach zumeist der Anzahl aller römisch- und griechisch-katholischen und der protestantischen. Ab 1896 erhöhte sich der Anteil ukrainischer Schüler deutlich. Bis 1905 war die vorrangige Unterrichtssprache Deutsch; ab 1906 Polnisch.

30 Joseph Roth in der Schuluniform des Gymnasiums in Brody, Fotografie: Atelier Buxdorf, Brody, 1907.
Die Fotografie trägt auf der Rückseite die Aufschrift: »Zum Andenken meiner l[ieben]. Cousine Resia. Muniu«.

31 Brody. K. k. Kronprinz Rudolf-Gymnasium. Fotografie, um 1916.
Im Krieg 1914/1918 beherbergte dieses Gebäude das k.u.k. 2. operierende Armeekommando.
Heute ist im Schulgebäude ein kleines Museum eingerichtet, in dem auch des Schülers Joseph Roth gedacht wird.

32 Brody. Festsaal des Gymnasiums. Fotografie, um 1916.
Der Festsaal der Schule wurde während des Krieges 1914/1918 als Offiziersmesse adaptiert.

Galizien: Gymnasium in Brody 33

31
32

34 Galizien: Gymnasium in Brody

33

Roth fand wenig Kontakt zu seinen Mitschülern; er schloß sich nicht den Zionisten an, sondern verstand sich als »Assimilant«. Er war in den meisten Fächern ein erfolgreicher Schüler und fühlte sich seinen Kollegen überlegen. Sein Deutschlehrer Max Landau, der auch die deutschsprachige Schulbibliothek betreute, förderte die Lektüre und die schriftstellerischen Versuche Roths.

Als Vorzugsschüler übernahm Roth freiwillig zusätzliche Aufgaben, so in der letzten Klasse zwei Referate über die Lyrik des 19. Jahrhunderts und über das Nibelungenlied.

33 Die Religionsklasse im Gymnasium. Fotografie, 1910.
Roth links in der hintersten Reihe. Vorderste Reihe: Mitte: Religionslehrer Dr. Oser Frost; zweiter von links: Leo Brisker; zweiter von rechts: Moses Lakritz, später Wasser.

34 XXXV Sprawozdanie Dyrekcyi C. K. Gimnazyum im. Rudolfa w Brodach za Rok Szkolny 1912/13. W Brodach, 1913 [XXXV. Jahresbericht des k. k. Rudolf-Gymnasiums in Brody], S. 35. Bericht über die Maturanten des Schuljahres 1912/1913.
Die mit Fettdruck hervorgehobenen Schüler haben die Abschlußprüfungen mit Auszeichnung bestanden. Die Spalte rechts außen gibt ihre Studienabsicht an: Bei Roth Mojzesz ist »Philosophie« angegeben.

Świadectwo dojrzałości otrzymali

(Tłusty druk oznacza z odznaczeniem.)

L.	Nazwisko i imię	Data i miejsce urodzenia	Religia	Przyszły zawód
	Odział A.			
1	Balaban Józef	5. paźdz. 1894. Brody	mojż.	prawo
2	Billes Bernard	15. listopada 1893. Brody	mojż.	filozofia
3	Böhmerwald Hersch	18. kwietnia 1893. Brody	mojż.	prawo
4	Brojakowski Wsewołod	8. lipca 1894 Bołożynów	gr.-kat.	ak. eksport
5	**Gargasz Michał**	10. listopada 1892. Czechy	rzym-kat.	filozofia
6	**Goldinstein Salomon**	10. listopada 1892. Żabno	mojż.	prawo
7	Kołohon Nicetas	18 września 1894. Ciszki	gr.-kat.	teologia
8	Mondschein Jakób	16. stycznia 1495. Ławoczne	mojż.	prawo
9	Olesker Lipe	4. grudnia 1892. Stare-Brody	mojż.	medycyna
10	Oliwa Adam	15. listopada 1894. Brody	rzym.-kat.	agronomia
11	Ossetzki Kazimierz	4. marca 1890. Krosno	rzym.-kat.	teologia
12	Pawłów Józef	7. stycznia 1892. Czechy	gr.-kat.	filozofia
13	Petruszewicz Józef	5. września 1894. Bolechów	gr.-kat.	prawo
14	Romanyszyn Antoni	5. grudnia 1895 Zabłotce	gr.-kat.	agronomia
15	**Roth Mojżesz**	2. września 1894. Brody	mojż.	filozofia
16	Szach Mikołaj	2. maja 1892. Ciszki	gr.-kat.	ak. szt. p.
17	**Szpak Daniel**	29. grudnia 1892. Popowce	gr.-kat.	teologia
18	Szybalski Roman	29. lipca 1894. Brody	rzym.-kat.	medycyna
19	Tarnawski Jan	25. listopada 1894. Kulików	gr.-kat.	teologia
20	**Hołubówna Zofia**	12. marca 1893. Pruchnik	rzym.-kat.	filozofia
	Oddział B.			
1	Badian Józef	17. marca 1893. Wiedeń	mojż.	medycyna
2	Bernhaut Izydor	21. sierpnia 1891. Kołomyja	mojż.	medycyna
3	Billig Abraham Joachim	5. stycznia 1894. Brody	mojż.	weterynar.
4	**Blauer Nuchim**	27. lipca 1893. Brody	mojż.	filozofia
5	Byra Jan	3. grudnia 1892. Mukanie	rzym-kat.	filozofia
6	Golinowski Władysław	28. kwietnia 1893. Bordulaki	rzym.-kat.	teologia
7	Humeniuk Eliasz	21. marca 1892. Smarzów	gr.-kat.	medycyna
8	Kędzierski Ignacy Bolesław	19. czerwca 1895. Nowy-Sącz	rzym.-kat.	filozofia
9	Kuszpeta Jan	17. kwietnia 1839. Gaje-Star.	gr.-kat.	teologia
10	Lakritz Mojżesz	1. maja 1891. Łopatyn	mojż.	prawo
11	Micher Kazimierz	5. marca 1891. Palikrowy	rzym.-kat.	
12	Parnes Mojżesz	16. lutego 1892. Rażniów	mojż.	technika
13	Podolańczuk Bazyli	23. stycznia 1892. Smarzów	gr.-kat.	technika
14	**Schapira Dawid**	10. grudnia 1895. Brody	mojż.	prawo
15	Schapire Mojżesz	10. lipca 1894. Brody	mojż.	medycyna
16	Schmieder Izrael	20. listopada 1894. Brody	mojż.	medycyna
17	Szczerbiński Stanisław	3. maja 1893. Łopatyn	rzym.-kat.	prawo
18	Strzetelski Stanisław	5. marca 1895. Grzymałówka	rzym.-kat.	filozofia
19	**Szydłowski Piotr**	29. czerwca 1895. Biały-Kamień	rzym.-kat.	akad. ziem.
20	Tretiak Jerzy	2. listopada 1894. Zabłotce	gr.-kat.	teologia
21	Wekler Władysław	11. stycznia 1895. Brody	rz.-kat.	akad. ziem.
22	Zandler Michał	25. września 1891. Smarzów	gr.-kat.	technika
23	**Lustig Tylle Ettel (pryw.)**	18 kwietnia 1894. Stare-Brody	mojż.	—
24	Kuszpeta Teodor (ekst.)	14. maja 1884. Gaje-Starobr.	gr.-kat.	teologia

Lemberg

Joseph Roth besuchte während seiner Gymnasialjahre regelmäßig seinen Onkel in Lemberg, den wohlhabenden Kaufmann Sigmund Grübel, der auch sein Vormund war. In Lemberg lebten damals auch noch viele andere Verwandte. Einige, unter ihnen Onkel Heinrich, ließen sich später in Österreich und Deutschland nieder, wo Roth sie während seiner journalistischen Reisen wiedersah.

35 Michael (Michas, später Miguel) und Gusti (Gucia), Kinder von Roths Onkel Heinrich Grübel. Fotografie, um 1913.
Nur wenige Porträts aus der vielköpfigen Grübel-Familie haben sich erhalten (viele Verwandte Roths wurden von den Nationalsozialisten ermordet). Dieses Bild stammt etwa aus der Zeit von Roths Universitätsbesuch in Lemberg.

36 Lemberg/L'viv. Hofmana 7 / Tschechova 7. Fotografie: Ronald Bos, 1994.
In diesem Haus wohnte die Familie von Sigmund Grübel; er war auch der Besitzer des Gebäudes.

Während Roth die etwa gleichaltrigen Cousinen und Cousins gern mochte, war sein Verhältnis zu Onkel Sigmund gespannt, vielleicht auch deshalb, weil dieser ihn und seine Mutter finanziell unterstützte und dafür eine gewisse Mitsprache bei der Lebensgestaltung seines Mündels beanspruchte. Die steife, gezwungene Haltung des jungen Roth dem Vormund gegenüber wird auch in einem Brief aus seinem Maturajahr deutlich, wo er in etwas gewundenem Stil Tante Rózia, Sigmunds Frau, für ihre Geburtstagswünsche dankt.

In Gegensatz dazu steht der leichte, wenn auch etwas gönnerhafte Plauderton, mit dem Roth in demselben Brief den jüngeren Verwandten begegnet.

Die Cousine Paula Grübel (1897 – um 1941) wurde Roths liebste Verwandte. Sie übernahm bald eine Art Vermittlerrolle in dem nie ganz spannungsfreien Verhältnis zum Onkel Sigmund, und ihr stellte er auch als erstem Familienmitglied seine Verlobte Friedl Reichler vor.

37   Joseph Roth: Sammelbrief an Rózia Grübel und ihre Kinder Resia, Paula und Heinrich, September 1912, S. 1 und 2 (Ausschnitt).
Der Text des für Rózia Grübel bestimmten Briefteils lautet (andere Teile des Sammelbriefs sind nachzulesen in: Briefe, S. 24):
   »Meine liebe Tante!
Hoch erfreut hat mich Dein liebes Schreiben und Deine herzlich gemeinten Glückwünsche. – Es ist sehr schön an seinem Wiegenfeste von lieben Angehörigen beglückwünscht zu werden und nicht jeder auf Erden ist so glücklich. Ich kann mich Gott sei Dank zu diesen Glücklichen zählen, die so liebe Verwandte haben, die Anteil nehmen an jeder kleinsten meiner Freuden – Liebe Tante! Ich kann Dir nur wünschen Deine lieben Kinder so glücklich und groß zu sehen, wie Du es selbst Dir und Ihnen wünschst. Mehr kann mein dankerfülltes Herz nicht aussprechen, denn auch der größte Dichter, und wäre er ein Goethe, ein Heine, kann alle seine Gefühle nicht aussprechen, die tiefsten und schönsten sterben mit dem Dichter und werden unausgesprochen mit ihm begraben ... Also, liebe Tante, nochmals meinen herzlichen Dank (und gegenseitige Wünsche sind immer schön!–) und viele Grüße und Küsse von
   Deinem treuen und dankbaren
   Neffen Muniu.«

Joseph Roth wurde als Kind »Muniu« gerufen, auch »Muniu Faktisch«, weil er häufig in rechthaberischer Art seine Worte mit dem Satz »Das ist faktisch« unterstrich. Der Spitzname »Mu« blieb in der Familie für ihn in Gebrauch.

38 Galizien: Lemberg

38
39

Ein wichtige Stelle in Roths Leben nahm eine um dreißig Jahre ältere, gebildete Dame ein, Helene von Szajnocha-Schenk (1864–1946). Die geschiedene Frau eines Krakauer Universitätsprofessors unterhielt einen literarisch-musikalischen Salon und gab französischen Sprachunterricht. Sie wohnte im Haus der Familie Grübel, zu der sie gutnachbarliche Beziehungen hatte. Besonders Resia, Paula und Heini besuchten sie oft. Dem jungen Joseph Roth wurde sie eine mütterliche Freundin, zu der er den Kontakt nie ganz verlor. Mit Roths Frau Friedl führte sie in den zwanziger Jahren eine liebevolle Korrespondenz. Bei seinen Aufenthalten in Galizien nach 1914 gab Roth ihre Wohnung als seine Adresse an, nicht die der Familie Grübel. Roth besuchte Frau Szajnocha noch 1937 anläßlich einer Vortragsreise in Polen und legte großen Wert darauf, sie mit seiner Begleiterin Irmgard Keun in Kontakt zu bringen.

38 Helene von Szajnocha-Schenk. Fotografie, vor 1924.
Die Fotografie trägt auf der Rückseite eine Widmung an Friedl und Joseph Roth:
»Den lieben Rothkindern in treuer Freundschaft. H Szajnocha Schenk.
Lemberg, 3. 8. [19]24.«

39 Frau Szajnocha-Schenks Katzen. Undatierte Fotografie aus Joseph Roths Besitz.
Die Katzen waren wichtige Mitbewohner; noch lange nach ihrem Tod wurden sie in der Korrespondenz zwischen Roth und Frau Szajnocha-Schenk erwähnt.

40 Lemberg/L'viv. Galizien, heute Ukraine. (Alte) Universität, św. Mykolaja/Hruschevs'koho 4. Fotografie, um 1913.
Die geisteswissenschaftliche Fakultät der Universität war von 1848 bis 1921 in einem Gebäude neben der St. Nikolaus-Kirche untergebracht.

Im Herbst 1913 inskribierte Roth an der Universität Lemberg. Die dadurch gegebene Nähe zum Vormund war wohl mit ein Grund für ihn, bereits im Laufe des ersten Semesters nach Wien zu fahren und ab dem Sommersemester 1913/1914 dort zu immatrikulieren. Roth scheint die Universität, an der überwiegend in polnischer Sprache unterrichtet wurde, in den wenigen Wochen, ehe er nach Wien fuhr, nicht häufig besucht zu haben; vielmehr widmete er sich literarischen Arbeiten. Immerhin belegte er eine Vorlesung über Wissenschaftsethik, was als Reflex seiner Absicht, Philosophie zu studieren, gesehen werden kann.

Galizien: Lemberg

41 Lemberg / L'viv. Landtagsgebäude, heute Universität. Ul. Marszalkowska / Vul. Stefanika. Fotografie, um 1916.

42 Lemberg / L'viv. Eine Straße im Zentrum der Stadt. Fotografie, um 1920.

43 Lemberg / L'viv. Der neue Rynek (Marktplatz) / Pl. Rynok. Fotografie, um 1900.

44 Lemberg / L'viv. Carl-Ludwig-Straße / Prospekt Svobody, im Hintergrund das Stadttheater. Fotografie, 1916.

Lemberg, die Hauptstadt und einzige Großstadt Galiziens, wurde wegen ihrer Modernität und Aufgeschlossenheit als geistiges Zentrum gern »Klein-Wien« genannt, auch wenn die Atmosphäre der Stadt stark polnisch geprägt war. Hier wohnten um 1900 etwa 125 000 polnisch-, 20 000 deutsch-, 15 000 ukrainischsprachige Menschen. Der Anteil der jüdischen Bevölkerung betrug etwa 28 Prozent.

Nach einer Phase der (vorwiegend polnischen) Assimilation wurde Lemberg ein Zentrum neuerlicher jüdischer Selbstbesinnung: des Zionismus (erste zionistische Zeitschriften erschienen hier), der jüdischen Arbeiterbewegung »Bund« und einer experimentellen jiddischen Lyrik – angeregt durch die deutsche symbolistische Poesie.

Galizien: Lemberg

43
44

Wien 1913–1917

45 »›Rendezvous‹ im Prater«. Fotografie: Emil Mayer, um 1908.

Joseph Roth: »Der Hauslehrer«

»*Ich war arm und hätte eigentlich dritter Klasse fahren müssen. Aber ich stieg in die zweite. Es war meine erste längere Reise, und ich hatte mir vorgenommen, niemals dritter oder gar vierter zu reisen. Ich hasse die Enge der dritten Klasse, das nackte, glattgescheuerte Holz, den schmalen Gang in der Mitte, die Reisenden, die niemals zum Vergnügen fahren, sondern weil sie müssen, und das Essen, das sie auspacken. Ich hasse die abgegriffenen Fenstergürtel aus schmutziger Leinwand, das trübe Licht an der niedrigen Dekke, die fettigen Ranzen, die gelben Strohkörbe der Dienstmädchen, die braunen Fahrkarten aus Pappe, die mich an das Holz der Bänke erinnern, und die Pfeifen der rauchenden Männer.*

Am schlimmsten sind die Socken der Reisenden, die ihre Stiefel ausziehn und bequeme, bunte Pantoffel anstecken. Ihre Socken sind geflickt, und die Unförmigkeit ihrer kurzen, groben, rohgezimmerten Füße wird sichtbar, die stark dünsten. Manchmal sieht man auch Teile ihrer Unterkleidung. Wenn sie ihre Reisetaschen öffnen, kann ich den Blick nicht abwenden, obwohl ich nichts sehen möchte. Sie aber drängen mir alle Intimitäten ihres Hauses auf, ich sehe ihre Taschentücher, die Wärmeflasche, die einsam leuchtenden Äpfel und Mandarinen, ein Eßbesteck aus einer Art versilberten Zinns, das sich in Gelenken zusammenfaltet und rostet, obwohl es nach Schmirgelpapier riecht. Alle diese äußerst praktischen Dinge sind mir verhaßt, das Luftkissen, das ein Hinterteil aus Gummi ist, die Zahnbürste in einer Glasvitrine, wie ein vertrockneter Stengel mit Borsten, die klappernde Seife in einer viel zu großen Dose mit irgendeiner Firmenaufschrift, die Geschäftsbücher mit den blauroten, gleichsam gefrorenen Quadraten, die gutverkorkten flachen Cognacflaschen und ganz kleine Polster, die an Säuglinge gemahnen, die der Reisende eben zu Hause gelassen hat.

Dagegen liebe ich das kühle Leder oder den warmen Plüsch der teuren Fahrklassen, die grünen Karten, die wie die Fremde leuchten, ferienhaft und sommerlich, die sehr eleganten Damen, ihre Art, gefallen und gleichzeitig verbieten zu wollen, ihre Erlebnisse, die der Puder bestäubt, ihre Lippen, die mit Wollust den Schminkstift schmecken, ihre Toilettengegenstände aus Leder, Glas und Stahl, ihre Kämme, die nach Haar duften, ihre kleinen Taschentücher, die wie weiße Grüße sind. Die vornehmen Fahrtgenossen verbergen mir alles, die einfachen offenbaren mir alles. Eine reizende Dame kann mich glücklich machen. Wir haben viel Gemeinsames in einem Abteil, wir haben dieselbe Richtung, dieselben Erwartungen, wir schweigen fremd, aber wir sind doch Verbündete gegen alles Zudringliche, Plumpe, Gemeine.

Niemand begleitete mich, ich hatte nicht Abschied zu nehmen, nicht zu winken, nicht zu grüßen. Ich kehrte meiner Heimat den Rükken. Ich sah höhnisch auf ihre Türme, ihre Gesamtansicht lag vor mir wie eine gleichgültige Ansichtskarte. Ich betrachtete die Frau, die mit mir fuhr.

Ihr Aussehn verriet nicht ihr Alter, aber viel Wichtigeres: daß sie jeden Tag badete, ihre Haut salbte, schminkte, daß sie von Geld und nicht von Arbeit, nicht einmal von fremder, lebte und gute Schneider hatte. Sie war dreißig, fünfunddreißig oder vierzig. Sie gehört, so dachte ich, zu den ersten Kreisen der Hauptstadt, in die ich jetzt fuhr, und es wäre gut, mit ihr zu sprechen. Sie las eine Zeitschrift, gähnte, legte eine Hand vor den Mund und fuhr mit der Zungenspitze zweimal über die Lippen.

Dann ging sie hinaus. Ich klemmte ein Stück Pappkarton von einer Zigarettenschachtel unter die Tür und wartete, bis sie wiederkam. Sie konnte die Tür nicht öffnen. Ich stand auf und öffnete. Die Dame sah, daß ich angestrengt war, neigte den Kopf und sagte: ›Ich danke Ihnen.‹

Darauf hatte ich gewartet: ›Ich danke Ihnen‹, sagte ich, ›es wäre mir furchtbar gewesen, wenn Sie sich etwa entschlossen hätten, wegen der dummen Türe ein anderes Coupé aufzusuchen. Ich bin glücklich, daß Sie hier sitzen.‹

Ich sah sehr bedeutend aus und bemerkte, daß die Dame erstaunt war über meine Antwort und daß sie mich ansah, um mein Alter abzuschätzen. ›Sie sind noch sehr jung!‹ sagte sie.

›Jünger, als Sie glauben!‹ antwortete ich, obwohl ich keineswegs älter aussah, nur, um

anderes zu sagen, als meine Altersgenossen geantwortet hätten.
›Wie stolz Sie auf Ihre Jugend sind‹, sagte die Dame.
›Wie eine Frau‹, erwiderte ich und sah sie so an, daß es war, als hielte ich gerade sie für jung und stolz.
Ich erzählte ihr später, daß ich in die Hauptstadt fuhr, um zu studieren, daß ich arm war, daß ich aber in der zweiten Klasse saß, weil ich die dritte nicht leiden mochte.
›Sie halten mich zwar für sehr jung‹, sagte sie, ›aber ich habe schon beinahe einen erwachsenen Sohn.‹
Ich legte einen kleinen Schrecken in meinen Blick und sah sie an.
›Er ist dreizehn Jahre alt‹, fuhr sie fort, ›und kein Lehrer kommt mit ihm zurecht. Sie könnten ihn vielleicht unterrichten. Sie sind gewiß ein guter Philologe.‹
›Ein sehr guter!‹ sagte ich, um nicht bescheiden zu sein.
›Sie sind eingebildet!‹
›Gewiß nicht!‹
›Würden Sie meinen Sohn unterrichten?‹
›Sehr gerne.‹
Es entstand eine Pause. Dann sagte ich ganz leise:
›Ihretwegen.‹
Als ich dieses Wort leise gesagt hatte, begann auf einmal ein hilfreicher Abend zu dämmern. Er ermöglichte es mir, näher an die Dame zu rücken, denn in der Dunkelheit bedarf es keiner Ausreden, und die Handlungen sind ohnehin nicht mehr nackt. – So wurde ich Hauslehrer.«

(Joseph Roth: »Der Hauslehrer«. Undatiertes Typoskript. In: Werke, Band 3, S. 1014–1017)

46   Wien 1. Ecke Kärntnerring / Kärntnerstraße. Fotografie, 1911.
Treffpunkt des eleganten Wien an der »Sirk-Ecke« am »Corso« zwischen der k. u. k. Hofoper und dem Hotel Imperial.

Studium

Obwohl Roth im Wintersemester 1913/1914 sein Studium an der Universität Lemberg begonnen hatte, übersiedelte er vermutlich bereits im Herbst 1913 nach Wien; er studierte jedenfalls ab dem Sommersemester 1914 an der Wiener Universität; daneben arbeitete er wohl als Hauslehrer und veröffentlichte seine ersten Lyrik- und Prosatexte in Zeitungen und Zeitschriften.

47 Wien 1. Universität. Dr. Karl Lueger-Ring 1. Fotografie, Anfang des 20. Jahrhunderts.

Roths Erinnerungen an seine Studienzeit scheinen später in atmosphärischen Schilderungen durch, so etwa im Romanfragment »Der stumme Prophet«.

»Die schön geschwungene Rampe der Universität erschien ihm immer noch nicht – wie mir – als die Festungsmauer der nationalen Burschenschafter, von der alle paar Wochen einmal Juden oder Tschechen hinuntergeworfen wurden, sondern als eine Art Aufgang zu ›Wissen und Macht‹. Er hatte die Achtung des Autodidakten vor Büchern, die noch größer ist als die Verachtung der Bücher, die den Weisen auszeichnet. […] Nur in den Augen einiger jüdischer Studenten glänzte eine kluge, eine schlaue oder auch eine törichte Trauer. Aber es war die Traurigkeit des Bluts, des Volkes, dem Individuum vererbt und von ihm ohne Risiko erworben. Ebenso hatten die andern ihre Heiterkeit ererbt. Nur Gruppen unterschieden sich voneinander durch Bänder, Farben, Gesinnungen. Sie bereiteten sich auf ein Leben in Kasernen vor, und jeder trug schon sein Gewehr, man nannte es ›Ideal‹.«

(Joseph Roth: »Der stumme Prophet« [Auszüge]. In: Werke, Band 4, S. 793 und 794)

Roth wohnte zunächst wie viele seiner Landsleute jüdischer Herkunft in der Leopoldstadt, jenseits des Donaukanals, in Untermiete. Schon nach wenigen Monaten, im Spätsommer 1914, übersiedelte er. Seine Mutter und eine Tante, die zu Beginn des Krieges von Brody nach Wien geflohen waren, mieteten eine Wohnung im 3. Stock des Hauses Wien 20, Wallensteinstraße 14.

48 Wien 20. Wallensteinstraße, Blick gegen die Brigittabrücke, Richtung Innenstadt. Fotografie, 1917.

49 Wien 20. Wallensteinplatz. Fotografie, um 1910.
Laut Eintragung in seinem Ausweis wohnte Roth während des Studienjahrs 1916/1917 in der Jägerstraße 26, vermutlich in Untermiete. Vom Tor dieses Hauses eröffnete sich der gezeigte Blick auf den Wallensteinplatz, an dem teils Häuser aus der Gründerzeit, teils ältere Vorstadthäuser standen.

50 Wien 2. Nordbahnhof. Fotografie: Ledermann, 1927.
Im 2. und im 20. Gemeindebezirk Wiens, zwischen Donaukanal und Donau, einem Wohngebiet der kleinen Leute, lebte eine beträchtliche Anzahl Juden. Der Zuzug mehrte sich während des Kriegs 1914/1918, als viele Flüchtlinge aus den galizischen Kampfgebieten in die Reichshauptstadt strömten. Ihre Lebensverhältnisse waren zumeist ärmlich. Auf Eindrücken dieser Zeit beruhten Roths spätere Schilderungen vom Leben in der Leopoldstadt: In »Juden auf Wanderschaft« wird die allgemeine Situation beschrieben, darunter die Bahnhöfe als Orte der Geschäftigkeit und gleichzeitig der Sehnsucht nach der fernen Heimat.

Ob Roth im Herbst und Winter 1913/1914 einer Arbeit nachging, und wenn ja, welcher, ist nicht nachweisbar. 1930 berichtete er, er habe vor dem Beginn des Kriegs Nachhilfeunterricht gegeben; offenbar war er als Hauslehrer bei einer Gräfin Trautmannsdorff beschäftigt, wo er die Atmosphäre des adeligen Reichtums kennengelernt haben könnte.

51 Wien 2. Im Werd. Juden am Markt. Fotografie, April 1915.
Der Markt der Armen, wo ohne Stand oder Schirm die Ware angeboten wurde.

Roth belegte ab Sommer 1914 während fünf Semestern Übungen in Philosophie, Sprach- und Literaturwissenschaft. Die Hauptvorlesung von Professor Walther Brecht über »Geschichte der deutschen Literatur von Goethes Tod bis in die Gegenwart« beeindruckte Roth besonders.

Roth schloß sein Studium nicht ab.

52 Eigenhändig ausgefülltes Inskriptionsformular Roths (»Nationale«) für das 2. Semester (Sommersemester 1914) an der Universität Wien. Abbildung verkleinert.
Die Eintragungen auf dem Formular lauten:
»Gegenwärtig im [II.] Semester.
Vor- und Zuname des Studierenden:
   Moses Joseph Roth
Staatsbürgerschaft: österreichisch
Geburtsort und Kronland: Brody in Galizien
Muttersprache, Alter: Deutsch, 1894 geb.
Religion, welchen Ritus oder Konfession:
   mos[aisch].
Wohnung des Studierenden:
   Rembrandtstraße 35.
Vorname, Stand und Wohnort seines Vaters: –
Name, Stand und Wohnort seines Vormundes: S. Grübel, Lemberg, Kaufmann
Bezeichnung der Lehranstalt, an welcher der Studierende das letzte Semester zugebracht:
k. k. Universität in Lemberg
Anführung der Grundlage, auf welcher der Studierende das letzte Semester zugebracht:
   Abgangszeugnis der k. u. k. Univ. in Lemberg
Gegenstand der Vorlesung /
Wöchentliche Stundenzahl derselben /
Name des Dozenten:
   ›Geschichte der deut[schen]. Litteratur von Goethes Tod bis in die Gegenwart‹ / 5. / Prof. Dr. Walther Brecht
   ›Goethes Seelendramen‹ / 2. / Priv[at].d[o]z[ent] Dr. Eduard Castle
   º Proseminar für deutsche Philologie ›Alt- und neuhochdeutsche Übungen‹* / 2. / Prof. Dr. Robert Franz Arnold
   º Deutsches Proseminar: Moderne Abteilung* / 2. / Prof. Dr. Robert Franz Arnold
   º Ethik / 5. / Prof. Dr. Adolf Stöhr
Übungen aus der Geschichte der Philosophie /
1. / Prof. Dr. Robert Reiniger
Eigenhändige Unterschrift [...] Joseph Roth«
[Abkürzungen in den Angaben zu den Vorlesungen sind aufgelöst, Vornamen der Vortragenden ergänzt.]

Wien 1913–1917: Studium 49

53 K. k. Universität Wien. Legitimation für Joseph Roth. »Duplikat«, ausgestellt am 30. Januar 1915. Titelseite.
Die Fotografie (Nr. 54) stammt nicht aus diesem, aber einem ähnlichen Hochschulausweis.

54 Joseph Roth als Student in Wien. Fotografie aus einem Ausweis, um 1914.

55 Walther Brecht (1876–1950), Literaturwissenschaftler. Fotografie, um 1910, aus dem Besitz von Joseph Roth.
Brecht schenkte Roth diese Fotografie in einem Brief am 7. Oktober 1926, in dem er dem jungen Autor seine Bewunderung ausdrückte.

56 Joseph Roth. Mitschrift aus der Vorlesung »Geschichte des deutschen Romans im 18. Jahrhundert« von Walther Brecht, Blatt 19. Handschrift, verkleinert abgebildet.
Der Text lautet:

»[…] das ganz neue am Roman, das nicht sofort verstanden wurde.
Für das philos[ophische] J[ahr]h[un]d[er]t die praktische Lebensführung finden.
*   Die Technik sehr altmodisch. Räuber Überfälle, Verkleidungen, Zufälle statt psycholog[ischer]. Verknüpfung aber Erfordernis erfüllt: in Gegenwart.*
*   Alles Gegenständliche bloß leicht angedeutet. Wenig Dialog das tägliche Leben, sondern lange instruktive Gespräche, tiefsinnige Reflexion. Die Komposition nicht einheitlich gedacht u. auch durch häufige Unterbrechungen*
*   An ›W[ilhelm]. M[eister].‹ Romane, eigentlich Romanversuche an.*

*   Entwicklung des Romans im XIX. J[ahr]h[un]d[er]t*

Richardson

Empfinds[amer]. R[oman]. in D[eu]tschl[an]d
(Laroche, Hermes, Knigge)

Empfinds. R. nach Werther
Millers ›Siegwart‹ 1766 etc.

Engel ›Lorenz Stark‹ 1795   *Familien-*
(Kotzebue) Lafontaine   *roman*
Hippel   *nach*
zugleich empfindsamer   *Werther*
-komische humorist.
Rom[an].
*   Gesellschafts R.*
Jean Paul (Wahlverwandtschaften)
(seit 1793)   1809

*   (Conte[s] de fées. Don Quich[ote]. Fielding*
*   Sterne)*
*   Griech. Philos.*
*   Rousseau   Wielands Don Sylvio 1767*
*   1769   Engländer*
*   Swift, Fielding*
*   Werther 1774   Sterne*
*   LeidenschaftsR   Wieland Agathon 1766/7*
*   biograph. B[i]ld[un]gsr[oman]*
*   R. d. St. u. Dr.*
*   (Jacobi 1775)   Kom. R.*
*   AP   Thümmel, Langbein*
*   1763 Lenz pp,*
*   Klinger 1791   Hist. R.*
*   pp   Meissner   Goethes W[ilhelm].*
*   Fessler   M[eisters]. Lehrjahre*
*   1795-96*
*   Heinse 1787   Biograph. BildungsR.*

*   Tiecks Sternbald   (Götz)*
*   II. Band bloß   D. Gegenwart*
*   Ritter R.   W. M. Wanderjahre*
*   (Spiess, P[C]ramer) 1871 soziale*
*   Räuberroman   Probleme*
*   (Italien)*

*   Romane*
*   Vulpius 1798   der*
*   (Rinaldo   Romantik«*
*   Rinandini)*
*   Ritter u. Räuber R.*
*   Abenteuer R*
*   Fouqués Romane*
*   Tromlitz, v. de*
*   Velde*

[Handwritten manuscript page, largely illegible. Partial transcription of readable elements:]

...ganz kein... Roman...

Die Technik sehr altmod[isch]. Räuber überfälle, Verkleidungen, Zufälle, statt psychol. Verknüpfung, als besonderer Spaß; ...

...Komposition nicht einheitlich gedacht...

An M.M. Romane, eigentlich Romanversuche an.

Entwicklung des Romans im XIX. Jht.

- **Richardson**
  - Empfinds. R. in Briefen (Lavoche, Hermes, Knigge)
  - Empfinds. R. nach Werther (Miller's "Siegwart" 1766 etc.)
  - Engel, "Lorenz Stark" 1795 — Familienroman nach Werther
  - (Kotzebue) Lafontaine
  - Hippel — Gesellschafts R. (Wahlverwandtschaften 1809)
  - Zugleich empfindsam und komische Humorist. Roman.
  - Jean Paul (seit 1793)

- **Rousseau 1761**
  - Werther 1774 — Leidenschaft R.
  - R. J. Jtr. u. Dr. (Jacobi 1775, 1763 Lenz, Klinger 1791)
  - Heinse 1787
  - Tieck Sternbald, F. Bardels
  - Ritter R. (Spieß, Cramer)
  - Räuberroman (Italien)
  - Vulpius 1798 (Rinaldo Rinaldini)
  - Ritter u. Räuber R., Abenteuer R. Fouqué, Tromlitz, v. der Velde

- (Comte de Gil Blas, Don Quix., Fielding, Sterne)
- Wieland's Don Sylvio 1764
- **Wieland** Agathon, biograph. Abzu. 1766/7
- Kom. R. Thümmel, Langbein
- Hist. R. Meißner, Fessler
- **Goethe** W.M. Lehrjahre 1795-6, Biograph. Bildungs u. Sozietäts R. W.M. Wanderjahre 1821 Soziale Probleme
- Romane der Rom[antik]

LBI No 9 (1837) /2

Die Hauptstadt

Das Leben in der Reichs-, Haupt- und Residenzstadt beeindruckte den jungen Joseph Roth stark: die Armut großer Teile der Bevölkerung ebenso wie die Eleganz des Adels, des Militärs und der Prunk der Kirche. Symbolträchtige äußere Formen (optisch wirksames Gepränge und ritualisierte Umgangsformen) wurden einprägsame Erlebnisse für den jungen Mann aus der Provinz. Neugierig und bewundernd beobachtete er die ästhetischen Qualitäten der Großstadt. Seinen eigenen Platz in diesem vielschichtigen Gefüge suchte er, trotz seiner Armut, bei den Arrivierten. Der Student Roth erschien übermäßig modisch gekleidet: ein richtiges »Gigerl« sei er gewesen, geradezu geckenhaft, erinnerte sich später der Freund Józef Wittlin.

57 Wien 1. Fronleichnamsprozession Ecke Tegetthoff- und Augustinerstraße. Kaiser Franz Joseph I. geht zu Fuß. Fotografie, 1909.

58 Wien 1. Stefansplatz. Blick zur Jasomirgottstraße. Fotografie, um 1910.

Wien 1913–1917: Die Hauptstadt 53

59 Wien. Garten des Café Schwarzenberg. Kärntnerring 17 / Ecke Schwarzenbergstraße. Fotografie, 1915.

60 Nach dem Einzug des k. u. k. 21. Feldjäger-Bataillons in Wien-Neuwaldegg. Offiziere im Kreis von Schaulustigen und Kindern mit Blumensträußen. Fotografie: R. Lechner (Wilhelm Müller), Wien, 1904.

61 Offiziersgesellschaft im Sachergarten im Prater, Wien 2. Fotografie, um 1910.

62 Wien 2. Volksprater. »Schieß-Halle«. Fotografie, um 1914.

Krieg 1914/1918

Die militärischen Aufgaben der Truppen wurden in Friedenszeiten durch farbiges Schauspiel und Machtdemonstration symbolisiert. Diese Schauseite blieb, soweit irgend möglich, auch nach Beginn des Krieges 1914/1918 erhalten. Prachtvolle Manifestationen der Stärke sollten – zumindest dort, wo kein Kriegsgebiet war – über die Grausamkeit des Krieges hinwegtäuschen. Die Kriegspropaganda wurde mit der die Einheit des Staates symbolisierenden Person des Kaisers, des »obersten Kriegsherrn«, verwoben. So huldigten Adel, Politiker und Volk dem Kaiser festlich, als die Nachricht von der Wiedereinnahme Lembergs zum Beginn der Sommeroffensive 1915 gegen Rußland eintraf.

63 Wien. Kaiserhuldigung im Ehrenhof von Schloß Schönbrunn anläßlich der Wiedereroberung von Lemberg, 24. Juni 1915. Fotografie: R. Lechner (Wilhelm Müller), Wien, 1915.
Blick über den Hof und die Freitreppe auf den Balkon, auf dem der Kaiser, die Thronfolgerfamilie, die beiden Bürgermeister von Wien und andere Würdenträger versammelt sind.

Roths Militärdienst 1916–1918

Im Mai 1916 meldete sich Roth gemeinsam mit seinem Studienkollegen Józef Wittlin zur militärischen Musterung (nachdem er bei den früheren Musterungen im Oktober 1914, am 26. Mai 1915 und am 4. April 1916 zurückgestellt worden war), bereit, zum Einjährigen-Freiwilligendienst in der k. u. k. Armee anzutreten. Wittlin, der später sich und Roth als Kriegsgegner im Sinn von Karl Kraus beschrieb, nannte als Motiv für die freiwillige Meldung Ehrgeiz und Aktivismus. Realistischer erscheint die Begründung, daß sie durch eine Überstellung zur Musterung von der für beide zuständigen galizischen bzw. ungarischen Militärbehörde nach Wien und durch die Meldung zu einer exklusiven Heeresgruppe vorläufig (zumindest während der Ausbildung) weiter in Wien wohnen konnten, statt gleich in ein frontnahes Gebiet gesandt zu werden. Zudem schien der Dienst im renommierten 21. Feldjäger-Bataillon attraktiver als anderswo zu sein.
Die Ausbildung dauerte vom 28. August 1916 bis Anfang 1917. Danach war Roth erst in Mähren, später zumeist in Galizien stationiert.

64 Joseph Roth in Uniform. Fotografie, 1916. Ausschnitt aus Abbildung Nr. 67.

65 Eintragung Roths in den Listen der Musterungskommission in Wien, 1916. Verkleinert abgebildet.
Die Eintragung (11. Zeile von unten) lautet:
»Zu- und Vorname: [Roth] Moses Josef
Heimatsort/-bezirk: Brody
Geburtsjahr: 94. Musterungstag: 31/5
Fortlaufende Zahlen: [VIII.] 1264 L.«
Diese Eintragung und die beiden anderen, bereits genannten, gleich nüchternen Notizen in den Musterungslisten von 1915 und April 1916, die Roth als dienstuntauglich ausweisen, sind die einzigen im Kriegsarchiv erhaltenen Dokumente von seinem Militärdienst.

"Musterung O"

Zu- und Vorname	Heimats- ort	bezirk	Geburts- jahr	Musterungs- tag	Fortlaufende Zahlen
Rößler Fry	St. Gotthard		1869	26/7.16	K.VII. 970
Romanski Joh.	Rzeszow		87	18/6	" 3667
Rollerr Paul	Töpersdorf		67	28/7	X. 2840 L
Roleder			92	5/6	IX. 1854 L
Rohm	Rosnitz		91	8/6	VII. 2604 L
Romofsky Karl	Caslau		90		IX. 2270 L
Rona Sigmund	Isolnok		69	25/7	X. 652
Romaschkay Rud.	Lemberg		97	22/5	VIII. 58
Rosalya	Moldautein			18/7	XXVI. 428 H
Rosza Leo	Boncegw	Borsa	74		X. 3698 H
Rozhon	Trapp		93	3/6	VII. 1883 L
Rosonek	Bukovnik	Schüttenhofen			VII. 1484 L
Rottenberg Wilhelm	Kolomea		77	5/8	I. 97 H
" Anton	Cyhouken	Teplitz	93	2/6	X. 1231 L
" Abraham Ley.		Turka	95	30/5	" 1015 H
" Jakob	Kosow	Brzezany	83	5/6	VII. 2182 H
Rothmann J. Walt.	Przemysl		82	4/7	" 5489 L
"	Horodenka		90	10/6	IX. 2386 H
" Abraham Samuel	Drohobycz		78	11/7	" 4461 L
Rothmann Roy	Baer	Centa			VIII. 501 H
Roblik Horwitz	Suczawa		85	23/6	X. 2570 H
Roulik Michal	Budweis		90	10/6	IX. 2415 L
				28/7	XXVI. 1728 H
Rouzek	Neupaka		76	15/7	IX. 4786 L
Roub Bengal	Rakovnik	Mühlhausen	77	18/7	VIII. 3808 H
Rouce	Krakovitz		80	8/6	IX. 4270 L
Romankiewicz Joh.	Radymno	Jaroslau	83	24/7	XXVI. 1128 H
Romanovski	Indrikontz		92	6/6	X. 1496 L
Roman	Neutra		70	24/7	IX. 738 H
Romanski Rud.	Zalasowa	Tarnow	87	18/6	VII. 3686 H
Roznik Johann	Pressburg		96	27/6	X. 1404 H
Rostocil	Klatnia	Chrudim	89	15/6	VIII. 2284 L
Rozivac	Moldautein		97	25/5	IX. 758 H
Roszorka Anton	Skyzovice	Neuhaus	92	7/6	VII. 2470 L
Roubal Josef	Saaz	Hriskov	83	29/6	VIII. 3095 L
" Johann	Klabova	Pilsen	85	23/6	X. 2585 H
Roth Nikel	Torontal		97	18/7	XXVI. 66 H
" Jakob	Hatvan		88	16/6	IX. 415 H
" Frank Ignaz	Neusandez		90	25/7	VIII. 35 L	N.M.
" Josef	Brody		84	31/5	" 1264 L
"	Drohobycz			2/6	IX. 1590 L
" Ignaz	Nagyszeben		95	30/5	VIII. 200 H
" Mohr	Baja	Bacs	66	11/8	XXVI. 2 H
" Josef	Kremenz		74	18/7	VIII. 4271 L
" S. Halperin Dr.	Przemysl		75	16/7	" 4185 L
" Paul	Podhajce		76	14/6	IX. 2575 L
" Vinzial Dr.	Czernowitz			15/7	VII. 6381 H
" Paul	Zwittl		78	11/7	IX. 4482 H
"	Lemberg		91	8/6	VII. 2593 L
" J. Wolf Uruck	Cieszanow		86	10/6	IX. 3031 L

67

66

66 Wien 3. Der Hof der Rennwegkaserne, Rennweg / Schlachthausgasse / Landstraßer Hauptstraße (demoliert). Fotografie: August Stauda, um 1903.
In dieser Kaserne erhielt Roth die militärische Ausbildung. Rasch erkannte er, wie weit hartes Training und mitleidlose Schikanen von seinen Vorstellungen entfernt waren.

67 Roths Ausbildungskompanie. Einjährigen-Freiwilligen-Schule des 21. Feldjäger-Bataillons. Fotografie, 1916.
Die während der militärischen Ausbildung aufgenommene Fotografie zeigt Joseph Roth als ersten von rechts in der zweiten Reihe und Józef Wittlin in der dritten Reihe, dritter von rechts.

Roth erlebte drastisch die Gegensätze zwischen den brutalen Auswirkungen des Krieges im Kampfgebiet und dem vergleichsweise üppigen Leben in der Großstadt. Besonders lebhaft erinnerte er sich später an das pompöse Begräbnis Kaiser Franz Josephs.
Es ist allerdings zweifelhaft, ob Roth, wie er behauptete, als Soldat bei der Trauerfeier für den verstorbenen Kaiser anwesend war. Sie war später von großer emotioneller Bedeutung für sein Bild vom Ende der Monarchie.

68-69 Wien 1. Begräbnis Kaiser Franz Josephs am 30. November 1916. Der Kondukt am Heldenplatz und vor der Kapuzinerkirche. Fotografien.

Krieg 1914/1918: Roths Militärdienst 1916–1918 59

68/69

70/71/72

In Galizien

Aus dem wenigen, das über Roths militärischen Einsatz bekannt ist, kann geschlossen werden, daß er die brutalen Geschehnisse an der Ostfront erlebt hat. Galizien, die Landschaft seiner Jugend, war hart umkämpfter Kriegsschauplatz. Die Fronten wechselten, so daß Städte wie Brody abwechselnd von russischen und österreichisch-ungarischen Truppen erobert wurden. Die Zerstörungen dabei und das Leid der Bevölkerung waren besonders groß. Insbesondere die jüdische Bevölkerung, stets zusätzlichen Anfeindungen ausgesetzt, litt unsäglich unter dem Krieg. Viele Menschen flüchteten bereits zu Kriegsbeginn in die sicheren Teile des Landes, so z. B. Roths Mutter nach Wien. Die Härte der Auseinandersetzungen, bei denen in weiten Teilen Galiziens Dörfer und Städte zerstört und ihre Bewohner vertrieben, verwundet oder getötet wurden, hat das Land tiefgreifend verändert.

Man weiß nur ungefähr durch private Korrespondenzstücke, bei welchen Truppenteilen Roth Dienst tat. »Feldpost 632« war eine solche Adresse Roths; für das Jahr 1917 ist dieser Standort bei Zborów, zwischen Lemberg und Tarnopol, also an der Ostfront nahe seinem Geburtsort, anzunehmen.

70 Munitionskolonne. Krieg 1914/1918. Fotografie.

71-72 Zborów/Zborov. Galizien, heute Ukraine. Gebäude, in dem das 9. Korpskommando untergebracht war, vor und nach der Zerstörung. Fotografien, um 1916.

73 »Kosaken begleiten die österreichisch-ungarischen Truppen beim Einzug in Brody«. Fotografie, Krieg 1914/1918.
Das Verhältnis zwischen den österreichisch-ungarischen Truppen und den Kosaken schwankte. Jedenfalls war die Situation für die Bevölkerung gefährlich: Wiederholt veranstalteten Kosakenverbände vor, während und nach dem Krieg Überfälle oder Pogrome.

74 Brody. Der zerstörte Bahnhof. Fotografie, Krieg 1914/1918.

Krieg 1914/1918: In Galizien 61

73
74

75 Wladimir Wolynsk / Vladimir-Volynskij. Rußland, heute Ukraine. Flüchtlinge kehren in die zerstörte Stadt zurück. Fotografie, um 1916.

76 Zerstörte Fabrik in Brody. Fotografie. Krieg 1914 / 1918.

77 Militärfahrkarte von Lemberg nach Wien, gestempelt am 18. April 1918. Aus dem Besitz von Joseph Roth.
Die Karte ist für eine Bahnfahrt dritter Klasse ausgestellt.
Aus der wenigen erhaltenen Korrespondenz Roths während seines Militärdienstes läßt sich vorsichtig schließen, daß er häufig mit der Bahn unterwegs war – zwischen Galizien und Wien und zwischen seinen Einsatzorten und Lemberg.

Von Roths Geschick am Ende des Krieges (angebliche russische Kriegsgefangenschaft) ist nichts nachweisbar, da keine entsprechenden Akten oder persönliche Briefe erhalten sind.
Sowohl die Beförderungen und Auszeichnungen als auch die Kriegsgefangenschaft, wovon Roth später zum Teil breit ausmalend berichtete, können nicht belegt werden und sind höchstwahrschenlich erfunden. Die Attitüde des Offiziers verdichtete sich jedenfalls in Roths Bewußtsein im Laufe der Jahre parallel zu seiner zunehmenden Idealisierung der Monarchie so weit, daß er glaubhaft Aussehen, Gesten und Sprache, also den Charme eines echten »k. u. k. Offiziers«, vermittelte.

Im Dezember 1918 zurück in Wien, traf Roth seine Mutter dort nicht mehr an; er reiste nach Brody, blieb jedoch nicht lange. Er fuhr, um der Einziehung durch die Truppen, die in die ukrainisch-weißrussisch-polnischen Auseinandersetzungen verwickelt waren, auszuweichen, umständlich über Ungarn nach Wien, wo er Ende März 1919 anlangte.

78
79

78 Brody. Auf dem Markt. Fotografie, Krieg 1914/1918.
Die gestellte Fotografie gibt einen Eindruck vom Elend der Menschen, die im Kriegsgebiet lebten.

79 Zborów/Zborov. Galizien, heute Ukraine. Die zerstörte Ortschaft. Fotografie, Krieg 1914/1918.

Erste Veröffentlichungen

Die frühesten literarischen Arbeiten Roths sind Gedichte und kurze Prosastücke. Jene Gedichte, die Roths Cousine Paula Grübel schätzte und sammelte, stammen aus den Jahren vor und während des ersten Weltkriegs. Sie sind den Lyrikern des »Jung Wien«, aber auch Heinrich Heine, nachempfundene, von Inhalt, Kunstform und Intention gesehen triviale Gelegenheitsgedichte, die die große Ambition, aber keineswegs lyrisches Können des jungen Autors zeigen.

Etwa die Hälfte von Paula Grübels Sammlung von ursprünglich rund 150 Jugendgedichten, die sie nach seinem Tod publizieren wollte, ging in den Jahren 1939 bis 1941 während Paulas Fluchtversuchen aus Frankreich verloren, andere in Wittlins Warschauer Wohnung. An den erhaltenen Blättern – teils in Handschrift, teils in Abschrift mit der Maschine – sind mehrere Reihungsversuche, also intensive Stadien der Beschäftigung, ablesbar.

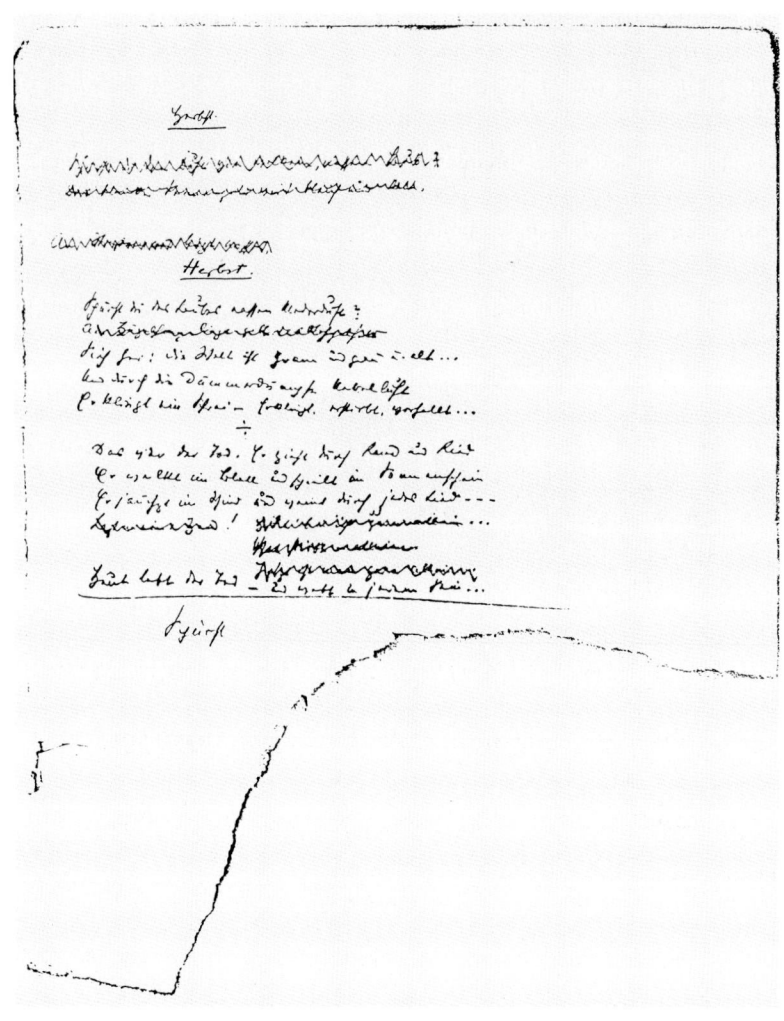

80 Joseph Roth: »Herbst«. Handschrift, 1915. Abbildung verkleinert. Der Text lautet:

»*Herbst.*

Spürst du des Laubes nassen Moderduft?
Sieh her: die Welt ist grau und gram und alt ...
Und durch die dämmerdumpfe Nebelluft
Erklingt ein Schrei – Erklingt, erstirbt, verhallt ...

Das ist der Tod. Er zieht durch Land und Ried
Er welkt im Blatt und spielt im Sonnenschein
Er jauchzt im Wind und weint durch jedes Lied ...
Heut lebt der Tod – Er webt in jedem Sein ...«

Eine veränderte Fassung dieses Gedichts erschien am 24. Oktober 1915 in »Österreichs Illustrierte Zeitung« (Werke, Band 1, S. 1101).

Einige Gedichte erschienen in der dem Krieg zunehmend distanziert gegenüberstehenden »Arbeiter-Zeitung«; andere in Zeitschriften, die primär jenen vordergründigen Patriotismus verkündeten, den die Staatsmacht im Krieg 1914/1918 propagierte.

81-82 [Joseph] Roth: »Der sterbende Gaul«. In: Illustrierte Kriegszeitung der k. u. k. 32. Infanterie-Truppendivision, Nr. 1 vom 10. Jänner 1917, S. 10 (S. 1 und S. 10, Ausschnitte).
Roth arbeitete im Frühjahr und Sommer 1917 in der Redaktion dieser Soldatenzeitung. Mit seinem Namen ist nur eine Veröffentlichung gezeichnet, nämlich das Gedicht »Der sterbende Gaul«. Die Zeitung erschien zweisprachig auf deutsch und ungarisch und war reich illustriert; sie diente der Verherrlichung ihrer Kommandanten, der Heldentaten der Division und der Unterhaltung ihrer Soldaten mit Rätseln, Lyrik, kurzen Erzählungen und Soldatenwitzen.

80

10. Jänner 1917 Január 10	Preis 70 Heller. Nr. 1. sz. Ára 70 fillér. **Illustrierte Kriegszeitung** der k. u. k. 32. Infanterie-Truppendivision.	Der Reingewinn ist dem Witwen- und Waisenfonds der 32. Division gewidmet. A tiszta jövedelem a cs. és kir. 32. gyaloghadosztály özvegy- és árvaalapját gyarapítja.

KÉPES HADIUJSÁG
A 32. gyaloghadosztály tábori lapja.

VIERTELJÄHRIGER BEZUGSPREIS: Für Offiziere und Fähnriche ___ K 6.— Für Unteroffiziere und Mannschaft ___ K 4.50 Für Zivilpersonen ___ K 7.— Kunstdruckausgabe ___ K 10.— Erscheint am 10., 20. und 30. jeden Monats.	Schriftleiter — Szerkesztő: JOSEF E. KUN Lt. i. d. Res. Redaktion und Administration: Szerkesztőség és kiadóhivatal: Feldpost Nr. 105. sz. tábori posta.	NEGYEDÉVI ELŐFIZETÉSI ÁR: Tisztek és zászlósok részére ___ 6.— K Altisztek és legénység részére ___ 4.50 K Polgári személyek részére ___ 7.— K Műnyomásban ___ 10.— K Megjelenik minden hó 10-én, 20-án és 30-án.

10   *Illustrierte Kriegszeitung. — Képes Hadiujság.*

 Belletristisches. — Tárcák.

Kriegsepisoden.

Der sterbende Gaul.

Vor Tag im feuchten Graben
Liegt ein verendendes Pferd.
Die Kanoniere haben
Es von der Strasse gezerrt...

Die Batterie trabt vorüber,
Die Kanonen, Stück für Stück —
Den sterbenden Kameraden
Lassen die Gäule zurück.

Der wiehert noch einmal so traurig
Und hebt den Kopf so bang.
Der Lärm der Räder und Hufe
Den Abschiedsgruss verschlang...

Sehnsüchtig bläht er die Nüstern,
Dann sinkt er zurück und ist tot.
In den verglasten Augen
Bricht sich das Morgenrot.

                Kriegsfr. Gefr. *Roth.*

Das letzte Lächeln.

Meine Mutter hat meinen Arm genommen.

Háborus epizódok.

Az Apostol.

A kilencedik század élő prófétája volt Danninger Gáspár, a nazarénus, ki, — vallási meggyőződéséhez hiven — fegyver nélkül szolgálta a hazát. De bizony még a kocsisságból is el kellett csapni a jámbort, mert a szomorú viszonyok közt az éhező lovaknak nem akart szénát szerezni. A szerzést a nazarénusoknál lopásnak hivják, az pedig majd olyan nagy bűn, mint a dohányzás, melynek tilalmát azzal indokolta Gáspár mester, hogy se Jézust, se a szenteket nem látta senki pipázni, mert akkor legalább volna olyan szentkép, amelyiken cigaretta vagy csibuk volna a szájukba pingálva.

Az öreget nem nagyon tartotta senki tökéletesnek. Apostolnak hivták és sokszor nagyon gorombán tromfolták le kenetteljes bibliai idézeteit. Ez azonban legfeljebb egy jámbor imára ösztönözte az apostolt, ki egyik alkalommal a valami rendetlenség miatt káromkodó hadnagy úrral szemben is Istennél keresett segítséget, mondván:

— Uram, bocsásd meg nekie, mert nem tudja mit cselekszik.

Hogy a hadnagy úr erre mit felelt, arra már nem volt kellő idézet a bibliában.

A bakák szerettek vele vitatkozni, de

Morgenblatt.

Arbeiter-Zeitung

Zentralorgan der Deutschen Sozialdemokratie in Oesterreich.

Erscheint täglich um 6 Uhr morgens, Montag um 2 Uhr nachmittags.

143.   Wien, Samstag, 26. Mai 1917.   XXIX. Jahrgang.

Tagesneuigkeiten.

Mütter.

Starr lag die Nacht und keine Glocke schlug —
da wandelte vorbei der Mütter Zug...

... Und manche waren, deren blasse Lippen
Gebete murmelten und leise klagten
und zag und scheu an ihrem Schmerze nagten,
an Gott noch glaubten und nicht grollten
und auf den Feldern suchten nach Gerippen
der toten Söhne, die sie küssen wollten...

Doch manche kamen mit flatternden Haaren
und gramversengtem Angesicht
Wir sind die furchtbar rächenden Scharen
vom Jüngsten Gericht!...

Ich hab' ihn aus meinem Schoße geboren,
ich hab' ihn an meinen Brüsten genährt,
ich hab' ihn sein erstes Lallen gelehrt...
Ich weiß, wie er rüttelnd stand an den Toren
des jungen Lebens und wie der Wind
zehntausend Blüten Treue geschworen
und alle küßte, die er sich erkoren — —
Ich hab' ihn verloren... verloren... verloren...
  Mein Sohn!...
    Mein Kind!...

... Und andere wieder warten still...
In ihren Augen schwieg ein starres Warten
und ihre sehnsuchtsmüden Arme harrten
wie auf ein Glück, das niemals kommen will...
Wie in der Lotosblüten weißen Garten,
So schritten sie in ihren süßen Traum — —
Dort stehn sie still — sie glauben's selber kaum —
und dennoch warten sie — und warten... warten...

Starr lag die Nacht und keine Glocke schlug —
Da wandelte vorbei der Mütter Zug...

  Josef Roth.

Notizen.

83-84   Joseph Roth: »Mütter«. In: Arbeiter-Zeitung, Wien, Nr. 143, Morgenblatt vom 26. Mai 1917, S. 5 (Kopfleiste von S. 1 und S. 5, Ausschnitt).

85-86   Joseph Roth: »Nervenchok«. In: Prager Tagblatt, Prag, Nr. 232, Morgenausgabe vom 6. Oktober 1918, S. 13 (S. 1, Ausschnitt, S. 13, Ausschnitt).

Das Erlebnis des Krieges beeinflußte einige von Roths frühen Veröffentlichungen: Idylle wechselt mit drastischem Realismus, Mitgefühl mit Ironie. Zwischen 1916 und 1918 druckten das »Prager Tagblatt« und »Der Friede« solche leicht expressionistischen Texte von Roth.

Kurze Prosastücke, die Roth seit 1915 in »Österreichs Illustrierter Zeitung« veröffentlichte, z. B. »Herbstwindes Kriegsgeschichten«, »Der Vorzugsschüler«, wechseln zwischen märchenhafter und knapper, nüchterner, ironischer Darstellung.

Nervenchof.

Von Joseph Roth (Prag).

Seht her: in einen Zauberknäu'l gebannt
schlottert und taumelt er an schwanker Krücke,
bald hart am Pflasterrand und bald zurück
prallt klappernd sein Gebein an rauhe Wand.

Und aller Augen sind ihm zugewandt:
der frechen Neugier und des Mitleids Blick —
ein Kind, das spielt, hält mitten still im Glücke,
als blickt' es plötzlich in ein dunkles Land . . .

O, seht ihn auf, in graues Tuch gewandet,
der Menschheit Heldentum in torkelndem Zickzack
zwei Kreuzchen scheppern und zwei Bänder fliegen — !

Im roten Meer von Blut und Siegen
ist des Jahrhunderts stolzes Schiff gestrandet —
Und das ist Euer Wrack! . . .

Eine bescheidene Frau.

Von Gaston Chérau.

Graf Lormier war endlich auf seine Güter zurückgekehrt. Er hatte Paris so lange unsicher gemacht und das Leben eines eleganten Lebemanns geführt, bis ihm sein Notar ernstlich riet, solle zu werden. Sonst ginge das einstmal stattliche Vermögen ganz in die Brüche.

Dies brachte Lormier zur Vernunft; eine Woche darauf reiste er nach dem Berry ab, richtete in aller Eile das Schloß her, kaufte zwei Wagen und acht Reitpferde und ließ die Meute revidieren. Absichtlich gab er der Einrichtung einen provisorischen Charakter; der Gedanke, Zeit seines Lebens auch auf dem Lande bleiben zu müssen, hätte ihn toll gemacht.

Allmählich fand er Gefallen an dem ruhigen Gleichmaß der Tage; der Sonnenaufgang ließ ihn die Kulissen der großen Oper, die Jagd das Bakkarat im Klub vergessen. Er akklimatisierte sich völlig und schickte nur ab und an der Pariser Weiblichkeit verstohlene Seufzer nach.

* * *

Die Jagd war ergiebig gewesen und Lormier, trotz seiner Fünfzig, nicht sonderlich ermüdet. Er schlug einen Feldweg ein, der ihm kürzer zu sein schien, pfiff leise vor sich hin und schloß behaglich die Augen. Plötzlich prallte er gegen einen menschlichen Körper an, gegen einen weichen, weiblichen Körper. Es war Lise, die sechzehnjährige Tochter seines Pächters, ein Mädel wie Milch und Blut.

Die plötzliche Berührung weckte alle Lebemanninstinkte des Grafen; er wurde zärtlich und unternehmend.

„Gib mir einen Kuß, Lisel", bat er. „Ich mache Dich zur Gräfin, auf Wort!"

Lise sträubte sich nicht lange; der „Herr" bat, wo er befehlen konnte — dies war ja ohnehin schon genug von ihm . . .

Dem ersten Kusse folgten mehrere, folgten Wochen und Monate der Liebe. Lise lachte mit all ihren gesunden zweiunddreißig Zähnen; das Heiratsversprechen des Grafen nahm sie nicht weiter ernst. Aber, was sie selbst niemals zu hoffen gewagt — Lormier fing Feuer, verliebte sich in die Kleine und nahm sie, kurz entschlossen, zur Frau.

„Gräfin" Lise glaubte zu träumen; sie verbrachte den größten Teil ihrer Zeit damit, die neue Aristokratin im Spiegel zu besehen, war gehorsam und kam dem leisesten Wunsch des Gatten entgegen. Dennoch ließ sie sich schwer erziehen. Ein unbändiger Respekt, eine scheue Furcht vor dem, den sie bei sich noch immer den „Herren" nannte, hinderte sie, sich frei zu bewegen. Sie nannte Lormier ständig „Herr Graf", bei den Mahlzeiten, vor der Dienerschaft . . . und leider auch des Nachts.

Aber als sie bemerkte, daß jeder ihrer Fortschritte zur höheren Kultur mit Geschenken belohnt wurde, ließ sie sich leichter belehren und nahm Ring, Kette, Brosche und Armband mit der Miene eines artigen Kindes entgegen. Nur äußerste sie selbst niemals einen Wunsch. Der „Herr" gab, was er mochte; zu fordern wäre unbescheiden gewesen.

„Morgen fahren wir zusammen nach Paris!" sagte Lormier eines schönen Tages. Lise traute ihren Ohren nicht; es war ihr, wie richtig verheiratet vorzukommen, hatte stets mit der Möglichkeit gerechnet, verstoßen zu werden. Und jetzt schämte sich der „Herr" nicht, sich mit ihr vor seiner Verwandtschaft sehen zu lassen? Sie jubelte laut und küßte den Gatten aus freien Stücken.

. . . Der „Herr" zeigte Lise die Madelaine, das Bois, den zoologischen Garten, die fashionablen Restaurants. Lise nahm alles freudig auf; einen Wunsch zu äußern, konnte sie sich immer nicht entschließen. Endlich war es Zeit, an die Abreise zu denken.

„Ich möchte Dir noch gerne etwas schenken!" sagte Lormier. „Hast Du nicht irgend einen Wunsch?"

Aber den hatte Liese eben nicht; es wäre ihr unbescheiden vorgekommen. Zum erstenmal in seiner jungen Ehe wurde der Graf wütend und ausfallend. Er sprach sogar von Dummheit und machte die arme Kleine weinen. Am nächsten Tage führte er sie zum Juwelier und ließ Diamanten, Perlen, Saphire und Topase vor ihr ausbreiten: „Willst Du dies? Sagt Dir jenes zu?"

Lise schüttelte nur immer wieder den Kopf; sie hatte wirklich keinen Wunsch.

Am Abend, im ehelichen Schlafgemach, wurde Lormier sentimental. „Nur sehe ich", sagte er, „daß Du mich nicht liebst, wie Dich. Ja, Du hast nicht einmal Zutrauen zu Deinem Gatten! Du fürchtest ihn vielleicht?"

Diesmal nickte die Kleine verschämt mit dem Kopfe. Oh ja; sie fürchtete den Gatten, fürchtete vielmehr, unbescheiden zu sein, wenn sie den einzigen, den brennendsten Wunsch ihres Lebens äußerte, seine Erfüllung forderte. Nun aber nahm sie das Herz in beide Hände. Zwischen Angst und Verlangen hin- und hergeworfen, stieß sie, mit halbstickter Stimme, hervor:

„Wenn Sie es denn durchaus wollen, Herr Graf — einen Wunsch — ohja, den hätte ich — wenn es nicht unbescheiden wäre —"

Lormier war entzückt; er legte Liens Kopf zart an seine Schultern. „Sag mir ihn doch, Deinen Wunsch!" lachte er. „Unbescheiden — was denn nicht noch! Sag ihn mir nur ungescheut. Kleine!"

„Ich möchte —" begann Lise, „ich möchte so, sehr gerne — "

„Nun, Kleine? Einen Ring? Ein Armband? Eine Loge im Opér? Ein neues Kleid?"

„Ach nein, Herr Graf, das ist es alles nicht! Ich möchte — da Sie nun schon so gütig sind, möchte

87 Titelseite der »Arbeiter-Zeitung«, Wien, vom 11. November 1918.

Joseph Roth: »Die weißen Städte«

»Ich wurde eines Tages Journalist aus Verzweiflung über die vollkommene Unfähigkeit aller Berufe, mich auszufüllen. Ich gehörte nicht der Generation der Leute an, die ihre Pubertät mit Versen eröffnen und abschließen. Ich gehörte noch nicht der allerneuesten Generation an, die durch Fußball, Skilauf und Boxen geschlechtsreif wird. Ich konnte nur auf einem bescheidenen Rad ohne Freilauf fahren, und mein dichterisches Talent beschränkte sich auf präzise Formulierungen in einem Tagebuch.

Seit jeher mangelte es mir an Herz. Seitdem ich denken kann, denke ich mitleidslos. Als Knabe fütterte ich Spinnen mit Fliegen. Spinnen sind meine Lieblingstiere geblieben. Von allen Insekten haben sie, neben den Wanzen, am meisten Verstand. Sie ruhen als Mittelpunkt selbstgeschaffener Kreise und verlassen sich auf den Zufall, der sie nährt. Alle Tiere jagen der Beute nach. Von der Spinne aber könnte man sagen, sie sei vernünftig, sie sei in dem Maß weise, daß sie das verzweifelte Jagen aller Lebewesen als nutzlos und nur das Warten als fruchtbar erkannt hat.

Geschichten von Spinnen, von Sträflingen, die sich in der finsteren Einsamkeit ihrer Zelle mit Spinnen unterhalten, las ich mit Eifer. Sie regten meine Phantasie an, an der es mir übrigens keineswegs fehlt. Ich habe immer leidenschaftlich, aber mit wachen Sinnen geträumt. Mein Traum konnte mir niemals eine Wirklichkeit erscheinen. Dennoch vermag ich mich so tief in den Traum zu begeben, daß ich eine zweite, eine andere Wirklichkeit lebe.

Als ich dreißig Jahre alt war, durfte ich endlich die weißen Städte sehen, die ich als Knabe geträumt hatte. Meine Kindheit verlief grau in grauen Städten. Meine Jugend war ein grauer und roter Militärdienst, eine Kaserne, ein Schützengraben, ein Lazarett. Ich machte Reisen in fremde Länder – aber es waren feindliche Länder. Nie hätte ich früher gedacht, daß ich so rapid, so unbarmherzig, so gewaltsam einen Teil der Welt durchreisen würde, mit dem Ziel zu schießen, nicht mit dem Wunsch zu sehen. Ehe ich zu leben angefangen hatte, stand mir die ganze Welt offen. Aber als ich zu leben anfing, war die offene Welt verwüstet. Ich selbst vernichtete sie mit Altersgenossen. Die Kinder der andern, der früheren und der späteren Generationen, dürfen einen ständigen Zusammenhang zwischen Kindheit, Mannestum und Greisenalter finden. Auch sie erleben Überraschungen. Aber keine, die nicht in irgendeine Beziehung zu ihren Erwartungen zu bringen wäre. Keine, die man ihnen nicht hätte prophezeien können. Nur wir, nur unsere Generation, erlebte das Erdbeben, nachdem sie mit der vollständigen Sicherheit der Erde seit der Geburt gerechnet hatte. Uns allen war es wie einem, der sich in den Zug setzt, den Fahrplan in der Hand, um in die Welt zu reisen. Aber ein Sturm blies unser Gefährt in die Weite, und wir waren in einem Augenblick dort, wohin wir in gemächlichen und bunten, erschütternden und zauberhaften zehn Jahren hatten kommen wollen. Ehe wir noch erleben konnten, erfuhren wir's. Wir waren fürs Leben gerüstet, und schon begrüßte uns der Tod. Noch standen wir verwundert vor einem Leichenzug, und schon lagen wir in einem Massengrab. Wir wußten mehr als die Greise, wir waren die unglücklichen Enkel, die ihre Großväter auf den Schoß nahmen, um ihnen Geschichten zu erzählen.

Seitdem glaube ich nicht, daß wir, Fahrpläne in der Hand, in einen Zug steigen können. Ich glaube nicht, daß wir mit der Sicherheit eines für alle Fälle ausgerüsteten Touristen wandern dürfen. Die Fahrpläne stimmen nicht, die Führer berichten falsche Tatsachen. Alle Reisebücher sind von einem stupiden Geist diktiert, der nicht an die Veränderlichkeit der Welt glaubt. Innerhalb einer Sekunde aber ist jedes Ding durch tausend Gesichter verwandelt, entstellt, unkenntlich geworden. Man berichtet über Gegenwart mit historischer Sicherheit. Man spricht über ein fremdes Volk, das lebt, wie über eines, das in der Steinzeit gestorben ist. Ich habe Reisebücher über einige Länder gelesen, in denen ich gelebt habe (und die ich so gut kenne wie meine Heimat und die alle vielleicht meine Heimat sind). Wie viele falsche Berichte sogenannter ›guter Beobachter‹! Der ›gute Beobachter‹ ist der traurigste Berichterstatter. Alles Wandelbare be-

greift er mit offenem, aber starrem Aug'. Er lauscht nicht in sich selbst. Das aber müßte er. Er könnte dann wenigstens von seinen Stimmen berichten. Er verzeichnet die Stimme einer Sekunde in seiner Umgebung. Aber wer weiß nicht, daß andere Stimmen ertönen, sobald er seine Horcherstellung verlassen hat. Und ehe er's niederschreibt, ist die Welt, die er kennt, nicht mehr dieselbe.

Und ehe wir ein Wort niederschreiben, hat es nicht mehr dieselbe Bedeutung. Die Begriffe, die wir kennen, decken nicht mehr die Dinge. Die Dinge sind aus den engen Kleidern herausgewachsen, die wir ihnen angepaßt haben. Seitdem ich in feindlichen Ländern gewesen bin, fühle ich mich in keinem einzigen mehr fremd. Ich fahre niemals mehr in die ›Fremde‹. Welcher Begriff aus einer Zeit der Postkutsche! Ich fahre höchstens ins ›Neue‹. Und sehe, daß ich es bereits geahnt habe. Und kann nicht darüber ›berichten‹. Ich kann nur erzählen, was in mir vorging und wie ich es erlebte.«

(Joseph Roth: »Die weißen Städte« [Auszug]. In: Werke, Band 2, S. 451-453)

88 Wien 1. Schulerstraße 14. Im Annoncenviertel. Fotografie, 1916.
In diesem Haus befand sich in den Jahren 1919/1920 die Redaktion des »Neuen Tag«.

89 Joseph Roth auf einem Bahnsteig während einer Reise in Frankreich. Fotografie, 1926.

72 Journalismus. Anfänge

Wien 1919–1920

Noch während des Krieges veröffentlichte Roth mehrere Beiträge in der programmatischen in Wien erscheinenden Wochenschrift »Der Friede«. Im Frühjahr 1919 fand Roth, offenbar durch seine Kontakte zum »Frieden« und zum »Prager Tagblatt«, Arbeit bei der jüngst gegründeten Wiener Tageszeitung »Der Neue Tag« und bei verschiedenen anderen Zeitschriften.
Erstaunlicherweise gelang Roth der Sprung vom Verfasser kurzer Lyrik und kleiner Erzählungen zum Journalisten rasch und ohne Probleme. Wenn die Arbeiten in »Die Filmwelt« noch als simpel und – dem Medium durchaus entsprechend – als einfache Reportage gelten können, so sind seine zahlreichen Beiträge für den »Neuen Tag« von Anfang an professionell und qualitätvoll.

90-91 Joseph Roth: »Die Diva«. In: Die Filmwelt, Wien, Jg. 1 (1919), Nr. 10 vom 30. Mai 1919, S. 6-7 (abgebildet: Titel und S. 6).
Die Zeitschrift »Die Filmwelt« diente im ersten Jahr ihres Erscheinens hauptsächlich der Reklame internationaler Filmfirmen; einen redaktionell eigenständigen Teil hatte sie nur kurze Zeit. Von Roth erschienen von März bis Mai 1919 Berichte, Dialoge und humoristische Beiträge.

92 Joseph Roth. Fotografie aus seinem Journalistenausweis, 1920.

Seite 6 **Die Filmwelt** Nr. 10

DIE DIVA / VON JOSEF ROTH

Marie Widal

Pola Negri

Sie ist sozusagen die Achse, um die sich eine ganze kleine große Welt von Filmkunst- und Kitsch, von Kinodramaturgie und Regie, von Klatsch und Intrige, Kabale und Liebe dreht. Sie ist Ruhepunkt in der kreisenden Bewegung der Nervosität und Überspanntheit, Ursache und Endzweck von spannenden Romanen und Schlagern der Saison, Film- und Fixstern in Einem. Sie ist groß oder mittelgroß, blond, braun oder schwarz, sehr schön, oder nur hübsch, aber immer reizend, mit dem Schleier der Anmut um Elfenbeinhüften, die sie leider niemals im Film zeigt, sondern stets nur in Zimmern der Verschwiegenheit, deren Wände nicht einmal Ohren haben dürfen.

Nicht mehr von ihrem Privatleben. In der Kunst geht sie natürlich nicht nach Brot, sondern nach Riesengagen, das heißt: besagte Gagen gehen eigentlich nach ihr, oder ihr nach. Sie läßt sich „nichts gefallen", im Gegenteil: ihr gefällt nichts, am wenigsten der Regisseur.

Mia May

der bedauernswerte Autor auch nur einen Schimmer von demselben erblickt hätte. Sie tyrannisiert Kollegen, Kolleginnen, Autoren, Operateure und keiner wagt, ihr zu widerstehen, weil sie aus mehr, als einem Grunde, eben — unwiderstehlich ist. Sie hat Glück im Großen, wie im Kleinen. Neben ihr verblaßt die Konkurrenz. Sie braucht bloß einen Schritt nach vorn zu tun und ihre mitagierende Kol-

Sie wählt sich ihre Rollen selbst, die ihr extra auf den Leib geschrieben werden, ohne daß weiblichen Filmsterns hat die sonderbare legin steht im Schatten Denn das Licht eines

DER NEUE TAG

Nr. 271. 1. Jahrgang. Morgen-Ausgabe. Einzelpreis an Wochentagen 30 Heller
Einzelpreis an Sonn- u. Feiertagen 40 Heller

WIEN, DONNERSTAG, 25. DEZEMBER 1919.

Selbstverwaltung für Irland.

K. B. London, 24. Dezember.

Lloyd George erklärte gestern im Unterhause, daß die britische Regierung bereit sei, Irland die Selbstverwaltung in weitestem Ausmaß zu gewähren. Dem Reichsparlament bleibe jedoch vorbehalten das Recht, Kriegserklärungen und Frieden zu schließen, die auswärtigen Angelegenheiten, Heer und Marine, der Handelsverkehr außerhalb von Irland, die Seekabel, das Münzrecht und die oberste Gerichtsbarkeit.

Die Erklärung des Ministerpräsidenten hat in der ganzen britischen Presse überaus großes Aufsehen erregt. Der Großteil der Blätter verhält sich zustimmend.

Kein Ultimatum an Deutschland.
Neue mündliche Verhandlungen.

K. B. Berlin, 24. Dezember.

Das Wolffsche Bureau meldet: Die Note des Obersten Rates, die gestern überreicht wurde, ist heute hier eingetroffen, leider infolge der seit gestern bestehenden Leitungsstörungen nicht in einheitlicher Form, sondern in einzelnen Bruchstücken, sodaß eine Veröffentlichung des genauen Wortlautes heute nicht mehr erfolgen kann. Wie uns von zuständiger Seite betont wird, trägt die Note jedoch durchaus keinen ultimativen Charakter. Sie besteht zwar auf der Unterzeichnung des Protokolls; in dem von Herrn Dutasta mündlich hinzugefügten Kommentar erklärt sich aber der Oberste Rat bereit, in eine Nachprüfung des in Deutschland befindlichen Hafenmaterials einzutreten. Die bisher unterzeichnenden alliierten Sachverständigen sich bereits in Deutschland befinden, reisen im Einverständnis des Obersten Rates die deutschen Schiffahrts-Sachverständigen zurück, um an Ort und Stelle mit der interalliierten Kommission die erforderlichen Erhebungen zu pflegen. Hieraus geht hervor, daß die Kommentare, mit denen versucht worden ist, aus Anlaß dieser Note von außen auf die öffentliche Meinung Deutschlands einzuwirken, tendenziös gefärbt waren. Weder Herr v. Lersner noch Herr v. Simson werden vorerst nach Berlin zurückkehren.

Demissionsankündigung Clemenceaus.

Clemenceau über die auswärtige Politik. — Kein Friede mit Sowjet-Rußland.

K. B. Paris, 23. Dezember.

Clemenceau hat in der Kammer auf eine Anfrage des sozialistischen Abgeordneten Cachin Erklärungen über die auswärtige Politik abgegeben.

Er berichtete zunächst über die mit England und den Vereinigten Staaten abzuschließenden militärischen Garantieverträge und kam sodann auf die anläßlich der Londoner Konferenz geleisteten Arbeiten zu sprechen, die von Berthelot, der sich noch in London befinde, fortgesetzt werden. Er hob die Notwendigkeit eines engen Bündnisses mit England hervor und streifte die Frage von Fiume, die man jetzt in einer allseits befriedigenden Weise zu lösen hoffe.

Bei der Erwähnung der Probleme, die den Balkan, Anatolien, Syrien und Polen betreffen, erklärte Clemenceau, die Frage von Konstantinopel sei noch immer in Schwebe; man berate über sie gegenwärtig in London.

Die russische Frage.

Zur russischen Frage übergehend, brandmarkte Clemenceau die Sowjetregierung in heftigen Ausdrücken. Er bezeichnete sie als die barbarischste und bestgehaßte Regierung, die es je gegeben habe. Clemenceau erklärte hiebei: Wir machen nicht nur keinen Frieden mit Sowjetrußland, wir werden uns auch nie mit ihm abfinden. Er erinnerte sodann an die schweren Opfer, die Frankreich und England gebracht hätten, um die russischen Patrioten zu unterstützen, von denen man hätte annehmen können, daß sie ihr Land wieder aufrichten werden. Er betonte, daß diese Aufwendungen nicht ewig weiter dauern würden. Deutschland schicke sich an, heimlich einen Teil Rußlands zu kolonisieren, deshalb müsse man

um Rußland einen Stacheldraht

ziehen.

Von warmem Beifall begleitet, schloß Clemenceau mit dem Hinweis darauf, daß man den Kriegszustand mit Rußland aufrechterhalten müsse. Er kündigte die Absicht der Regierung an,

nach Beendigung der Wahlen zurückzutreten

und hob hervor, daß es kein Scheinrücktritt sein werde.

Die Kammer brachte Clemenceau eine Huldigung dar.

Hierauf fragte Cachin, ob es wahr sei, daß einige Nationen sich in den Dardanellen und in Konstantinopel festgesetzt hätten, wie Gerüchte besagen. Clemenceau verneinte dies.

Abgeordneter Cachin warf der Regierung vor, daß sie den Kriegszustand mit Rußland aufrechterhalte und sich in die inneren Verhältnisse Rußlands einmische.

Schließlich nahm die Kammer mit 448 gegen 71 Stimmen folgende Tagesordnung an: Die Kammer billigt die Erklärung der Regierung und spricht ihr das Vertrauen aus. Sie verwirft jeden Zusatz und geht zur Tagesordnung über.

Das Brotopfer Deutschlands.

K. B. Berlin, 24. Dezember.

Das „8 Uhr-Blatt" meldet: Das Direktorium der Reichsgetreidestelle hat einen Beschluß darüber gefaßt, in welcher Weise die Verfügung der deutschen Brotration zugunsten der notleidenden Bevölkerung Oesterreichs erfolgen soll. Vom 16. Jänner bis 15. Februar 1920 werden jedem Mitglied der versorgungsberechtigten Bevölkerung Deutschlands 200 Gramm Mehl von der ihm zustehenden Menge abgezogen. Die Beteiligung der Selbstversorger an der Reichsgetreidestelle so zu regeln, daß sie aufgefordert werden, mindestens ½ Pfund per Kopf der ihnen zustehenden Ration abzuliefern.

Im Innern des Blattes:

Die Oesterr.-ung. Bank in der Tschecho-Slowakei.

Ungarn für einen Wirtschaftsblock.

Tschechischer Zucker nur gegen fremde Valuta.

Die Kohlenverhandlungen in Prag.

Weihnachtsgespräch.

In einem bürgerlichen Zimmer sitzen nach einem kargen Weihnachtsmahl Vater und Sohn einander gegenüber.

Der Vater raucht eine seit langem aufgesparte Zigarre; der Sohn blickt aufs Tischtuch; nicht das Ohr, nur das Auge nimmt wahr, daß er eine Melodie vor sich hinsummt.

Der Vater kann ihr dennoch folgen. Er sagt auf einmal:

— Du wiederholst immer die gleichen Takte!

„Contre nous de la tyrannie
L'étendard sanglant est levé!"

— So siehst du sie also wieder gegen uns erhoben, die blutige Standarte der Tyrannei?

Der Sohn schlägt plötzlich mit der Faust auf den Tisch:

— Das habe ich mir vorige Weihnachten nicht vorgestellt! Erinnerst du dich des Gespräches?

— Du hast hundert schöne, heiße, junge Narreteien gesagt, antwortet der Alte.

— Und wenn du summtest, war es eher die Marseillaise: Der Tag des Ruhmes ist da! Dir war der hitzige Most des Novembers sehr zu Kopf gestiegen. Und heute, ein Jahr nachher —

— Glaube ich immer noch an die Revolution! — sagt der Sohn heftig.

— Ich weiß, fährt der Vater fort. — Du bist auch nicht von ihr enttäuscht, was unterdessen geschehen ist; höchstens etwas müde. Und hast ein bißchen Angst vor dem blutigen Banner der Tyrannei, vor der Reaktion, die du über den Zaun gucken siehst; du siehst nun euch jungen Revolutionären gleich; so wie ihr die Welt durch plötzliche Rucke vorwärts drehen möchtet, glaubt ihr, jemand könne sie mit einem Fußtritt rückwärts stoßen. Aber sie dreht sich hübsch ordentlich weiter und ihr kommt mir vor wie Kinder, die im Eisenbahncoupé auf die Wand drücken, damit der Eilzug schneller fahre.

— Das sind, sagte der Sohn, Ansichten eines alten Mannes, entschuldige! Ist es denn nicht so, daß manchmal starkes Zugreifen die Geschichte ändern kann? War es nicht so vor einem Jahr? Wie hing uns der Christbaum voller Sterne! Eine Welt, die wir haßten, furchtbar zusammengebrochen; kein Widerstand kraftvollem Schaffen, alles außer Rand und Band, daher aber alles möglich, alles zu tun, ganze Arbeit zu schaffen — ein Chaos, schwanger mit einem Universum! Und nun —

— Kommt es dir vor, als hätte das Chaos ein jüngeres Chaos geboren, sagte der Vater. Du warst vor einem Jahr so fest überzeugt, zu Weihnachten 1919 würdest du in einer funkelnagelneuen Welt sitzen; jetzt möchtest du verzweifeln, weil dein Augenmaß falsch war und verfällst in das entgegengesetzte Extrem. Es sind wieder Ansichten eines alten Mannes, die ich dir vortragen muß, eines Revolutionärs, der sich Revolution mit: Geschichte übersetzt. Diesmal, finde ich, bin ich ein besserer Revolutionär als du. Ich vertraue mehr auf die Revolution als du. Dich schreckt das Zurückschwingen eines Pendels, ich aber sehe einen

Der Weihnachtsmann 1919.
(Zeichnung von Carl Josef.)

Nr. 371 Wien, Donnerstag DER NEUE TAG 25. Dezember 1919 Seite 17

geblieben. Ich vergaß es. Und du warst in dem Zimmer. Niemand von den Dienern, niemand von den Zofen. Nur du! Wohin hast du das Perlenhalsband getan?" Ganz klein und zusammengekrampft war da die Stimme.

Die ältere röchelte ein Lachen: „Du bist verrückt. Du bist hysterisch. Du treibst es immer so. Ich habe mein Perlenhalsband, was brauche ich deines!"

„Das ist es. Du sollst eines haben, du sollst eines tragen, aber mein Nacken, mein Hals soll schmucklos, nackt und leer sein. Und alles auf dem Ball soll mit Fingern auf dich weisen: Seht, wie schön Klementine ist, wie das Weiß der Perlen von dem Weiß ihrer Haut strahlt, als hätte sie Augen bekommen. Aber bei mir sollen sie tuscheln: Wie ärmlich, wie spitz, wie ungelenk, wie ungewachsen, hat einmal etwas sich über den dürren Hals zu stecken? Nicht wahr, Klementine? So war's gemeint."

Die wollte zur Tür hinaus: „Ich habe lange genug dein irres Geschwätz gehört. Ich mach' mich fertig zum Ball."

Aber die jüngere hielt sie mit zitternder Hand zurück: „Du wirst mir vorerst die Schmuck geben, wirst ihn aus deinem Versteck kramen, wirst ihn."

„Ich hab' ihn nicht. Zum letzten Male."

„Du hast ihn, und du wirst ihn ——"

„Laß los!"

„Gib mir das Band oder —"

„Da!" Sie stieß der Schwester ins Gesicht und wollte zur Tür.

Aber die jüngere hatte die andere schon beim Hemd gefaßt, mit so fester Hand, daß das Gewebe klaffend riß und sagte: „Wirst du mir's geben!" Klementine stieß wieder.

Da stürzte sich die jüngere Schwester auf die ältere, und die beiden halbnackten Mädchen begannen zu ringen, zerrten sich hin und her, daß das kunstvoll getürmte Haar in wirren Strähnen niederflog, Hemden, Spitzen, Hosen und Unterröcke rissig und löcherig wurden, das Fischbein in den Miedern sich bog und sprang. So in schweigender, vernichtender Wut schlugen und umklammerten sich die Mädchen, hielten sich bei den Nacken gefaßt, die rot anliefen, zogen und schleiften einander an den Haaren, bis die ältere über das Bein der jüngeren hinfiel. Diese setzte ihr die Knie auf die Brust und schrie aufgellt: „Gib mir das Band! Gib mir das Band! Doktor! Kratze! will mir tanzen! Muß! Neidest du mir ihn, weil er früher mit dir tanzte? Möchtest du von mir wegzerren, möchtest ihn mit deinem Hals und deinem Perlen oder? Ah, Eiferjüchtige! Aber er muß mit mir tanzen. Und wird mich heiraten! Hörst du es! Mich, die Jüngere! Möchtest es machen, wie als Kind, wo du meine Reifen, meine Bälle versteckst, nur, damit ich dir nachstehe. Aber heute laß ich dich nicht! Gib mir das Band!"

Die ältere Schwester schwieg mit geschlossenen Augen.

Da wurde plötzlich der schwarze Spalt der offenen Tür ins Nebenzimmer noch schwärzer. Wie aus dem Dunkel geblasen, wie leer von Blut und Klang, stand da ein schwarzer Schatten, einen Augenblick lang. Während die Mädchen zitterten, sich ließen und schreien und fliehen wollten und es nicht konnten, stand der Schatten unbeweglich wie ein schwarzes Friedhofsbild. Und nach dieser Weile ein stummes, herzbebendes Schauens riß er die Hand hoch und durch die dunkle Luft fiel schlug und schlug hart und illirte. Da war der Spalt der offenen Tür im Nebenzimmer auch leer, ungewiß und zitternd zeichnete sich eine schwarze Kontur am Fensterkreuz von dem weißblauen Nachthimmel ab, das Fenster des Nebenzimmers begrenzte. Und wieder eine Weile, da war auch das Fenster leer. Aber im Garten trachten und splitterten tappende Schritte eines Flüchtlings.

Noch kauerten die Mädchen auf dem Boden, starr. Mit einem Male schrien sie auf und schüttelten sich und liefen und liefen im Zimmer an den Wänden entlang wie gepeitschte Sklaven und schrien und weinten in Krämpfen.

Dienerinnen kamen mit Lichtern. Da lag auf dem Boden, mitten entzweigerissen, das Perlenhalsband.

Volkscafé.

Die Häuser sind wie schmutzige Kinder in der Fremde, die sich ihrer schlechten Kleidung schämen und scheu zusammenrücken. Sie wagen sich nicht auf die Hauptstraße, sondern drücken sich in Seitengäßchen.

An einem solchen Haus — es steht just an der Ecke — ein bißchen zu sichtbar vorgeschoben, wie ein Schwalbennest an einem Dachfirst, ein kleines Kaffeehaus.

Wenn man hineinkommt, steht man an den Wänden Kleiderregale mit Nickelhaken. Die Nickelglasur ist abgesprungen und die Haken haben matte Flecke. Sie sehen aus, wie erblindete Augen. An den Haken ringsum hängen Zeitungen und illustrierte Blätter. Zerschlissen und schmutzig, machen sie den Eindruck von ausgehängten Lebewesen.

Das Kaffeehaus ist schmal und engbrüstig und die Tischchen mit den Eisenplatten stehen dicht gedrängt nebeneinander und wirken aneinandergeklemmt. Es ist, wie eine Volksversammlung von Kaffeehausmöbeln. Alle drängen sich um den eisernen Ofen, der auf einem kleinen, hölzernen Postament steht, wie um eine Rede zu halten. Sein Mund glüht vor Begeisterung.

Der Kaffeesieder hat gute Verbindungen mit Bahnhofsbleiben — hat einmal jemand am Nebentisch gesagt. Wie löblich ist das vom Kaffeesieder! ...

In diesem Kaffeehaus bekommt man um billiges Geld, um sehr billiges Geld, einen weißen Kaffee. Es ist nicht genau so weiß, wie im Frieden. Er ist überhaupt nicht weiß, sondern braun. Aber er heißt „weißer Kaffee" und also ist er es auch. Es geht den Dingen genau so, wie den Menschen. Sie sind, was sie heißen.

Den Kaffee trinkt man aus dickbauchigen Porzellantassen, die mit ihren vielen vernarbten Rissen und Sprüngen geradewegs aussehen, wie Korpsstudentengesichter. Es gibt bestimmte Tassen, über deren Rand hängt eine braune Milchhaut, wie ein goldenes Vlies. Aber das sind nur bestimmte Tassen und nur gelangen an die bestimmte Gäste.

Denn im Volkscafé verkehren bestimmte und unbestimmte Gäste. Es ist wie mit den Artikeln in der deutschen Grammatik. Die Bestimmten haben vor den unbestimmten außer den gewissen Tassen noch andere Vorzüge. Vor allem haben sie Namen, die bestimmen. Der eine ist der Herr Franz, der andere der „Sepp", der dritte der Herr Wawlicka. Jeder hat einen Namen und der Kaffeesieder sagt: Guten Morgen, Herr Franz! Oder: Servas, Pepi! Oder: Ergebenster, habe die Ehre, guten Morgen zu wünschen, Herr Wawlicka! Denn der Herr Wawlicka, wie schon sein Name sagt, Schuldiener.

Interessanter aber sind die unbestimmten Gäste. Denen sagt der Kaffeesieder nichts. Höchstens, daß er ihnen herabläßt einen Gruß. Worauf die unbestimmten, die zum Unterschied von den bestimmten, etwas weiter entfernt vom Ofen sitzen, im Chorus: Guten Morgen, Herr Kaffeeberger! dröhnen. Denn unbestimmte Menschen sind gewöhnlich demütig und für ein Kopfnicken denkbar.

Ich muß schon sagen, mich interessieren die Unbestimmten mehr. Sie sind interessant, wie alles, was man nicht "entdeckt". Sie haben keine Bezeichnungen und ich kann mir vorstellen, sie heißen: Herr Taglöhner, Herr Pechvogel, Herr Arbeitslos, Herr Schwindsüchtig. So lange ich sie nicht kenne, heißen die Menschen so wie sie sind.

Ich weiß, daß jener Mann dort, dessen langer, dünner Hals aus seinem weiten schmutzigen Hemdkragen herumstochert, wie ein Federhalter in einem zu leeren Tintenfaß im „Logierhaus" genächtigt hat und nun in der Schulergasse, wo der „Kleine Anzeiger" offene Stellen zu vergeben hat. Ich weiß genau, daß er ein schmutziges Kuvert aus der Tasche zieht und auf der Rückseite mit einem lächerlich schlecht gespitzten, mill sagen: geschnitzten Bleistift die Adressen vermerkt. Er schreibt edige, unbeholfene, gelähmte Buchstaben und drückt dabei das unterste Glied des rechten Zeigefingers so tief auf den Bleistift, daß ein Nagel ganz weiß wird. Dann geht er von Stelle zu Stelle, von einem Bezirk zu den anderen, und überall ist schon jemand dagewesen. Ich glaube, der Mann heißt „Pechvogel".

Und so hat jeder von den „Unbestimmten" eine interessante Geschichte. Und alle Geschichten sind sehr, sehr traurig.

Außer mir weiß noch jemand im Kaffeehaus alle Geschichten: das ist nämlich der Pudel Luz, der als Kassier im Volkscafé mit Kost und Quartier engagiert ist, und den ganzen Tag zwischen Schnapsflaschen und Saccharin und Backwerken auf dem Kassatisch sitzt.

Der Pudel ist ein Philosoph und ein großer Menschenkenner. Wenn jemand von den „Unbestimmten" sich dem Kassatisch nähert, hebt Luz das rechte Augenlid ein wenig. Dann läßt er es wieder zuklappen, oder er stellt sich plötzlich auf alle vier Beine und beginnt zu schnuppern. Luz ist ein sehr gescheiter Mensch.

Wenn er aber eines Tages einen, der gar ein große schwarzlederne Tasche an der Hüfte hat, kann sich auf ihn verlassen. Auch die Rest teilt die Gäste in bestimmte und unbestimmte. Die Unbestimmten müssen sofort den „Weißen" bezahlen. Die bestimmten rufen selbst: zahlen! und geben ein Trinkgeld.

Das größte Trinkgeld gibt Herr Wawlicka, der Schuldiener.

Da kam eines Tages einer, der gab ein noch größeres Trinkgeld. Er trug eine lederne Aktentasche und einen Regenschirm. Sein Kragen war nicht sehr blendend, aber immerhin nicht älter als zwei Tage. Und sein Hut konnte ganz gut als Schlapphut gelten.

Im übrigen war er noch jung und hatte ein blondes Schnurrbärtchen. Seine Hose war gebügelt. Nur die Schnürschuhe waren gefleckt.

Der kam täglich und gehörte vorderhand zu den „Unbestimmten". Der Kaffeesieder aber behandelte ihn ausnahmsweise und, da er den Namen nicht wußte, verbeugte er sich extra vor ihm.

Der junge Mann sagte freundlich: guten Morgen!

Eines Tages, es war der erste, ging der neue Unbestimmte zum Kassatisch, um die Bäckerei zu holen. Luz sog ein Augenlid auf, erkannte in dem Unbestimmten einen Gymnasialprofessor und ließ es sofort wieder zuklappen.

Seitdem sagte der Kaffeesieder: Aller ergebenster Diener, ich habe die Oehre, guten Morgen gewünscht zu haben! Luz muß es ihm mitgeteilt haben, daß der Neue ein Gymnasiallehrer ist.

Der Herr Professor bekommt von Resl, der Kellnerin, Backwerk auf den Tisch, er sitzt in der nächsten Nähe des Ofens und fühlt sich später als alle andern.

Der Herr Wawlicka, der Schuldiener, hat ein Gefühl, wie einem etwas besser gefällten Kollegen gegenüber.

Die Resl bemüht sich sehr, nett zu sein. Vorgestern und gestern hatte sie statt der „großen", „schwarzen", eine „kleine", sehr zierliche Spitzenschürze um.

Auch der Herr Professor trägt eine neue Krawatte.

Ich weiß genau, wie die Geschichte sein wird. Im April, wenn der Holler am Gürtel blühen wird, wird der Herr Professor, mit Resl sitzen. Es wird ihm aus Rainer Maria Rilke vorlesen: „Die Geschichten vom lieben Gott."

Und vielleicht eigene Gedichte. Der Mann sieht so ganz darnach aus, als würde er Verse schreiben.

Und die Resl wird eines Tages einen blonden Buben kriegen.

Und dann wird es vielleicht aus sein?

Ich fragte Luz, ob ich recht hätte mit meiner Geschichte.

„Ja, c'est la vie!" blinzelte die kluge Pudel. —

Joseph Roth.

Das Ende eines Revolutionärs.

Moritz Löbl war in einer kleinen jüdischgalizischen Stadt geboren. Er wuchs in dem Kramladen seiner Eltern auf und bekam mehr Schläge als Nahrung. Trotzdem blühte in eine typische Pflanze, hatte große ungeschlachte Glieder, einen Wald von Haaren und mit dreizehn Jahren das Gesicht mit Bart. Der Vater, der klein, sorgenvoll, gebückt und streng war, schlug ihn auch noch, als der Junge schon anfing, dem Mädchen nachzulaufen. Er starb, als Moritz fünfzehnjährig war und endgültig feststand, daß er in der Schule der Ordnung Widerstand leisten und nichts lernen wollte. Von da an trieb sich der schlimme Junge herum, bis er, achtzehnjährig, zur großen Erleichterung der Mutter erklärte, zu den Husaren gehen zu wollen.

Seine Kraft und Gewandtheit machten ihn ein angenehmes Rekrutendasein. Jedoch war er renitent und kam darum oft im Arrest. Als er dem Korporal, der ihm die Strafe verschafft hatte, nachts auflauerte und ihn verprügelte, ward er erkannt. Er wanderte ins Gefängnis, aus dem ihn der Krieg befreite.

Der Krieg war die große Zeit für ihn. Durch derbes und gewalttätiges Zufassen tat er sich von Anbeginn an hervor. In Gefahren war er eben so unerschrocken, wie sie ihnen listig zu begegnen wußte. Bei Streifzügen, kleinen Ueberfällen war er unübertrefflich brauchbar. Einer der Offiziere, der kühn und unternehmungslustig war, wollte ohne ihn keine Patrouille mehr. Als ihm aber gemeldet wurde, sein Schützling habe den Vollblüter, des Offiziers Lieblingspferd, geprügelt, ließ er den Uebermütigen an den Baum binden. Das fraß in Löbls Seele. Daß er seitdem Luft für seinen Protektor war, machte ihn vollends dieses Lebens überdrüssig. Als das Regiment in den Schützengraben kam, nahm er die erste Gelegenheit wahr und ließ sich über. Jener sollte sehen, daß es höchst ihn mißachtet ließ.

In den ersten Tagen seiner Gefangenschaft war er der große Mann, bei der höchst bereitwillig, mit Intelligenz und nicht ohne Phantasie Aussagen über Stellung, Truppenstärke und Absichten der eigenen Armee machte. Als er, ausgepreßt, von dem feindlichen Generalstabsoffizier nicht weiter beachtet und einem gewöhnlichen Transport Gefangener zugeteilt wurde, ersaßte ihn Wut. Er glaubte die Solidarität des russischen von dem ungarischen Offiziere zu erkennen und haßte beide in gleichem Maße. Diesen Haß zu pflegen, hatte er Jahre hindurch Zeit und Anlaß genug.

Die bolschewistische Revolution machte Moritz Löbl wiederum frei. Nachdem er in einem kleinen Städtchen des Ostens schon eine Rolle bei den Exekutivorganen des Soldatenrates gespielt hatte, trieb ihn der Ehrgeiz nach Moskau. Ganz in Leder gehüllt, ein paar Revolver am Gürtel und im Rücken, brauste er auf dem Lastautomobil durch die Stadt. Ein Schrecken des gestürzten Bürgertums, war er den Machthabern ein unbedingt zuverlässiges Werkzeug, dem kein Auftrag Empfindsamkeit weckte.

So ward er mit anderen erwählt, das neue Evangelium in die Welt hinauszutragen. Der Befehl, nach Ungarn zu reisen, war ihm willkommen. Eine alte Rechnung, glaubte er, hatte er dort zu begleichen.

In Budapest ward er Mitglied der Terroristentruppe. Jedoch war er von dem neuen Wirkungskreis nicht ebenso befriedigt. Der Ebergut, jener gigantische Schädel mit den listig zugekniffenen Augen, der die Gerechtigkeit der Maßen, den großen Plan, die geniale Taktik und das Fehlen jedes kleinherzigen Mitleids dort verkörperte, fehlte ihm hier. Es schienen ihm zu viel Gebildete mit labilen Nerven, sentimentalen Erinnerungen, gedrechselten Worten in der Führung zu sein. Große umfassende und radikal durchgreifende Aufgaben waren nicht zu sehen. Löbl war weder Freund noch Kenner theoretischer Feinheiten. Umso bestimmtere Vorstellungen hatte er von dem Begriff: Ausrottung der Bourgeoisie. Hatte er nicht nur Rücksichtslosigkeit gekannt, die Berechtigung in sich selbst trug, so fand er an ihrer Stelle hier täglich Weichherzigkeit mit Brutalität gemischt, Durchstöberei und Korruption, die das höhere Recht der Ganzen, Großen in Frage stellten. Zweifel beschlichen seine Seele und die Zufriedenheit wich von ihm.

Der Auftrag einer Verhaftung führte ihn in ein Schloß der nahen Umgebung. An Stelle des Gesuchten, der rechtzeitig geflüchtet war, fand er ein junges Mädchen, deren Züge ihm seltsam bekannt erschienen. Der Bolz, so wie sie ihm als Herr des Hauses entgegentrat, schien ihm vertraut und abstoßend zugleich. Auf seine Frage an die „Genossin" nannte sie ihm Namen und Titel, beide, des einstigen Vorgesetzten nennend. Dem Rausch zur Pflicht. Sein Zerstörungsdampf gegen die herrschende Klasse ward ihm zur eigenen privaten Sache, zum Krieg zweier Menschen, der sich zwischen vier Wänden abspielte.

Seine Aufforderung, ihm nach der Stadt zu folgen, beantwortete sie nach dem Blick einer Sekunde, der vergebens ringsum einen Ausweg suchte, durch ein beschäftigtes Kopfneigen. Sein Eintreten in den Raum, um sie anzukleiden, schien ihr anzuekeln. Ein Schritt zu dem hochgelegenen Fenster ward gehindert. In Pelz und Schleier erschien sie jahrzehnte wie zu einer Tourenfahrt im Automobil.

Aus ihrer Ueberwältigung erhoffte er höchsten Triumph. Ihre gleichgültige, fast beiläufige Unterwerfung unter das als unvermeidlich Erkannte brachte ihm die erste schwere Enttäuschung. Sein Staunen in den Grund ihrer Ueberraschung suchen, aber ihr Verhalten blieb sich gleich. Nicht einmal darauf war er bedacht, die natürlichen Empfindungen zu unterdrücken, die aus dem, was äußerste Qual sein sollte, ihr deutlich sichtbare Lustgefühle

93-94 Joseph Roth: »Volkscafé«. In: Der Neue Tag, Wien, Nr. 271 vom 25. Dezember 1919, S. 17 (S. 1 und S. 17).

Die linksliberale Wiener Zeitung »Der Neue Tag« erschien vom März 1919 bis zum April 1920; ihr Niveau war sehr hoch, die literarischen Beiträge zahlreich. Innerhalb eines Jahres veröffentlichte Roth hier rund 140 Artikel, zumeist mit »Josephus« gezeichnet.
Am 20. April 1919 wurde Roths erster Beitrag veröffentlicht. Viele seiner Feuilletons und Glossen erschienen in der Rubrik »Wiener Symptome«. Für sie arbeiteten auch Richard A. Bermann (»Arnold Höllriegel«) und Rudolf Olden (»Renatus Oltschi«).
Roths Berichte behandelten die sozialen Folgen des Krieges, die die Stadt Wien prägten: Armut, Arbeitslosigkeit, Mangel an Konsumgütern, die Not der Kriegskrüppel. Neben die Berichte aus dem Alltag treten in zunehmendem Maß solche aus dem Bereich der Politik, der Verwaltung, der Wirtschaft. Oft beschrieb Roth die Schwierigkeiten der Umgestaltung des öffentlichen Lebens beim Übergang von der Monarchie zur Republik; die gesellschaftlichen Ungerechtigkeiten im wirtschaftlichen Leben, die Gegensätze zwischen Ausbeutern und ihren Opfern. Besondere Aufmerksamkeit widmete er der armen jüdischen Bevölkerung, in Wien wie in kleinen Orten der Provinz (so etwa im Burgenland: »Die Juden von Deutsch-Kreuz und die Schweh-Khilles«).
Ausgangspunkt der Betrachtung ist stets das Detail – das Verhalten eines Menschen oder wie jemandem mitgespielt wird –, und daran anschließend behandelt Roth Fragen der sozialen Gerechtigkeit. Häufig kritisiert er aufgrund einzelner Einsichten in gesellschaftliche Mechanismen eine allgemeine Brutalisierung und Rückschrittlichkeit der Menschen.

95 Benno Karpeles (1868–1938), Journalist, Wirtschaftstreibender. Fotografie, Ende der zwanziger Jahre.
Karpeles, zuvor Herausgeber der Wochenschrift »Der Friede« (1918/1919), die sich wie die »Arbeiter-Zeitung« von der blinden Kriegspropaganda distanziert hatte, gründete »Den Neuen Tag« in der Erwartung, Demokratieverständnis ohne Abhängigkeit von der Sozialdemokratie aufbauen zu können; doch die Zeitung wurde nicht alt.

96 Alfred Polgar (1873–1955), Schriftsteller, Journalist. Fotografie, um 1930.
Polgar, Leiter des Literaturteils, war der wichtigste Mentor des jungen Autors Joseph Roth – zuerst bei »Der Friede«, dann beim »Neuen Tag«. Roth bezeichnete sich stolz als seinen »Schüler«, von dem er viel, vor allem die »sprachliche Behutsamkeit« gelernt habe.

97 Richard A. Bermann [Pseud.: Arnold Höllriegel] (1883–1939), Journalist, Reiseschriftsteller, während einer Afrikaexpedition. Fotografie: Hans Casparius, 1933.

Roth blieb mit vielen Mitarbeitern des »Neuen Tag« befreundet: mit Alfred Polgar, Arnold Höllriegel, Fred Heller, Karl Tschuppik, Egon Erwin Kisch, Anton Kuh, Karl Otten, Rudolf Olden und auch mit Karpeles selbst.
In den ersten Jahren seiner journalistischen Laufbahn führte Roth ein sehr bescheidenes Leben. Sein Talent fiel bald auf – weniger das des Reporters mit dem Blick für das Informative als das des Feuilletonisten mit feinem Sensorium für Stimmungen und Milieuschilderungen. Sein Erfassen der Atmosphäre war immer zugleich intuitiv und analytisch und führte ihn oft frühzeitig zu treffenden politischen Urteilen.

Im Kaffeehaus arbeiten, oft nahezu leben, war für viele Künstler und Literaten damals eine geläufige Existenzform. Roth brauchte Betriebsamkeit um sich; er konnte sich inmitten der anderen Gäste beim Schreiben völlig konzentrieren und dennoch deren Gespräche aufmerksam verfolgen.

98 Wien 1. Goldschmiedgasse. Blick Richtung Petersplatz. Fotografie, um 1900.
Auf der rechten Straßenseite, neben dem Lokal »Bodega«, ist das »Café Rebhuhn« zu sehen (Goldschmiedgasse 6-8).
Im »Café Rebhuhn« schrieb Roth seine journalistischen Arbeiten, während er abends das »Café Herrenhof« besuchte.

99 Wien 1. Café Herrenhof, Herrengasse 10. Fotografie, 1937.
Dieses 1918 gegründete »moderne« Kaffeehaus war Treffpunkt für die jüngeren Autoren, darunter Anton Kuh, Franz Werfel, Robert Musil, Hermann Broch, Alfred Polgar. Das nahe »Café Central« hingegen war unter anderem Sammelpunkt für Wiener Schriftsteller, die Karl Kraus nahestanden – wie Peter Altenberg, Egon Friedell, Otto Soyka, Otto Stoessl oder auch Adolf Loos.

100 Identitätskarte der »Wiener Sonn- und Montagszeitung«, ausgestellt auf den Namen Joseph Roth, für die Staatsbahndirektion, Wien, am 8. Oktober 1920.
Die erste Veröffentlichung in dieser Zeitung ist aus dem Februar 1920, die nächste erst aus dem Jahr 1923 nachgewiesen. Kontakte zum dort in leitender Funktion tätigen Journalisten Ludwig Ullmann bestanden jedoch schon 1920, wie das Notizbuch (siehe S. 80) zeigt. Im Herbst 1920 war Roth bereits in Berlin beschäftigt. Die kostengünstige Fahrt mit der Bahn war für Roth – zu dieser Zeit noch kein gut verdienender Schriftsteller – eine wichtige Voraussetzung für seine Arbeit.

Berlin 1920–1925

101

Da nach der Einstellung der Zeitung »Der Neue Tag« keine andere ausreichende Arbeitsmöglichkeit in Wien gegeben war, ging Roth im Juni 1920 nach Berlin, in der Hoffnung, dort Beschäftigung zu finden – gemeinsam mit dem ebenfalls arbeitslosen Journalisten Stefan Fingal, der ihm noch in der Emigration, bis zu seinem Tod, ein guter Freund blieb.

Roth schrieb von nun an hauptsächlich für deutsche Zeitungen und Zeitschriften, ohne jedoch seine Kontakte zu den Wiener und Prager Blättern gänzlich aufzugeben.

101 Joseph Roth: Fragment eines Notizbuchs aus den frühen zwanziger Jahren. 2 Seiten. Abbildung im Originalformat.
Der Text lautet:
»*Seal auf neuen Mantel (für Tante Mine) Paula nach Wien schicken an ein Pelzgeschäft.*
Verlag psychopathischer Sexualbücherei Dr. Lettner noch nicht?
Paul Hatvani, VI. Wallgasse 39
Neues Wiener Journal Artikel 11. August
Mitt[a]g[s]bl[att] 2 Spalten langer Artikel
Mittagszeitung [Ludwig] Ullmann
Marc Aurelstr. 8 Bleufrau Dr.
Dr. Cornell Stock im Eisenplatz 3. Equitablepalais Dr. Emil Merwin
1.) Einreise nach Wien 500-1000
2.) sämtliche Visa 1000
3.) Verträge, Gesellschaftsgem. Dinge, [...]
4.) Staatsbürgerschaft – nicht unter 2000 K.
95 402 Klebinder
Fingal expreß sagen Telefon Glückstern Kohlm[arkt]. 9. 8.
Berliner Illustrierte Zeitung Carl Josef Werdegang eines Schiebers. Änderung des Themas, Wahlüberlassung
[Ludwig] Hirschfeld: Theaterberichte, Wr Mittagsztg [Ludwig] Ullmann.
Fingal Paul geheiratet, Eltern in Gnade aufgenommen, Großmann, Grete Adler (alle vollkommene Schwiegertöchter) beide Söhne.
junge Großmama Ernst
französische Geschäfte, Zeit der Assignatenausgabe (Revolutionsgeschichte)
Diener aus Furcht bildet sich ein er hätte Verfehlung begangen, obwohl es ein anderer war. Stirbt daran (Groteske)
Wilhelmstraße 52. Verb[and]. deut[scher]. Filmautoren, Hans Winter, Herrn Porges endlich Antwort
Lisa Kresse, Robertz, von Geyer (Sketch [...])
Frau Feling. (sie sollte kommen). Victor Halm herzlichst grüßen. [Rudolf] Forster, Rosa Valetti,
Interviews f. die ›Allg[emeine].‹
[Max] Pallenberg, [Fritzi] Mas[s]ary, [Leopoldine] Konstantin, (Nauen ?) [Alfred] Kerr, [Gisela] Werbezirk, [Rosa] Valetti, Robertz, Werner Krauß (er u. [Emil] Jannings an's Burgtheater) [Alexander] Moissi (Salzburg römische Sache gastieren, in der Volksopersache nichts dafür, Geyer konnte)
Jup Wiertz Nassauersche Straße Aktion [...]
Alton u. Co. Friedrichstr. Dir. Merzbach,
Helmstedterstr. 20 Wohnung Uhland 5445
Breitner Grüße von Klausner (?) und Angeb.«
[Diese Transkription ergänzt die Entzifferung durch David Bronsen, enthält aber immer noch Unsicherheiten.]

Meistens schrieb Roth seine Texte und Briefe in winzig kleiner Schrift – abwechselnd mit Füllfeder und Bleistift –, häufig auf kleine Zettel von Notizblöcken oder Notizheften, oft auch auf Briefpapier von Hotels.
Diese beiden Seiten sind in die Zeit zu datieren, als Roth von Wien nach Berlin übersiedelte. Er notierte nicht nur Namen, Adressen und Stichworte, sondern auch private und familiäre Aufträge und Erledigungen sowie Ideen für Zeitungsartikel.
Bemerkenswert ist, daß sich in diesen Notizen großes Interesse an Film und Theater manifestiert: eine Seltenheit in Roths frühen journalistischen Jahren. Später berichtete er häufig über die Filmbranche, weniger über das Theater. Die Kontakte, die Roth zu dieser Zeit knüpfte, waren in späteren Jahren von großem Wert, denn viele der damaligen »Szene-Künstler« gelangten in den folgenden Jahren zu Ruhm und Erfolg, wie etwa Elisabeth Bergner oder Marlene Dietrich.

82 Journalismus. Anfänge: Berlin 1920–1925

Roths Berliner Karriere entwickelte sich zäh in den ersten Monaten. Zunächst, im Sommer und Herbst 1920, schrieb er als freier Mitarbeiter Beiträge für die »Neue Berliner Zeitung« (ab 1921 bekam das Boulevardblatt den Zusatztitel »Das 12-Uhr-Blatt«) sowie Filmkritiken für die »Freie Deutsche Bühne«.

Ab Januar 1921 war Roth fester Mitarbeiter des auflagenschwachen, aber renommierten »Berliner Börsen-Courier«, der ihn zuerst in der Lokalredaktion, dann im Feuilleton einsetzte.

Dessen Chefredakteur und Feuilletonchef war Emil Faktor, der Roth wie manchem anderen Nicht-Berliner Zugang zur journalistischen Laufbahn verschaffte. Roth empfand ihn allerdings als unzugänglich und knausrig. Von Juli bis September 1922 schrieb Roth unter anderem sowohl für diese kleine Zeitung wie für den auflagenstarken sozialdemokratischen »Vorwärts«; dann entschied er sich im Herbst 1922, den »Berliner Börsen-Courier« zu verlassen. In einem pointierten Brief an seinen Kollegen, den Theaterkritiker Herbert Ihering, begründete er seine Entscheidung mit pathetischen Worten:

»*Ich kann wahrhaftig nicht mehr die Rücksichten auf ein bürgerliches Publikum teilen und dessen Sonntagsplauderer bleiben, wenn ich nicht täglich meinen Sozialismus verleugnen will. Vielleicht wäre ich trotzdem schwach genug gewesen, für ein reicheres Gehalt meine Überzeugung zurückzudrängen, oder für eine häufigere Anerkennung meiner Arbeit.*«
(Joseph Roth an Herbert Ihering, Brief vom 17. September 1922. In: Briefe, S. 40)

Im »Vorwärts« zeichnete er seine Beiträge gelegentlich mit »Der rote Joseph«, ein ostentatives Zeichen für sein politisches Engagement.

102
103

102 Emil Faktor (1867 bis um 1941), Journalist. Fotografie, um 1932.

103 Ernst Toller (1893–1939), Schriftsteller, im Festungsgefängnis Niederschönenfeld. Fotografie, 1922.
Toller war im Jahr 1918 einer der Anführer der Münchener Räterevolution gewesen, wofür er vom bayrischen Staat mit 5 Jahren Haft bestraft wurde. Roth hatte – voll Sympathie für den Autor und Revolutionär – über die Härte der bayrischen Justiz berichtet, die ein Gesuch zur vorzeitigen Entlassung Tollers abgewiesen hatte. Bei aller Reverenz vor dem »Märtyrer für das Proletariat« benannte Roth auch die Schwächen von Tollers Dramatik.

104-105 Joseph Roth: »Hinkemann«. In: Vorwärts, Berlin, Nr. 179, Morgenausgabe vom 15. April 1924, S. 2 (S. 1, Titelleiste und S. 2, Ausschnitt).
Ein kritisch würdigender und gleichzeitig politischer Bericht über Ernst Tollers Stück »Der deutsche Hinkemann« anläßlich der Berliner Erstaufführung am 11. April 1924. Erneut verhöhnte Roth die Engstirnigkeit des Gerichts, das Tollers Antrag auf vorzeitige Entlassung aus der Festungshaft abgelehnt hatte.

106-107 Joseph Roth: »Wer hat uns in Montur gepreßt«. In: Lachen links. Das republikanische Witzblatt, Berlin, Jg. 1 (1924), Nr. 15 vom 18. April 1924 (abgebildet: Titelleiste und S. 178).

Der Abgeordnete der sozialdemokratischen Partei zum Preußischen Landtag Erich Kuttner (1887–1942) war Chefredakteur dieser aggressiven satirischen Wochenzeitschrift. Zu ihren Mitarbeitern zählten Josef Maria Frank, Oskar Maria Graf, Arno Holz, Walter Mehring, Joachim Ringelnatz, Heinrich Zille, Erich Weinert. Von Joseph Roth brachte die Zeitschrift 33 Feuilletons und satirische Gedichte, die jeweils sozialkritische Themen wie Militarismus und einseitige Rechtsprechung zum Inhalt haben.

Weitere Themen von Roths journalistischer Arbeit waren: Psychiatrie, gesellschaftliche Außenseiter, Bibliotheken, Rezensionen von Filmen, Büchern und Theateraufführungen, Sprachkritik.

108 F. W. Murnau, Carl Mayer: »Der letzte Mann«. Film, 1924, Standbild.

109 Berlin. Ufa-Palast am Zoo. Werbung an der Fassade des Kinos zu einem der letzten Stummfilme (»Frau im Mond« von Fritz Lang, 1929) und zu einem der ersten Tonfilme »The Singing Fool« von Lloyd Bacon mit dem Sänger Al Jolson (1928).

Roth äußerte sich zum Film nicht aus der Position des Fachmanns der jungen Technik; es sind vielmehr ästhetische, soziologische, politische, jedenfalls unkonventionelle Gedanken zum Medium. Wie bei seinen Buchkritiken läßt sich sagen, daß man Roth nichts vormachen konnte: Er beschrieb witzig die Filmpropaganda, er decouvrierte historische Filme der Stummfilmzeit als überhebliche Ideologie-Träger (z. B. »Die Nibelungen«, 1924, Fritz Lang / Thea von Harbou; »Faust«, 1926, F. W. Murnau / Hans Kyser); er analysierte kurz und prägnant divergierende Intentionen (z. B. im künstlerisch hervorragenden, aber dramaturgisch mißglückten Film »Perücke«, 1925, Berthold Viertel). Roth erfaßte genau die Unterschiede zwischen Schreiben für Printmedien und Schreiben für den Film (etwa in der Darstellung der Arbeit von Carl Mayer, Drehbuchautor des Films »Der letzte Mann«, 1924, F. W. Murnau). Er beobachtete kritisch und oft ironisch das Kinopublikum und die Wirkungen des Mediums, des Starkults, des künstlerischen Flairs, das sich Hersteller und Konsumenten gaben, aber er erkannte auch die pädagogischen Aufgaben des Films. Wichtigster Moment war ihm jedoch die Scheinrealität des Films: Je perfekter die Illusion gelang, desto mächtiger und dämonischer wurde das Medium in seinem Einfluß auf die Zuschauer: Hollywood als Beispiel für den »Antichrist«.

Die zweifelhaften Aspekte des Films hinderten Roth allerdings nicht, sein finanzielles Glück mit ihm zu versuchen: In den dreißiger Jahren war er bitter auf den Verkauf der Filmrechte seines Romans »Hiob« angewiesen; er versuchte auch, »Radetzkymarsch« an Filmagenten zu verkaufen; er verfaßte gemeinsam mit Leo Mittler Entwürfe für Drehbücher. Keines war erfolgreich, die Verfilmung des »Hiob«-Stoffes ein inhaltliches und künstlerisches Fiasko.

108
109

Die Machtprotzerei der Militärs, die die Schuld am Elend, das der Krieg brachte, mit neuem Gepränge übertünchten, stellte Roth häufig in seinen Texten den Bedürfnissen der Bevölkerung, die unter den Folgen des Krieges leidet, gegenüber. Armut mitten in der Stadt war eines der Hauptthemen in seinen journalistischen Arbeiten der zwanziger Jahre. Kriegsinvalide, Bettler, Obdach- und Arbeitslose standen im Zentrum seiner Aufmerksamkeit.

110 Berlin. Ein Hof in der Stralauerstraße. Fotografie, 1927.

111 Berlin. Ein Kriegsinvalider. Fotografie, 1922.

112 Berlin. Bettler. Fotografie, um 1922.

110
111/112

113 Berlin. Städtisches Asyl für Obdachlose in der Fröbelstraße, Bezirk Prenzlauer Berg. Fotografie, um 1920.

Roth pendelte in den frühen zwanziger Jahren zwischen Berlin und Wien hin und her. Die Wirtschaftskrisen in Österreich und in Deutschland verliefen in unterschiedlichen Wellen. Roth und andere Journalisten suchten sich den Gegebenheiten anzupassen und ihre Mitarbeit nicht nur nach den Angeboten der Zeitungen und deren politischen Überzeugungen, sondern auch nach der Stabilität der Währungen einzurichten.

Deshalb veröffentlichte Roth 1923 Artikel nicht nur in Berliner Blättern, sondern auch – im Juni 1923 nach Wien zurückgekehrt, doch häufig unterwegs in Deutschland und in der Tschechoslowakei – in der »Wiener Sonn- und Montagszeitung« und im »Prager Tagblatt«. Daneben finden sich 1923 bereits erste Arbeiten in der »Frankfurter Zeitung«.

114 »Optionsbestätigung« über die österreichische Staatsbürgerschaft Roths durch das Bundesministerium für Inneres und Unterricht, ausgestellt am 8. Juni 1921, adressiert an »Josef Roth, Berlin, Zimmerstraße 7«.
Jeder Staatsbürger der Habsburger-Monarchie konnte sich nach deren Zerfall für die Zugehörigkeit entweder zum neuen, kleineren »Deutschösterreich« oder zum jeweiligen Nachfolgestaat entscheiden. Roth wurde mit diesem Dokument die österreichische Staatsbürgerschaft zugesprochen; allerdings hat er keine Geburtsdokumente vorgelegt (das erklärt die Formulierung »angeblich« sowie den falschen Geburtsort »Szwaby«). Das Fehlen dieser Urkunden machte Roth später große Schwierigkeiten bei der Erneuerung des Reisepasses.

115 Pfändungsverfügung des Finanzamts Charlottenburg-Ost vom 17. November 1925, für Joseph Roth, Berlin, Mommsenstraße 66, gerichtet an den Verlag »Die Schmiede«.
Auch wenn Roth österreichischer Staatsbürger war, mußte er in Deutschland Einkommensteuer zahlen, was ihm, wie aus ähnlichen Dokumenten hervorgeht, wiederholt Schwierigkeiten bereitete.

Finanzamt Charlottenburg Ost

(Vollstreckungsabteilung)

Rückständeverzeichnis Nr. 7175 1925

Reichsbankgirokonto.
Postscheckkonto Nr. 432 Berlin.
Bankverbindung: Darmstädter- u. Nationalbank.

Muster 5
(§ 69 der Beitr.-O.)

Die Finanzkasse ist geöffnet werktäglich von 9–1 Uhr außer am letzten Werktage des Monats.

Pfändungsverfügung.

Der Schriftsteller Joseph Roth

in Charlottenburg, Mommsen- Straße Nr. 66

schuldet dem Reich

	Schuldgrund (z. B. Steuerart)	Schuldbetrag Mark	Pf.	Bezeichnung des Sollbuchs und der Nummer unter der der beizutreibende Rückstand zum Soll steht
1	Einkommensteuer Rest II–III/24	80	–	99/171
2	" V/24	100	–	99/171
3		–		
4		–		
5	Verzugszuschläge – Zinsen bis zum 10.12.25	22	70	
6	Kosten der Mahnung	3	20	
7	Kosten der Zwangsvollstreckung, die vor dem Erlaß der Pfändungsverfügung entstanden sind	4	80	
8	Kosten der Zwangsvollstreckung, die durch den Erlaß der Pfändungsverfügung entstehen	–	65	
	insgesamt:	211	35	

ferner: 2 vom Hundert Verzugszuschläge für je einen angefangenen halben Monat vom _____ 192__ ab bis zum Zahlungstage — _____ Zinsen _____ vom Hundert vom _____ 192__ ab bis zum Zahlungstage. Honorar, Zahlung überhaupt sämtliche Auszahlungen

Wegen dieser Schuldbeträge wird die Forderung von _____ Mark, die dem oben bezeichneten Vollstreckungsschuldner aus _____ (genaue Bezeichnung des Schuldgrundes) gegen Sie zusteht, gepfändet.

Sie dürfen nicht mehr an den oben bezeichneten Vollstreckungsschuldner zahlen.

Der Vollstreckungsschuldner hat sich jeder Verfügung über die Forderung, insbesondere ihrer Einziehung, zu enthalten.

Bis zur Höhe der oben genannten Beträge, die der Vollstreckungsschuldner dem Reich schuldet, kann das unterzeichnete Finanzamt die gepfändete Forderung einziehen.

Sie werden hiermit aufgefordert, binnen zwei Wochen, von der Zustellung dieser Pfändungsverfügung ab gerechnet, dem unterzeichneten Finanzamt zu erklären:

1. ob und inwieweit Sie die Forderung als begründet anerkennen und bereit sind, zu zahlen;
2. ob und welche Ansprüche andere Personen an die Forderung erheben;
3. ob und wegen welcher Ansprüche die Forderung bereits für andere Gläubiger gepfändet worden ist.

Sie werden ferner aufgefordert, die von Ihnen geschuldete Geldsumme soweit sie die oben bezeichneten Beträge, die der Vollstreckungsschuldner dem Reich schuldet, nicht übersteigt, bei Eintritt der Fälligkeit an die **Finanzkasse** des unterzeichneten Finanzamts zu zahlen, dabei ist die **oben bezeichnete Nummer des Rückständeverzeichnisses anzugeben.**

Charlottenburg, den 17ten November 1925.

An Herrn Firma Verlag "Die Schmiede"
in Berlin W 35
Magdeburgstraße Nr. 7

Finanzamt (Vollstreckungsabteilung) Charlottenburg Ost

Im Auftrage
Mann

K. Vz. Nr. 18.
Verlagsdruckerei Reinhold Kühn A. G., Berlin SW 68.

116 Alfred Beierle (1885–1950), Schauspieler und Rezitator. Fotografie: Keystone, 1931.

117 Berlin. Mommsenstraße 66. Fotografie: Ronald Bos, 1994.
Roth lernte Beierle bei einer Silvesterfeier im Jahr 1920 kennen und wohnte bis 1925 gelegentlich in dessen Wohnung in der Mommsenstraße, im vornehmen Westen von Berlin. Nach der Heirat mieteten Joseph und Friedl Roth für wenige Monate eine eigene Wohnung in Berlin-Schönefeld (1922 / 1923), ehe sie wieder nach Wien zurückkehrten. Ab Ende 1923 wohnten sie, wieder unterwegs, nur noch in Hotels.

Auch wenn viele Artikel Roths vom Großstadtleben berichten (z. B. »Berliner Bilderbuch«, 1924, in »Der Drache«), gibt es doch schon aus der ersten Hälfte der zwanziger Jahre Beiträge über die Situation in kleinen und mittelgroßen Städten. Aus solchen Orten zu berichten war für einen Journalisten unspektakulär. Aber Roth suchte die Perspektive von unten; aus dem scheinbar unbedeutenden Detail gewann er die Poesie und Prägnanz des besonderen zeitgeschichtlichen Moments. Diese kurzen Reisen schärften seinen Blick für die vielfältigsten, von anderen oft nicht wahrgenommenen Aspekte.

Journalismus. Anfänge: Berlin 1920–1925   91

118
119

118 Berlin. Stettiner Bahnhof. Fotografie, zwanziger Jahre.

119 Glashütte im Riesengebirge, Deutschland. Ein Uhrmacher in seiner Werkstatt. Fotografie, zwanziger Jahre.
»In Deutschland unterwegs« war der Sammeltitel für frühe Reiseberichte Roths (1925). Innerhalb dieser Reihe schrieb er einen liebevollen Bericht über die Uhrmacherwerkstätten in der Ortschaft Glashütte. Roth, der Autor ohne ständigen Wohnsitz, hatte dennoch eine Sammelleidenschaft, die wohl in diesem Bericht über die Kunst der Feinmechaniker zu erkennen ist. Er sammelte, als er viel Geld hatte, Taschenuhren.

120 Berlin-Dahlem. Königsallee. Villa von Walther Rathenau (1867–1922), Politiker, Industrieller. Fotografie, 1922.
Roth berichtete über den Prozeß gegen die Mörder Rathenaus. Viele hatten den Außenminister als einen der Garanten für die Demokratie gesehen. Roth beschrieb die antisemitisch gesinnten Nationalsozialisten und Reaktionäre – er nannte sie »Hakenkreuzler« – und wie sie darauf aus waren, durch Mord an Demokraten wie Rathenau (oder Erzberger, aber auch an einfachen Arbeitern) andere Gesinnungen zu unterdrücken und die Republik zu destabilisieren.
Roth schilderte die Gedenkstätte in Rathenaus Villa, die zu besuchen die hypertrophe Bürokratie des Staates nicht leicht mache.

121 Begräbnis Friedrich Eberts (1871–1925), Politiker, 1919–1925 Reichspräsident. Fotografie, 1925.
Auch der sozialdemokratische Präsident Ebert wurde von vielen Demokraten als Symbol für den neuen Staat angesehen – ebenso seiner einfachen Herkunft wie seiner gemäßigten, konsensorientierten Politik wegen.

122 Einige der Hauptangeklagten im Prozeß zum Hitler-Putsch (1923): Erich Ludendorff, Adolf Hitler, Friedrich Weber. Fotografie, München, 1924.

»In München öffnen sich die Gräber der Weltgeschichte, und aus ihnen steigen die begraben gewähnten Leichname. Ein grotesker Traum tritt in Funktion – und ganz Deutschland nimmt dieses Wunder gleichgültig hin, als wäre es eine Selbstverständlichkeit«, so dachte Roth über die ihn wie eine Gespensterparade anmutende Realität dieses Prozesses.
(Joseph Roth: »Geträumter Wochenbericht«. Vorwärts, Berlin, 2. März 1924. In: Werke, Band 2, S. 70-72)

123 Halle an der Saale. Demonstration der Nationalsozialistischen Deutschen Arbeiterpartei. Fotografie, 1924.

Roth schrieb oft über das politische Geschehen in Deutschland. Präzis erkannte er, wie der Einfluß der demokratischen Politiker sank und die Gewalttätigkeit der Nationalsozialisten staatsbedrohende Ausmaße annahm. Als Hindenburg zum Nachfolger Eberts gewählt wurde, bestärkte ihn das in seiner Absicht, Deutschland zu verlassen.

122/123

Friedl Roth

124 Friedl und Joseph Roth auf einer Parkbank. Fotografie, vermutlich im Spätsommer 1925 in Südfrankreich.
In den ersten Jahren ihrer Ehe begleitete Friedl Roth ihren Mann auf allen großen Auslandsreisen.

Die bedrückende Geschichte der Ehe zwischen Friederike (Friedl, Frieda) Roth, geborene Reichler, und Joseph Roth ist in vielen Details noch unbekannt. Was als glückliches Zusammenleben zwischen dem rasch berühmt werdenden Autor und seiner jungen Frau begann, entwickelte sich aus verschiedenen Gründen zu einem Fiasko: Friedl schien sich zwar an das elegante Leben in Berlin zu gewöhnen; das unstete Reisen war jedoch allem Anschein nach nicht nach ihrem Geschmack. War sie anfangs in Frankreich oft kränklich, so daß Roth sie zurückließ, so entwickelte sich langsam eine Geisteskrankheit, die ständige Aufmerksamkeit und Betreuung erforderte.

Liebe und Sorge – Joseph Roth über seine Frau Friedl

Selten schrieb Joseph Roth in seinen Briefen über tiefe Emotionen; Privates wurde mit Diskretion behandelt. Auch zum Schicksal seiner Frau, der Entwicklung von der schönen, liebreizenden Frau zur unbeherrschten, unbeherrschbaren Geisteskranken, machte er kaum mehr als Andeutungen (so zumindest in den erhalten gebliebenen Briefen). Einige dieser Friedl Roth betreffenden Stellen sind im folgenden zitiert.

»*Friedl ist in Deutsch-Altenburg an der Donau, ich fahre heute zu ihr hinaus. Sie fürchtet sich, nach Lemberg ohne Dich zu fahren – sag's ihr aber nicht. Sie leidet an Menschenfurcht, ›Grübelangst‹ insbesondere und traut nur Dir und Heniu. Sie geht den ganzen Tag über eine Furt in der Donau hin und zurück, stellt sich vor, das sei das Meer, und lebt das Leben einer Schlingpflanze. Außerdem schreibt sie an Frau Szajnocha, bekommt von ihren Eltern einen neuen Mantel und kommt sich sehr weise vor. Ich hätte nie geglaubt, daß ich ein kleines Mädchen so dauerhaft lieb haben könnte. Ich liebe ihre Scheu vor Geständnissen und ihr Gefühl, das Furcht und Liebe ist und das Herz, das immer dasjenige fürchtet, was es liebt.*«
(An Paula Grübel, 28. August 1922. In: Briefe, S. 39)

»*Ich bin so altmodisch, die Ehe, die ich auch nicht überschätze, höher zu werten als die sogenannte Liebe. Nicht nur deren Ziel und Ende ist der coitus, sie besteht aus einer ganzen Kette von Beischlaf, der durch Anblick und Zwiesprache ebenso gründlich ausgeübt wird, wie durch die ebenfalls sogenannte körperliche Vereinigung.*«
(An Bernard v. Brentano, 19. Dezember 1925. In: Briefe, S. 70)

»*Selbst meine Frau entfernt sich von mir, trotz ihrer Liebe. Sie ist normal und ich bin, was man verrückt nennen muß. Sie reagiert nicht so, wie ich, nicht so stark, nicht so zitternd, sie ist weniger atmosphärisch bestimmbar, sie ist gerade aus und gescheit.*«
(An Bernhard v. Brentano, [1925]. In: Briefe, S. 75)

»*Meine Frau kommt mir immer näher, sie schreibt mir seltsame Liebesbriefe: lauter unzufriedene, scharfe, beinahe böse Kritiken über meine Artikel. Vielleicht meint sie mich und weiß es nur noch nicht. Ich bin wohl sehr sentimental geworden.*«
(An Benno Reifenberg, [1926]. In: Briefe, S. 100)

»*Ich schreibe Ihnen in größter Not. Gestern bin ich nach München gefahren, geflohen. Seit August ist meine Frau schwer krank, Psychose, Hysterie, absoluter Selbstmordwille, sie lebt kaum – – und ich gehetzt und umringt von finsteren und roten Dämonen, ohne Kopf, ohne die Fähigkeit, einen Finger zu rühren, ohnmächtig und gelähmt, hilflos, ohne Aussicht auf Besserung. Vielleicht kann ich 14 Tage in Salzburg verkrochen bleiben, allein mit meinem Unglück.*«
(An René Schickele, 10. Dezember 1929. In: Briefe, S. 155-156)

»*Zehn Jahre meiner Ehe mit diesem Resultat haben mir vierzig bedeutet und meine natürliche Neigung, ein Greis zu sein, unterstützt das äußere Unglück in einer schrecklichen Weise. Acht Bücher bis heute, mehr als 1000 Artikel, seit zehn Jahren jeden Tag zehnstündige Arbeit, und heute, wo mir die Haare ausgehen, die Zähne, die Potenz, die primitivste Freudefähigkeit, nicht einmal die Möglichkeit, einen einzigen Monat ohne finanzielle Sorge zu leben.*«
(An René Schickele, 20. Januar 1930. In: Briefe, S. 156)

»*Meine Frau schweigt noch immer, und die Briefe meiner Schwiegereltern, die fortwährend von einer Genesung und einer Fortsetzung der Ehe sprechen, tun mir weh; ebenso ihre Berichte von dem scheinbaren Glück meiner Frau, wenn man ihr von mir spricht.*«
(An Stefan Zweig, 22. April 1931. In: Briefe, S. 199)

»*So lebe ich, bedrängt von Geldsorgen, und auch von Sorgen um die Zukunft meiner Frau. Sie ist klarer, in der letzten Zeit, verlangt nach mir, hie und da, und ich habe keine Kraft mehr, nach Wien zu fahren. Was soll da werden? Und wenn meine Frau ganz klar wird, wie soll ich einen Weg zu ihr finden? Meine Gegenwart ist trübe und meine Zukunft finster.*«
(An Friedrich Traugott Gubler, 8. Oktober 1931. In: Briefe, S. 211)

Friederike Reichler, die spätere Frau Joseph Roths, wurde als älteste Tochter von Selig (Siegmund, 1875–1958) Reichler und seiner Frau Jenny (Jente, geb. Torczyner, 1876 bis 1954), am 12. Mai 1900 in Wien geboren.

125   Friedl Reichler. Fotografie, um 1915.

126   Friedl Reichler. Fotografie, 1917.

Die hübsche, zierliche Friedl hatte sich früh mit dem Wiener Journalisten Hanns Margulies verlobt, in dessen Gesellschaft sie Roth wohl 1919 im »Café Herrenhof« kennenlernte. Die Verlobung wurde in der Folge aufgelöst; Friedl ging 1921 für einige Monate mit Joseph Roth nach Berlin.

127   Wien 2. Am Tabor. Blick vom Eck (Am Tabor 17) zum Nordwestbahnhof. Fotografie, um 1900.
Die Wohnung der Familie Reichler befand sich im Haus Am Tabor 15, das zweite Haus rechts in der links sich öffnenden Straße.

128   Jente und Selig Reichler, die Schwiegereltern Joseph Roths [vermutlich auf dem Semmering]. Fotografie, zwanziger Jahre.
Joseph Roth, dessen Mutter kurz nach seiner Heirat gestorben war, nannte seit seiner Eheschließung die Schwiegereltern »Eltern, Vater und Mutter«. Ob echte Intimität hinter dieser Anrede steckte, ist schwer zu entscheiden: Die erhaltene Korrespondenz dreht sich weitgehend um Friedls Krankheit und um die sich daraus ergebenden Probleme. Wahrscheinlich hatten sie, die in so verschiedenen Welten lebten, einander wenig zu sagen.
Den Wunschvorstellungen der Schwiegereltern (einer traditionsbewußten jüdischen Familie mit drei Töchtern) entsprach Roth jedenfalls ganz entschieden nicht. Einerseits war er in Habitus und Lebensstil weit von der jüdischen religiösen Tradition abgerückt, in der die Familie Reichler noch fest verankert war. Andererseits stand er erst ganz am Anfang einer möglichen Journalistenkarriere und war finanziell noch nicht wirklich in der Lage, eine Familie zu gründen. Zudem mögen sich Zweifel an der Ernsthaftigkeit seiner Absichten geregt haben.

125
126

127
128

130/129
131

129 Friedl Reichler mit Hanns Margulies [?]. Fotografie: J. Ross, Mariazell, bez. »1919«.
Die Fotografie zeigt Friedl Reichler vermutlich mit ihrem ersten Verlobten, dem Wiener Journalisten Hanns Margulies (1889–1960).

130 Eintragung der Heirat von Joseph Roth und Friederike Reichler im »Trauungsbuch 1915/1922« des Pazmaniten-Tempels, Wien; Ausschnitt.
Die Beurkundung der Trauung lautet:
»Bräutigam: Joseph Roth
Braut: Friederike Reichler
1. Zeuge: Heinrich Grübel [der Familienname ist von fremder Hand noch einmal leserlich geschrieben]
Beschäftigung: Kaufmann
wohnhaft: Wien IX, Frankgasse 6
2. Zeuge: Siegmund Reichler
Beschäftigung: Kaufmann
wohnhaft: [Wien] II Am Tabor 15/9
Die Trauung hat vollzogen:
    Dr. Schenk [?]
Wien den 5. März 1922«
Weitere Angaben im Trauungsbuch betreffen die amtlich festgestellten galizischen Heimatgemeinden (»Zuständigkeit«) der Brautleute: Brody für Joseph Roth, Rawa Ruska für Friederike Reichler. Als seinen Geburtsort gab Roth »Szwaby, Bezirk Brody« an. Von der Vorlage eines Geburtsscheins, den er offenbar nicht besaß, war er vom Magistrat der Stadt Wien dispensiert worden.

131 Wien 2. Synagoge in der Pazmanitengasse 6 (zerstört). Fotografie, zwanziger Jahre.

Friedl Reichler kehrte aus Berlin nach kurzem Zusammenleben mit Roth nach Wien zurück und erneuerte ihre Verlobung mit Margulies. Als Roth sich danach aber ernsthaft um sie bemühte, löste Friedl ihre Verlobung abermals. Am 5. März 1922 heirateten Friedl Reichler und Joseph Roth in der Pazmaniten-Synagoge im 2. Wiener Gemeindebezirk, wo die Familie Reichler wohnte.

Nach der Hochzeit änderte Roth seine liberale Lebensführung zwar nicht, paßte sich aber der konservativen Familienkonstellation an, etwa im ehrerbietigen Sprachgestus den Eltern gegenüber. Er vermied Verstöße gegen die religiösen Vorschriften, obwohl er dazu innerlich Distanz empfand und Dritten gegenüber immer wieder diese Anforderungen als kleinbürgerlich beklagte.

Joseph Roth machte als Journalist und Schriftsteller bald Karriere. Innerhalb weniger Jahre wurde er einer der gesuchtesten und bestbezahlten Autoren seiner Zeit.

Seine Frau war vom Leben unter Schriftstellern und Journalisten anfänglich sicher beeindruckt. Roth seinerseits war sehr stolz auf ihre Schönheit, umgab sie mit Luxus, stattete sie mit modischer Kleidung aus und repräsentierte mit ihr in Künstlerkreisen. Er sah sie als »den geselligen Teil seiner selbst«, denn er war im Grunde noch ziemlich gehemmt in Gesellschaft, nie ganz frei von Eifersucht auf seine hübsche Frau, aber auch auf den gesellschaftlichen Erfolg, den sie mit ihrem aus Schüchternheit und Stolz gemischtem Auftreten hatte.

Andererseits gelang es Roth nicht, eine Atmosphäre materieller Sicherheit zu schaffen. Statt eines eigenen Haushalts gab es, nach dem kurzen Zwischenspiel in Berlin, ein unstetes Leben in Hotels mit jeweils nur kurzen Aufenthalten, bedingt durch die journalistischen Aufträge, aber auch durch die komplizierten Bedürfnisse seines Schreibens und seiner inneren Unrast. Fuhr er jedoch einmal ohne sie, setzte er sie unter Druck, indem er eifersüchtig und vorwurfsvoll ihre Briefe einforderte.

Diese Mobilität einerseits, vor allem aber seine Forderungen nach einem Verhalten seiner Frau, das genau seinen Wünschen entsprach, dürften das Verhältnis zwischen den Ehepartnern zerrüttet haben. Friedl wurde von Roth gedrängt, ihre charmant-naive Spontaneität zugunsten kühler, damenhafter Zurückhaltung zu unterdrücken.

132   Friedl Roth. Fotografie: Becker & Maas, Berlin, 1922.

133   Französische Visitenkarte Friedl Roths.

MADAME FRÉDÉRIQUE ROTH

134 Hedy Reichler (1901–1987), später verheiratete Pompan, danach verheiratete Davis. Schwester Friedls. Fotografie, Mitte zwanziger Jahre.

Die Kontakte zu Friedls jüngeren Schwestern Hedy und Erna und Hedys späterem Mann Alexander Pompan waren freundlich, wenn auch vor allem von der Sorge um die kranke Friedl bestimmt. In den dreißiger Jahren besorgte Hedy Teile von Roths Geschäftskorrespondenz, das Abtippen und Korrigieren von Manuskripten. Als seine »Sekretärin« war sie eine der festen Adressen, die Roth ein Büro ersetzten.

135 Hedy Reichler und Friedl Roth. Fotografie, zweite Hälfte der zwanziger Jahre.

136 Joseph Roth. Fotografie, erste Hälfte der zwanziger Jahre.

137 Friedl und Joseph Roth, im Gras sitzend. Fotografie, Mitte zwanziger Jahre.

138 »Dr. Richter und Friedl Roth«. Handschriftliche Bezeichnung von Joseph Roth. Fotografie, zwanziger Jahre.

139 Friedl Roth, auf einer Balustrade sitzend. Fotografie, zwanziger Jahre.

134
135
136

137
138/139

Lieber Paula,

Friedl hat Dir gestern geschrieben. Aber weil ich weiß wie ungeduldig Du bist — wiederhole ich Dir heute extra den Tatbestand und gestriche die Aufforderung (Bangs) uns sofortest zu antworten. Ich soll nach Polen dienstlich fahren. Wie steht jetzt die polnische Mark? Ich habe 800 deutsche zur Verfügung. Kannst Du das Verhältnis ausrechnen? Kann ich 3 Tage in Krakau davon leben? Kannst Du mir in diese Stadt entgegenkommen?

Ich kann nur noch schwer ein polnisches Wort stottern. Benachrichtige Frau v. Szynocha, Wittlin, Mayer! Mit Dir zusammen fahre ich dann nach Österreich, vielleicht auch weiter, hängt vom Gelde ab. Meine Bücher bringe ich mit. Freue mich sehr auf ein allgemeines Wiedersehen, Wiedersehen.

Grüße alle sehr herzlich.

Familie! Küßt Euch!

Frau von Szynocha, die ich hoffentlich sehe —

140 Joseph Roth an Paula Grübel, Brief vom 15. Juli 1924. Handschrift. Verkleinert abgebildet.
Voll Übermut und Heiterkeit zeichnete Roth Mitglieder der Familie Grübel (der ungeliebte Vormund Onkel Sigmund wurde nicht dargestellt!) an den Rand des Blatts und skizzierte die beabsichtigte Reise nach Polen. Der Text (in: Briefe, S. 42-44 nur unvollständig abgedruckt) lautet:
»Liebe Paula,

Friedl hat Dir gestern geschrieben. Aber weil ich weiß wie *unzuverlässig Du bist* – wiederhole ich Dir heute erstens den Tatbestand und zweitens die Aufforderung (strenge) mir sofortest *zu antworten. Ich soll nach* Polen dienstlich fahren. *Wie steht jetzt die* polnische Mark? *Ich habe 800 deutsche zur Verfügung. Kannst Du das Verhältnis ausrechnen? Kann ich 3 Tage in* Krakau *davon leben? Kannst Du mir in diese Stadt entgegenkommen?*

Ich kann nur noch schwer ein polnisch Wort stottern. Benachrichtige Frau v. Szajnocha, Wittlin, Mayen! Mit Dir zusammen fahre ich dann nach Österreich, vielleicht auch weiter, hängt vom Gelde ab. Meine Bücher bringe ich mit. Freue mich sehr auf ein allgemeines Wiedersehn, Wiederhören.

Grüße alle sehr herzlich.

Dein Mu.
Familie! heißt das!
Frau von Szajnocha ist doch hoffentlich gesund?«
Die Beschriftung der Zeichnungen, großteils Verwandte und Bekannte in Lemberg und Brody darstellend, lautet von links oben im Uhrzeigersinn:
»Roth fährt [Eisenbahn, 2. Klasse nach] Lbg [Lemberg]; Laterne; Hofmana 7; Paula [Grübel] empfängt ihn; [Józef] Wittlin; [Józef] Mayen; Tante Rózia [Grübel]; Frau von Szajnocha; Friedl [Roth]; Josko Ciuchraj; psiakrew! [d. i. ›Hundsblut‹, ein polnischer Fluch]; Rettich; noch ein Rettich; Willkommen; Tante Bella [Grübel]; Onkel Nußen [Nathan Piczenik]; Brody; Norbert [Grübel]; Artek [Artur Alexandrowicz]; Resia [Grübel]; Wojcis [Heinrich] Grübel«.

Auch für Friedl wurde Paula Grübel die Vertrauensperson in Lemberg, in der Familie. Ihr hatte Roth seine Verlobte bereits 1921 vorgestellt; mit ihr ist Friedl offensichtlich auch später noch besonders gerne auf Erholung gefahren. Viele Fotos, die die beiden Frauen miteinander zeigen, bestätigen die Herzlichkeit der Verbindung.

Obwohl sich etliche Personen aus dem Freundeskreis Joseph Roths an Friedl und an ihren Charme erinnerten, lassen sich die Freundes- und Bekanntenkreise, in denen sie und Roth verkehrten, nicht vollständig rekonstruieren. Viele, die an den verschiedenen Geselligkeiten in Deutschland, Österreich, Frankreich, Italien oder Polen teilnahmen und auf den zahlreichen erhaltenen Privatfotos festgehalten sind, bleiben uns mit Namen unbekannt, da die Fotografien nur selten genau und gleich nach ihrem Entstehen beschriftet wurden. Dennoch geben diese Aufnahmen einen lebhaften Eindruck von der allem Anschein nach offenen und geselligen Lebensform, die Friedl eine Zeitlang vorfand und teilte.
Wieweit Joseph Roth selbst gerne und unbeschwert daran teilnahm, läßt sich nicht eindeutig feststellen. Manchmal mag er der Fotograf gewesen sein, wenn die Kamera reihum ging und man einander abwechselnd fotografierte. Er war aber auch oft beruflich unterwegs, wobei er seine Frau immer seltener mitnahm.
Friedl Roth ihrerseits hat – vielleicht wegen ihrer schwachen Gesundheit, vielleicht durch Roths betonten Einzelgänger-Eskapismus bedingt – mehrfach Reisen in geselliger Umgebung, aber ohne ihren Mann unternommen.

Einige dieser Privatfotos aus dem Besitz von Joseph und Friedl Roth und ihnen nahen Menschen sind auf den folgenden Seiten abgebildet.

141
142

141 Friedl Roth auf einem Hamburger Ausflugsschiff bei einer Hafenrundfahrt, Ansichtskarte an ihre Eltern vom 7. Dezember 1924. Bildseite.
Friedl Roth steht in der unteren Reihe links. Der Text in Friedls Handschrift lautet:
»An die Familie
Siegmund Reichler
Wien II.
Am Tabor 15.«
»7. XII. 1924
Ihr seht mich in meinem neuen Mantel, Seal-Mantel, fertig gekauft, da der Onkel mir die Felle nicht besorgt hat.
Viele Küsse
Friedl«

142 Friedl Roth, vermutlich in Berlin, Mai 1925. Fotografie.

143 Friedl Roth und Paula Grübel. Fotografie, Mitte zwanziger Jahre.

144 Friedl Roth und Resia Grübel. Fotografie, zwanziger Jahre.
Resia und ihre jüngere Schwester Paula Grübel waren Cousinen von Joseph Roth, die zumeist in Lemberg wohnten.

143
144

145 Friedl Roth mit Freundinnen. Fotografie, Mitte zwanziger Jahre.

146 Friedl Roth, Paula Grübel und Käthe Lederer in Abbazia/Opatija. Italien, heute Kroatien. Fotografie, Oktober 1926.

147 Friedl Roth mit unbekannten Personen. Fotografie, Mitte zwanziger Jahre.

148 Friedl Roth im Mantel vor einer Balustrade. Fotografie, Zakopane, Polen, August 1926.

149 Friedl Roth und Beate Moissi. Fotografie, Paris, Juni 1925.
Beate Moissi, Tochter von Alexander Moissi, war Schauspielerin in Berlin.

150 Friedl Roth und Gisela Kisch. Fotografie, Paris, Juni 1925.
Gisela Kisch war die Frau des Journalisten und Schriftstellers Egon Erwin Kisch.

145
146

147
148/149
150

151 Friedl Roth in Chantilly, Frankreich. Fotografie, Juni 1926.

152 Friedl Roth, Berlin, Juni 1926. Filmaufnahme. Kader aus einem Schmalfilm.

153 Anzeige von »Dr. Weiler's Kuranstalten für Nerven- und Gemütsleidende [...]« in Berlin/Westend. In: Jahrbuch der Heil-, Pflege- und Kuranstalten. Berlin, 1914, S. 163.

Friedl Roths Sensibilität war den Belastungen des Aufstiegs nicht gewachsen: dem unsteten Lebensstil, den steigenden Spannungen mit dem Ehepartner, seinen Erziehungsversuchen, seiner beginnenden Trunksucht. All diese nur bruchstückhaft bekannten Konflikte untergruben ihre Gesundheit. Schon bevor 1929 der erste Klinikaufenthalt in der vornehmen Berliner Kuranstalt Westend unvermeidlich wurde, ab 1926, hört man von längeren Krankheiten Friedls, meist als Grippe oder Lungenschwäche bezeichnet. Ab 1928 wurden immer wieder Ärzte und Psychologen konsultiert, denn Friedl brauchte bereits ständige Betreuung.

— 163 —

Dr. Weiler's
KURANSTALTEN
für Nerven- und Gemütsleidende, Stoffwechselkranke und Erholungsbedürftige.

(Besitzer: **San.-Rat Dr. Weiler** — **Dr. Schlomer.**)

Ulmenallee 35.   **Westend bei Berlin**   Nußbaumallee 30 u. 38.
Fernsprecher: Wilhelm 506 und 507.

Kurhaus Westend.
Neubau mit **höchstem Komfort**. Schlafzimmer mit Bad, kleine Wohnungen (Salon, Schlafzimmer, Bad). Eleganteste Gesellschaftsräume. — Wintergärten. **Vollkommenste Einrichtungen** für **Hydro-, Licht-** und **Elektrotherapie. Hochfrequenztherapie.** — **Gymnastiksaal.** Winter- und Sommer-Turnräume. **Diätetische Kuren.**

Villa Sybille,
Nußbaumallee 30.   Kleines, vornehmes Rekonvaleszentenheim.

Haus für Gemütskranke,
Nußbaumallee 38.   5 Ärzte, Krankenpflege durch Schwestern des ev. Diakonievereins, geschultes Pflegepersonal. 7 Morgen großer Park. **Liegehallen**, großer **Sportplatz**, Eisbahn, **Luftbad.**

20 Minuten vom Zentrum Berlins, bequeme Verbindungen.
Näheres durch Prospekte.

Ärztliche Leitung:
Sanitätsrat Dr. Weiler. Professor Dr. Henneberg. Dr. Schlomer.

Jahrbuch 1914.   12

Roth ließ seine Frau zunächst in der Obhut von Freunden und Bekannten, unter ihnen Stefan Fingal, sowie der Eltern, doch wurde der Zustand bald unhaltbar. Mit Friedls Einlieferung in die Berliner Klinik begann der zermürbende Prozeß, die Unheilbarkeit ihrer Krankheit (die zumeist als Schizophrenie bezeichnet wurde) zu akzeptieren. Denn es zeigte sich immer deutlicher, daß keine Therapie dauerhafte Hilfe brachte und bringen würde.

Die Geschichte der Diagnosen und der Verlauf der teils von medizinischen Fachleuten, teils von Laien (darunter Roth selbst) unternommenen Therapieversuche ist nur bruchstückhaft bekannt. Er selbst glaubte, oder wollte glauben – wie seine Briefe zeigen –, lange an die Möglichkeit einer Heilung. Kleine Anzeichen scheinbarer Besserung wurden zu großen Erwartungen erhoben. Doch schließlich blieb nur das Hoffen auf ein Wunder, und Roth fühlte sich von da an, wie er mehrfach selbst schrieb, als gebrochener »alter Jud«. Die Selbstvorwürfe, er habe den Zustand seiner Frau mitverursacht, machten ihn krank, trugen dazu bei, daß er sich vorzeitig alt fühlte und mutlos wurde.

Die intensive Pflege, die seine Frau benötigte, die Konsultation immer wieder anderer Ärzte bedeuteten neben der psychischen natürlich auch eine enorme finanzielle Belastung für den Autor. Dennoch ließ er sich jahrelang nicht entmutigen, folgte Empfehlungen und bat immer wieder um Vermittlung von Fachärzten.

Roths Brief an Frau Dr. Szabo gibt Zeugnis von seinen aufwendigen Bemühungen um eine geeignete ärztliche Hilfe.

154   Joseph Roth an Dr. Szabo, Brief vom 23. September 1930. Handschrift. S. 1. Verkleinert abgebildet.
Der Text des Schreibens an eine der zahlreichen Friedl behandelnden Ärztinnen lautet:
»Sehr geehrte Frau Doktor Szabo,
entschuldigen Sie, bitte, die Eile der Formulierung und den Bleistift. Ich schreibe Ihnen vor Abgang meines Zuges – ich muß für einen Tag nach Köln. Vor zwei Stunden erhielt ich einen Brief von meiner Schwiegermutter. Meine Schwiegereltern und Herr Pompan belasten mich mit der Verantwortung für meine Frau, und lediglich aus dem Grunde, weil sie glauben, von Ihnen schlecht oder mangelhaft beraten zu werden. Ich kann Ihnen natürlich nicht zumuten, daß Sie die Energie, die Sie für die Kranke brauchen, für die Angehörigen verwenden. Aber ich selbst – ich bin heute schon zu kaputt, um den Vermittler zwischen Ihnen und der Familie zu spielen. Die Finanzierung der Angelegenheit hat der Verlag Kiepenheuer und sein Prokurist, Herr Landauer, übernommen. Die Verantwortung für das Leben der Patientin haben Sie. Aber da ich nicht in Wien bin, die Eltern in ständiger Angst mich belasten und ich nicht die Kraft aufbringe, von ihnen belastet zu werden, müssen Sie wohl oder übel mit ihnen auszukommen suchen. Es ist ihr Kind ebenso gut, wie meine Frau. Sie sind, nach mir, die meist Legitimierten. Sie müssen mit ihnen zurechtkommen. Ich wollte mir die Last leichter machen, sie wird nur schwerer. Bitte, schreiben Sie mir aufrichtig: a.) ob Sie imstande sind, ohne die Patientin zu schädigen, ihre Angehörigen auf dem Laufenden zu erhalten; b.) ob Sie die Fähigkeit haben wollen, die Angehörigen so zu behandeln, wie sie legitimiert wären, vom Sanatorium behandelt zu werden. Hier handelt es sich – was soll ich es Ihnen gegenüber noch betonen? – um zwei Existenzen: die meiner Frau und meine eigene. Sie haben mich gesehn. Sie wissen, wie ich heruntergekommen bin. Wenn meiner Frau etwas zustößt, tragen zwar Sie die Verantwortung vor mir, aber ich die Verantwortung vor den Eltern. Es ist ihr Kind, mir haben sie es gegeben, bei mir ist es krank geworden. Ich kann darüber nicht hinweg. Wenn Sie mir wirklich helfen wollen, müssen Sie es ganz.
Ich kenne am besten das Gewicht, das Sie tragen. Was ich Ihnen hier schreibe, ist wohl überlegt. Ich will ihnen auch zwei Sachen noch sagen:
1.) Ich liebe meine Frau
2.) Wenn Sie ihr helfen, können Sie viel von mir verlangen, und ich werde alles für Sie tun.
Herzlichst Ihr ergebener
Joseph Roth«

Die Zeit von November 1930 bis Dezember 1933 verbrachte Friedl im Sanatorium Rekawinkel bei Wien, anschließend war sie bis 1935 in der »Landes- Heil- und Pflegeanstalt für Geistes- und Nervenkranke Am Steinhof« in Wien untergebracht.

Hotel Englischer Hof
Frankfurt a/Main

POSTSCHECK-KONTO: FRANKFURT A.M. N° 10208
TELEFON: HANSA 8240
TELEGRAMM-ADRESSE:
ENGLISCHHOF FRANKFURTMAIN.

GEGENÜBER DEM HAUPTBAHNHOF

den Montag den 23. Sept. 1930

Sehr geehrte Frau Doktor Szabo,

entschuldigen Sie, bitte, die Eile der Voraussendung und den Bleistift. Ich schrieb Ihnen vor Abgang meines Zuges – ich muß für einen Tag nach Köln. Vor zwei Stunden erhielt ich einen Brief von meiner Schwiegermutter. Meine Schwiegereltern aus dem Pompan belasten mich mit der Verantwortung für meine Frau, und lediglich aus dem Grunde, weil sie glauben, von Ihnen schlecht oder mangelhaft beraten zu werden. Ich kann Ihnen natürlich nicht zumuten, daß Sie die Energien, die Sie für die Kranke brauchen, für die Angehörigen verwenden. Aber ich selbst – ich bin heute schon zu Kaputt, um den Vermittler zwischen Ihnen und der Familie zu spielen. Die Finanzierung der Angelegenheit hat der Verlag Kiepenheuer und sein Prokurist, Herr Landauer, übernommen. Die Verantwortung für das Leben der Patientin haben Sie. Aber da ich nicht in einer Sie, die Eltern so in ständiger Angst mich belasten und ich nicht die Kraft aufbringen, von Ihnen belastet zu werden, müssen Sie wohl oder übel mit ihnen auszukommen suchen. Es ist ihr Kind ebenso gut, wie meine Frau. Sie sind, nach mir, die meist Legitimierten. Sie müssen mit ihnen zurechtkommen. Ich wollte mir die Last leichter machen, sie sind nun schwerer. Bitte, schreiben Sie mir aufrichtig: a.) ob Sie imstande sind, ohne die Patientin zu schädigen, ihre Angehörigen auf dem Laufenden zu erhalten; b.) ob Sie die Fähigkeit haben <u>wollen</u>, die Angehörigen so zu behandeln,

Liebe Mutter,

herzlichen Dank für Deinen lieben Brief. Liesl sollte lieber mein Buch nicht lesen. Es ist darin beschrieben, wie Kirchen gehetzt Braud wird, und das wird sie doch verstehen. So lange sie in dieser gehässigen Stimmung bleibt und auf alle Welt böse ist, bleibt sie leider auch Braud, und man darf ihr nicht alles zutrauen. Vielleicht schadet es ihr, wenn sie mein Buch liest.

Aus Amerika kommt Geld erst im Dezember. Mein amerikanischer Verleger hat sich entschlossen, das Buch jetzt nicht herauszubringen, bevor nicht die Krise vorüber ist.

Ich arbeite für mich wie ein Pferd, meine Einnahmen sind gekürzt, ich komme auf mit der Zeitung nicht aus, ich weiss gar nicht, was werden soll. Man hat mir für den 1. Oktober Geld versprochen, nun ist die neue Verfügung in Deutschland, daß man drei Viertel als Reisemark bekommt, darf und ich sitze mit einem schweren Kopf und lauter neuen Schulden da. Es ist ganz schrecklich, dabei noch zu arbeiten? neue Klagen von Berliner Ärzten sind vorige Woche gekommen. Ich habe schnell 500 Mark Lufthefen lassen, sonst wachsen die Honorare der Rechtsanwälte auch noch an. Liebe Mutter, verzeih, daß ich nicht schreibe, schreib' mir nur immer, meine Verpflichtungen wachsen mir über den Kopf und ich arbeite schwer.

Sehr herzlich Dein treuer Sohn

J. R.

Grüss Mutti, Musi u. Savi herzlich.

155 Joseph Roth an Jenny Reichler, Brief vom Oktober 1930. Handschrift, in Originalgröße abgebildet.
Das Schreiben, kurz nach dem Erscheinen des Romans »Hiob« an die Schwiegermutter gerichtet, lautet:
»Mittwoch
Liebe Mutter,
herzlichen Dank für Deinen lieben Brief. Friedl sollte lieber mein Buch nicht lesen. Es ist darin beschrieben, wie Mirjam geisteskrank wird, und das wird sie doch verstehen. So lange sie in dieser gehässigen Stimmung bleibt und auf alle Welt böse ist, bleibt sie leider auch krank, und man darf ihr nicht Alles zutrauen. Vielleicht schadet es ihr, wenn sie mein Buch liest.

Aus Amerika kommt Geld erst im Dezember. Mein amerikanischer Verleger hat sich entschlossen, das Buch jetzt nicht herauszubringen, bevor nicht die Krise erledigt ist.

Ich arbeite hier wie ein Pferd. Meine Einnahmen sind gekürzt, ich komme auch mit der Zeitung nicht aus, ich weiß gar nicht, was werden soll. Man hat mir für den 1. Oktober Geld versprochen, nun ist die neue Verfügung in Deutschland, daß man kein Geld in's Ausland schicken darf und ich sitze mit einem schweren Kopf und lauter neuen Schulden da. Es ist ganz schrecklich, dabei noch zu arbeiten. 2 neue Klagen von Berliner Ärzten sind vorige Woche gekommen. Ich habe schnell 500 Mark hinschicken lassen. Sonst wachsen die Honorare der Rechtsanwälte auch noch an. Liebe Mutter, verzeih, daß ich nicht schreibe, schreib' mir nur immer, meine Verpflichtungen wachsen mir über den Kopf und ich arbeite sehr viel.
Sehr herzlich Dein treuer Sohn
J. R.
Grüße Vater, Hedi u. Sandi herzlich.«

Roths Briefe an die Schwiegereltern zeigen deutlich die psychische und finanzielle Belastung, die ihn immer wieder in Verzweiflung stürzte. Wiederholt beteuerte er ihnen, nicht über genügend Geld zu verfügen, um die Pflege bezahlen zu können. Er erwartete auch finanzielle Leistungen von Friedls Familie, der er dabei sein reales Einkommen, seinen eigenen hohen Geldbedarf und das Zusammenleben mit anderen Frauen verschwieg.

Eine Zeitlang versuchte Roth, sich der finanziellen Aufwendungen für seine Frau durch eine Scheidung zu entledigen. Friedls Eltern und ihre Schwester Erna waren mittlerweile nach Palästina ausgewandert. Angesichts der Schwierigkeiten ließ er das Vorhaben bald fallen, um so mehr, als es gelang, mit Hilfe des österreichischen Autors Franz Theodor Csokor, für Friedl einen Platz in der Landespflegeanstalt Mauer-Öhling bei Amstetten zu finden (ab Juni 1935), der ihn finanziell nicht belastete. Die Bindung und seine Schuldgefühle abzuschütteln, gelang ihm nie.

Die systematische Vernichtung Geisteskranker durch die Nationalsozialisten brachte Friedl Roth, wie auch vielen anderen pflegebedürftigen Menschen, ein brutales Ende: Sie wurde während oder kurz nach der Überstellung in die »Heil- und Pflegeanstalt für Geisteskranke« in Niedernhart bei Linz / Donau im Juli 1940 ermordet.

Frühe Romane und Erzählungen

156 Joseph Roth im Jardin du Luxembourg, Paris. Fotografie, um 1926.

Joseph Roth: »Es lebe der Dichter!«

»*Aber unausrottbar scheint die Neigung der lesenden, schreibenden, kritisierenden und Bücher verlegenden Welt, sich an Formeln zu halten. So entstehen die ›Moden‹. So entsteht die ungerechte Beurteilung; die falsche Klassifizierung. Es gibt wenig Gelegenheiten, in denen es gestattet ist, von sich selbst zu sprechen. Die eine ergibt sich dann, wenn man in die Lage gerät, tadeln zu müssen, wofür man selbst verantwortlich ist. Deshalb zögern wir nicht, daran zu erinnern, daß von dieser Stelle aus, von dieser Zeitung aus, zuerst in Deutschland der Ruf nach der ›dokumentarischen Literatur‹ ausgegangen ist. In unzähligen Artikeln, die wir schrieben und brachten – man nennt sie nach einer lächerlichen Tradition immer noch ›Feuilleton‹ –, wurde das ›Dokumentarische‹ gefordert – und gegeben. In unserer Zeitung standen die ersten deutschen Kriegsromane. Aus der unmittelbaren Nähe dieser Zeitung kamen Bücher wie ›Ginster‹, wie ›Jahrgang 1902‹, wie ›Flucht ohne Ende‹. Es ist nur ein Zufall, daß der Verfasser dieser Zeilen auch der Autor des letztgenannten Buches ist. Jeder von uns, die wir am literarischen Angesicht dieser Zeitung arbeiten, könnte (zwar nicht des andern Bücher, aber) des andern Meinungen über die Literatur der Gegenwart schreiben. Es ist deshalb gestattet, bei dieser Gelegenheit zu sagen, daß der Satz, der sich im Vorwort zur ›Flucht ohne Ende‹ befindet: ›Es handelt sich nicht mehr darum, „zu dichten". Das Wichtigste ist das Beobachten‹ – seinen relativen Erfolg einem absoluten Mißverständnis zu verdanken hat. Das heißt: daß bei dem Ruf nach dem Dokumentarischen durchaus nicht die berühmte ›Neue Sachlichkeit‹ gemeint war, die das Dokumentarische mit dem Kunstlosen verwechseln möchte. In der Verwirrung der Gegenwart scheint die Vorsicht zu gebieten, was die Schreibregeln nicht gestatten: nämlich alles, was man in einfachen Anführungszeichen setzt, mit dreifachen zu versehen. Einsam, wie der deutsche Schriftsteller nun ist, geneigt, nach ›Stoffen‹ zu suchen, schien er einen deutlichen Hinweis auf den Reichtum der deutschen Gegenwart und der jüngsten Vergangenheit gebraucht zu haben. Nicht ›das Dichten‹, das ›Dichterische‹, die ›Dichtung‹ war in einen Gegensatz zum ›Authentischen‹ gestellt worden, sondern das, was das ›Dichten‹ allmählich geworden war, Ausdruck für ›romancer‹, für die Herstellung eines Geschlechts aus konstruierten, also verlogenen ›Erfindungen‹; während ringsum die Fülle der Gegenwart selbst dem Dilettanten Gelegenheit bot, Wichtiges und Interessantes mitzuteilen.*

Die Kriegsromane kamen. Die dokumentarischen Werke kamen. Einer Zukunft – die hoffentlich noch lesen wird, bleibt es vorbehalten, die gestalteten von den andern zu unterscheiden. Heute aber macht sich die gefährliche Neigung bemerkbar, nur mehr das erkennbar Dokumentarische anzuerkennen. Und es scheint uns deshalb an der Zeit, zu betonen, daß ein Schriftsteller vom Rang Schikkeles zum Beispiel – den wir eben im Feuilleton bringen – niemals aufgehört hat, in einem echten, wenn auch nicht deklarierten Sinn authentisch zu sein. Ein gutes ›Dichten‹ ist immer authentisch. Schickele könnte eine Geschichte aus dem Jahr 1894 schreiben, und sie wäre authentisch und ›aktuell‹. Der französische Schriftsteller Julien Green (siehe weiter unten) schreibt aus der Vorkriegszeit, und es ist aktuell. Man verwechselt das ›Erfundene‹ mit dem ›Konstruierten‹. Auch ›Erfinden‹ heißt ›Beobachten‹, gesteigertes ›Finden‹. Es lebe der Dichter! Er ist immer ›dokumentarisch‹!

Der Roman macht nur scheinbar eine ›Krise‹ durch. In Wirklichkeit ist es offenbar geworden, daß er keine Gesetze kennt. Und nichts ist törichter als etwa die Meinung: ›Ja, alles ganz gut – aber es ist kein „Roman".‹ Also mag er keiner sein! Was liegt daran? Prousts Bücher sind Romane, Gides Bücher sind Romane, Balzacs Bücher sind Romane. Als Flauberts ›Education sentimentale‹ erschien, schrieben die Kritiker, dieses Buch wäre kein Roman, sondern eine Folge von Gemälden. Was hätten sie erst zu Goethes ›Wilhelm Meister‹ gesagt! Was zu Jean Paul! Was zu Stifter! Es gibt kein ›Gesetz‹, keine ›Norm‹, keine ›Regel‹. Es gibt nur schlechte Autoren und gute. Man lese im folgenden einige von diesen.«

(Joseph Roth: »Es lebe der Dichter!« Erschien zuerst in: *Frankfurter Zeitung*, 31. März 1929, als Einleitung zu einer Serie von Romanfragmenten aus Neuerscheinungen. In: *Werke*, Band 3, S. 44-46)

157 Aus einem zu Lebzeiten nicht veröffentlichten fragmentarischen Manuskript Joseph Roths, geschrieben um 1919. Handschrift. Blatt 14. In Originalgröße abgebildet. Zugleich mit seinen Bestrebungen, als Journalist Karriere zu machen, versuchte sich Roth schon früh auch in breit angelegter erzählender Prosa. Der Text der gezeigten Seite lautet:

»[...] Sie aber verließ mich nicht. Manchmal war ich verblendet genug, mir einen Schmerz zu wünschen, und zu hoffen, daß ich leiden würde, wenn sie mich verließe. So, dachte ich damals, [gestrichen: würde] könnte ich wenigstens das Leid kosten, wenn mir schon die Lust versagt zu sein schien.

Sie hatte die Eigenschaft verliebter Menschen: sie wurde leicht wehmütig. Bald wirst Du von mir weggehn, sagte sie, ich werde alt, siehst Du nicht, wie alt ich werde?

Es war mir von der Natur versagt, klagende Frauen zu trösten. Ich weiß wohl, was in den Büchern geschieht und im Leben auch, wenn die Geliebte klagt. Der Liebende verschließt ihr, wie es heißt, den Mund mit Küssen. Ich aber fand die Ausführungen meiner Freundin richtig, ich wußte, daß sie alt werden würde und daß ich immer jünger werden müßte. Denn älter, als ich war, konnte ich wohl nicht werden.

Sie sagte die wehmütigen Dinge doch nicht nur, damit ich sie widerlegte, sondern auch, weil jeder Mensch, der einigermaßen Erfahrungen gesammelt hat, wissen muß, daß seine Seligkeiten ein Ende haben. Diese Einsicht war so eindringlich, so klar, daß ich keinesfalls einen Widerspruch gewagt hätte. Ich fand, daß meine Freundin mit mir unzufrieden war. Du widersprichst mir ja auch nicht! klagte sie weiter. Nein! sagte ich. Du hast ganz [...]«.

Die fragmentarisch erhaltene Ich-Erzählung behandelt Erlebnisse eines jungen Hauslehrers. Sie zeigt eine Facette von Roths Selbststilisierung, nämlich die des überaus selbstsicheren, leidenschaftslos agierenden Frauenhelden – konträr zu jener Schilderung eines sentimentalen Genießers, mit der Roth im autobiographischen Geburtstagsbrief an Gustav Kiepenheuer vom 10. Juni 1930 sich darstellte.

»Das Spinnennetz«

Bereits zu Ende des Jahrs 1921 war Roth mit einem größeren Romanprojekt beschäftigt; es handelte sich vermutlich um »Das Spinnennetz«.

158 Friedl Reichler an Paula Grübel, Brief vom 28. Dezember 1921. Handschrift. Verkleinert abgebildet.
Der Text (Briefe, S. 38) lautet:
»Berlin, am 28. Dezember 1921.
½12ʰ nachts.
Servus Paulinchen,
    Nicht zu böse sein, lange hat's gedauert. Mein Arm ist sehr mies geworden und hat sehr geschmerzt. Jetzt erst beginnt die Geschichte zurückzugehen.
    Heute war ich wieder unwohl, – ein sehr starker Husten. Ich befolge Dein Rezept, heisses Bad, Aspirin, schwitzen; nun ist mir besser. Muh ist im Theater und mir ist so bang, dass ich's im Bett nicht länger aushielt, und aufstand, um Dir zu schreiben.
    Er hat keine Zeit. Er arbeitet sehr fleissig an seinem Roman, von dem Du von Frau Szajnocha ja inzwischen gehört haben wirst. Deshalb ist Muh auch oft launisch und kann nicht Briefe schreiben.
    Entschuldige ihn bei Deinem Vater und lege ein gutes Wörtchen für uns ein.
    Wie geht es Frau Szajnocha?
    Baierle wohnt noch bei uns und lässt Dich grüssen.
    Dein Vater schrieb von der Juwelenhändlerin Pume Torczyner. Bitte richte ihm aus, dass das meine Grossmutter ist und meine Mutter eine Torczyner.
    Alle Wege führen nach Brody.
    Ich bitte mich Deinem Herrn Vater und Mutter bestens zu empfehlen und bin mit vielen Küssen
                              Friedl.
Galsen ist nicht zu erreichen.
12ʰ ist schon und Muh' noch nicht da, was sagst Du dazu?! Schrecklich!!!«

Roth schrieb an seinem ersten Roman ab 1921 in Berlin und Prag. Vermutlich hatte er bei Arbeitsbeginn keine Veröffentlichung als Fortsetzungsroman beabsichtigt, doch begann der Abdruck, ehe das Werk fertig geschrieben war. Der Zeitdruck, unter dem der Autor zu arbeiten gezwungen war, ist diesem frühen Werk besonders deutlich anzumerken. Auch später schrieb Roth oft unter ähnlichem Druck, so daß nur wenige seiner Werke im Hinblick auf Sprache, Handlung und die Charakteristik der Personen so straff und stringent geworden sind, wie es Roth anstrebte.

159 Ankündigung von »Das Spinnennetz«. In: Arbeiter-Zeitung, Wien, Nr. 274 vom 6. Oktober 1923, S. 4 (Ausschnitt).

160-161 Joseph Roth: Das Spinnennetz. Letzter, 28. Teil. In: Arbeiter-Zeitung, Wien, Nr. 305, Morgenausgabe vom 6. November 1923, S. 8 (S. 1 und S. 8, Ausschnitt).
Der Roman wurde zwischen dem 7. Oktober und dem 6. November 1923 in 28 Fortsetzungen gebracht. Er schien Roth in künstlerischer Hinsicht wenig gelungen, so daß er keine Buchausgabe beabsichtigte. Der Text erschien erst 1967 in Buchform.

162 [H. Pongratz]: Deutscher Totentanz. 2. »Seine königliche Hoheit«. Karikatur. In: Arbeiter-Zeitung, Wien, Nr. 307, Morgenausgabe vom 8. November 1923, S. 7 (Ausschnitt).
Thema der Grafikserie »Deutscher Totentanz« waren konservative und monarchistische Aktivitäten und Umtriebe in der Weimarer Republik.

Auch Roth machte die Gefahr, die für den Staat von rechts ausging, zum Thema. Was er im Roman »Das Spinnennetz« beschrieb, wurde vom tatsächlichen Geschehen rasch eingeholt. Am 8. und 9. November 1923, (fast zeitgleich mit der letzten Folge des Romans) versuchten Hitler und Ludendorff zu putschen. Die Rechte wollte in München zum ersten Mal aktiv die Macht erringen. Seit Bestehen der Weimarer Republik waren die Monarchisten bestrebt, den republikanisch-demokratischen Staat zu demoralisieren, und machten sich zu diesem Zweck rechtsgerichtete Gruppierungen wie die NSDAP zunutze.

Immer wieder warnte Roth in seinen Arbeiten vor der Gefahr des Nationalsozialismus. Ungeschminkt beschrieb er den wachsenden Einfluß der »Hakenkreuzler«, mußte aber immer deutlicher erkennen, wie wenig er als Journalist gegen den Faschismus ausrichten konnte.

Frühe Romane und Erzählungen 121

»Hotel Savoy«

163 Joseph Roth: »Hotel Savoy«. Handschrift, 1. Fassung, S. 1.
Der Text dieser Seite entspricht weitgehend dem gedruckten Anfang des Romans.

Frühe Romane und Erzählungen: »Hotel Savoy«

164 Joseph Roth: Hotel Savoy. Roman, Berlin: Die Schmiede, 1924. Einband nach einem Entwurf von Georg Salter.
*Der Roman erschien vom 9. Februar bis 16. März 1924 als Vorabdruck in der »Frankfurter Zeitung«. Wie im Roman »Das Spinnennetz« hat er die veränderten Lebensbedingungen und die Verunsicherungen, die der Krieg 1914/1918 mit sich gebracht hatte, zum Thema; dort im politischen Bereich in Deutschland, hier symbolisch in einem Hotel angesiedelt, dem Aufenthaltsort für heimat- und beziehungslos gewordene Kriegsheimkehrer: ein für Roth zentrales Thema.
In den Roman flossen Milieuimpressionen aus dem realen »Hotel Savoy« in Łódź ein.*

165 Joseph Roth: Die Rebellion. Ein Roman, Berlin: Die Schmiede, 1924. Schutzumschlag nach einem Entwurf von Georg Salter.
*Der Berliner »Vorwärts« veröffentlichte den Roman im Juli und August 1924 in Fortsetzungen, noch vor der Buchausgabe.
Auch dieser Roman thematisiert die zerstörerische Wirkung des Verlusts einer humanen Ordnung auf das Schicksal einzelner Menschen.*

164
165

Ab 1924 erschienen Roths Romane in Buchform in dem der kritischen Gegenwartsliteratur aufgeschlossenen Berliner Verlag Die Schmiede, vermittelt von dessen Lektor, dem expressionistischen Lyriker und Dramatiker Rudolf Leonhard. Hier wurden Werke einer ansehnlichen Zahl bekannter Autoren veröffentlicht: Franz Kafka, Marcel Proust (übersetzt von Walter Benjamin und Franz Hessel), Alfred Döblin und andere. Der Verlag bestand von 1922 bis 1929.

Das Echo auf die beiden Romane »Hotel Savoy« und »Rebellion« blieb im deutschen Sprachraum weit hinter Roths Erwartungen zurück. In der Sowjetunion hingegen war »Hotel Savoy« ein großer Erfolg.
Weitere Veröffentlichungen Roths im Verlag Die Schmiede waren der Essayband »Juden auf Wanderschaft« (1927; siehe S. 154) und ein ähnlich engagierter, differenzierender Beitrag zu dem Sammelband »Das Moskauer jüdische akademische Theater« (1928; siehe S. 160).

Der Verleger und Grafiker Georg Salter arbeitete in späteren Jahren für den Verlag Gustav Kiepenheuer, so daß Roths Bücher in beiden Verlagen eine weitgehend einheitliche Gestaltung erfuhren.

166 Joseph Roth: Hotel Savoy. Ein Roman, Wien, Leipzig: Phaidon, [1933]. Mit Federzeichnungen von Franz Howanietz.
Abgebildet ist die Illustration auf S. 47, die verschiedenen Ebenen des Hotels darstellend. Aufgrund der Bezeichnung von drei datierten Illustrationen und eines Protests Roths gegen die falsche Ankündigung des Romans als sein jüngstes Werk (in »Das Neue Tage-Buch« vom 19. August 1933, S. 195) ist diese Neuausgabe, die im Impressum keine Jahresangabe enthält, auf 1933 zu datieren. Der Korrespondenz Roths mit dem Verleger ist zu entnehmen, daß auch an eine Neuausgabe des Romans »Die Rebellion« gedacht war. Dieser Plan wurde nicht realisiert.

166

Die zwei 1925 als Buch erschienenen Erzählungen Roths wurden grafisch besonders aufwendig ausgestattet. »Der blinde Spiegel« erhielt eine Umschlag- und eine Titelgrafik, »April« vierzehn ganzseitige Illustrationen von Carl Rabus.
J. H. W. Dietz' Nachfolger war einer der großen sozialdemokratischen Verlage.

167 Joseph Roth: April. Die Geschichte einer Liebe, Berlin: Dietz, 1925. Illustration auf S. 21, signiert »R.« [d. i. Carl Rabus].
Der renommierte Buchillustrator Carl Rabus hatte schon Klassikerausgaben und Werke zeitgenössischer Literatur ausgestattet. Er ging bereits 1934 in die USA.

168 Joseph Roth: Der blinde Spiegel. Ein kleiner Roman, Berlin: Dietz, 1925. Einbandgestaltung von Hans Windisch.

Frühe Romane und Erzählungen 125

Das Dienstmädchen auf dem Treppengeländer.

Von Joseph Roth (Berlin).

Der Herr Oberstleutnant aus der Mommsenstraße warf sein Dienstmädchen, weil es aus Unachtsamkeit Geschirr zerbrochen hatte, über das Treppengeländer. Das Mädchen fiel auf den Rücken und ward so schwer verletzt, daß es dem zerbrochenen Geschirr zum Verwechseln ähnlich sah. Sie kam ins Krankenhaus, und es ist durchaus nicht sicher, daß man sie reparieren wird. Auch das Geschirr des Oberstleutnants ist für immer dahin. Zwischen einem Porzellanteller und einem Dienstmädchen ist der Unterschied auch dann nicht groß, wenn beide intakt sind. Der Oberstleutnant warf die Scherben zum Fenster hinaus, das Mädchen die Treppe hinunter. Die Scherben bewältigte er selbst, das Dienstmädchen räumten er und seine beiden Söhne aus der Wohnung. Denn so will es die Sitte, daß die Söhne in den Spuren ihrer Väter wandeln, auf daß jene lange leben auf Erden und niemals über das Treppengeländer geworfen werden. Dagegen verbieten es Gesetz und Sitte, daß Dienstmädchen Oberstleutnants hinunterwerfen, obwohl nichts Sachliches gegen eine Weltordnung vorzubringen wäre, in der ein Oberstleutnant zu der großen und überflüssigen Familie der alten Geschirre gehören würde.

Weil aber dem nicht so ist, kam die Feuerwehr vor das Haus des Oberstleutnants und las die Ueberreste des Dienstmädchens

Joseph Roth.

(Zeichnung von Max Schwimmer.)

169-170 Joseph Roth: »Das Dienstmädchen auf dem Treppengeländer«. In: Der Drache. Eine republikanische satirische Wochenschrift, Leipzig, 24. Februar 1925. Jg. 6, Heft 21, Titelseite und S. 12 mit einer Porträtzeichnung, Joseph Roth darstellend, von Max Schwimmer.

171-172 Roths Mitgliedskarte im Schutzverband deutscher Schriftsteller, ausgestellt für 1925. Vorder- und Rückseite.

169/170
171/172

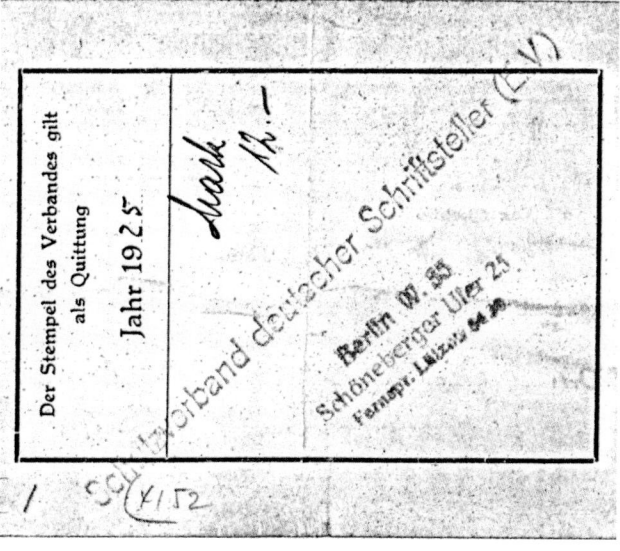

Starjournalist 1923–1927
Joseph Roth: »Bekenntnis zum Gleisdreieck«

»Ich bekenne mich zum Gleisdreieck. Es ist ein Sinnbild und ein Anfangs-Brennpunkt eines Lebenskreises und phantastisches Produkt einer Zukunft verheißenden Gewalt.

Es ist Mittelpunkt. Alle vitalen Energien des Umkreises haben hier Ursprung und Mündung zugleich, wie das Herz Ausgang und Ziel des Blutstromes ist, der durch die Adern des Körpers rauscht. So sieht das Herz einer Welt aus, deren Leben Radriemenschwung und Uhrenschlag, grausamer Hebeltakt und Schrei der Sirene ist. So sieht das Herz der Erde aus, die tausendmal schneller um ihre Achse kreist, als es Tag- und Nachtwechsel uns lehren will; deren unaufhörliche, unsterbliche Rotation Wahnsinn scheint und Ergebnis mathematischer Voraussicht ist; deren rasende Schnelligkeit sentimentalen Rückwärts-Sehern brutale Vernichtung innerlicher Kräfte und heilenden Gleichgewichts vortäuscht, aber in Wirklichkeit lebensspendende Wärme zeugt und den Segen der Bewegung.

In den Gleisdreiecken, Gleisvielecken vielmehr, laufen die großen glänzenden, eisernen Adern zusammen, schöpfen Strom und füllen sich mit Energie für den weiten Weg und die weite Welt: Aderndreiecke, Adernvielecke, Polygone, gebildet aus den Wegen des Lebens: Man bekenne sich zu ihnen!

Sie sind stärker als der Schwächling, der sie verachtet und fürchtet, sie werden ihn nicht nur überdauern: Sie werden ihn zermalmen. Wen ihr Anblick nicht erschüttert, erhebt und stolz macht, verdient den Tod nicht, den ihm die Gottheit der Maschine bereitet. Landschaft! – was enthält der Begriff? Wiese, Wald, Halm, Ähre. ›Eiserne Landschaft‹ ist vielleicht das Wort, das den Tummelplätzen der Maschinen gerecht wird. Eiserne Landschaft, großartiger Tempel der Technik unter freiem Himmel, dem die kilometerhohen Schlote der Fabriken lebendigen, zeugungsträchtigen, Bewegung fördernden Rauch darbringen. Ewiger Gottesdienst der Maschinen, im weiten Umfang dieser Landschaft aus Eisen und Stahl, deren Ende kein menschliches Auge sieht, die der graue Horizont umklammert.

So ist das Reich des neuen Lebens, dessen Gesetze kein Zufall stört und keine Laune verändert, dessen Gang erbarmungslose Regelmäßigkeit ist, in dessen Rädern das Gehirn wirkt, nüchtern, aber nicht kalt, die Vernunft, unerbittlich, aber nicht erstarrt. Denn nur der Stillstand erzeugt Kälte, die Bewegung aber, durch Berechnung bis zu den Grenzen der Leistungsfähigkeit gesteigert, schafft immer Wärme. Die Schwäche des Lebendigen, der dem erschlaffenden Fleisch nachgeben muß, ist kein Beweis für seine Lebendigkeit – und die konstante Stärke der eisernen Konstruktion, deren Materie kein Erschlaffen kennt, kein Beweis für Totsein. Es ist im Gegenteil: die höchste Form des Lebens, das Lebendige aus Unnachgiebigem, keiner Laune gehorchendem, nervenlosem Stoff. Im Bereich meines Gleisdreiecks herrscht der Wille des konsequenten Gehirns, der, um des Erfolges sicher zu sein, sich nicht in einen unzuverlässigen Leib verpflanzte, sondern in den Körper von unbedingter Sicherheit: in den Körper der Maschine.

Deshalb ist alles Menschliche in diesem metallenen Bereich klein und schwächlich und verloren, reduziert auf die ihm angemessene

173 Berlin. Gleisdreieck. Fotografie: Max Missmann, 1905.

Bedeutung eines bescheidenen Mittels zu stolzem Zweck – genauso wie in der abstrakten Welt der Philosophie und der Astronomie, der Welt der klaren und großen Weisheiten; da wandelt ein uniformierter Mann mitten zwischen den verwirrenden Systemen der Geleise, winzig ist der Mensch, in diesem Zusammenhang nur wichtig als Mechanismus. Seine Bedeutung ist nicht größer als die eines Hebels, seine Wirksamkeit nicht weitreichender als die einer Weiche. In dieser Welt gilt jede menschliche Ausdrucksmöglichkeit weniger als die mechanische Zeichengebung eines Instruments. Wichtiger als ein Arm ist hier ein Hebel, mehr als ein Wink ein Signal, hier nützt nicht das Auge, sondern die Laterne, kein Schrei, sondern der heulende Pfiff des geöffneten Ventils, hier ist nicht die Leidenschaft allmächtig, sondern die Vorschrift, das Gesetz.

Wie eine kleine Spielzeugschachtel sieht jenes Häuschen aus, das dem Wächter, dem Menschen gehört. So geringfügig ist alles, was sich darin durch ihn, mit ihm abspielt, so nebensächlich, daß er Kinder zeugt und daß sie krank werden, daß er Kartoffeln gräbt und einen Hund füttert, daß seine Frau Dielen scheuert und Wäsche trocknet. Auch die großen Trauerspiele, die in seiner Seele stattfinden, verlieren sich hier, wie die Kleinigkeiten seines Alltags. Sein Ewig-Menschliches ist hindernde Zutat zu seinem Wichtig-Beruflichen.

Dürfen die kleinen Herzschläge noch vernehmbar bleiben, wo der dröhnende einer Welt betäubt? Man sehe in den klaren Nächten das Gleisdreieck, das von zehntausend Laternen durchsilberte Tal – es ist feierlich wie der gestirnte Nachthimmel: eingefangen darin, wie in der gläsernen Himmelskugel, sind Sehnsucht und Erfüllung. Es ist Etappe und Anfang, Introduktion einer schönen hörbaren Zukunftsmusik. Schienen gleiten schimmernd – langgezogene Bindestriche zwischen Land und Land. In ihren Molekülen hämmern die Klangwellen fern rollender Räder, an den Wegrändern sprießen Wächter in die Höhe, und Signale erblühen grün und leuchtend. Dampf entzischt geöffneten Ventilen, Hebel bewegen sich selbständig, das Wunderbare erfüllt sich dank einem mathematischen System, das verborgen bleibt.

So gewaltig sind die Ausmaße des neuen Lebens. Daß die neue Kunst, die es formen soll, den Ausdruck nicht finden kann, ist selbstverständlich. Diese Realität ist noch zu groß für eine ihr gemäße Wiedergabe. Dazu reicht keine ›getreue‹ Schilderung. Man müßte die gesteigerte und ideale Wirklichkeit dieser Welt empfinden, das platonische ›Eidolon‹ des Gleisdreiecks. Man müßte sich mit Inbrunst zu ihrer Grausamkeit bekennen, in ihren tödlichen Wirkungen die ›Ananke‹ sehen und viel lieber nach ihren Gesetzen untergehen wollen als nach den ›Humanen‹ der sentimentalen Welt glücklich werden.

So ein Gleisdreieck von machtvollen Dimensionen wird die zukünftige Welt sein. Die Erde hat mehrere Umformungen durchgemacht – nach natürlichen Gesetzen. Sie erlebt eine neue, nach konstruktiven, bewußten, aber nicht weniger elementaren Gesetzen. Trauer um die alten Formen, die vergehen – ähnlich dem Schmerz eines Antidiluvialwesens um das Verschwinden der prähistorischen Verhältnisse.

Schüchtern und verstaubt werden die zukünftigen Gräser zwischen metallenen Schwellen blühen. Die ›Landschaft‹ bekommt eine eiserne Maske.«

(Joseph Roth: »Bekenntnis zum Gleisdreieck«. Frankfurter Zeitung, 16. Juli 1924. In: Werke, Band 2, S. 218-221)

»Frankfurter Zeitung«

Roth wurde bald einer der bekanntesten Mitarbeiter der überregionalen »Frankfurter Zeitung«. Sie beschäftigte ihn zuerst als Feuilletonist in der Berliner Redaktion, sandte ihn nach Paris, dann als Reiseberichterstatter in verschiedene Länder Europas. Für diese Zeitung schrieb er von 1923 bis Ende 1932 – ausgenommen die Monate von August 1929 bis September 1930. Hier fand er eine solide ökonomische Lebensgrundlage, auch wenn er, da er nie so viel Geld verdiente, wie er ausgab, auf zusätzliche Buch- und andere Publikationen angewiesen blieb und zeitweise die journalistische Arbeit als Last betrachtete.

Seine Gesprächs- und ersten Verhandlungspartner bei der »Frankfurter Zeitung« waren Benno Reifenberg, von 1924 bis 1930 Leiter der Feuilleton-Redaktion, und sein Nachfolger Friedrich Traugott Gubler. Unter den Kollegen, die Roth schätzte, obwohl er sich über sie manchmal kritisch äußerte, waren Siegfried Kracauer und Bernard von Brentano.

Die persönliche Gesprächsbasis wirkte sich positiv aus. Der Vorgänger Reifenbergs, Rudolf Geck, druckte nur 17 Beiträge Roths im Jahr 1923 (der erste erschien am 23. Jänner). 1924 stieg die Zahl der Beiträge bereits auf 74. In den folgenden Jahren bis Sommer 1929 schrieb Roth fast ausschließlich für die »Frankfurter Zeitung«: zuerst meist Milieuschilderungen aus dem Berliner Alltag; dann als Korrespondent aus Frankreich; schließlich als Reiseberichterstatter.

Roth unterstrich immer wieder, besonders anläßlich seiner Auseinandersetzungen mit der Redaktion, daß ihm die »Frankfurter Zeitung« nicht unersetzlich sei. Dennoch bedeutete ihm ihr dominierender Status innerhalb der deutschen Presse als Trägerin und Verteidigerin einer »humanistischen Kultur« viel. Allerdings sei die Zeitung im Lauf der zwanziger Jahre, so warf er ihr mehrfach vor, immer weniger imstande gewesen, diese Position zu behaupten; sie habe statt dessen den reaktionären Tendenzen in der deutschen Innenpolitik nachgegeben.

Eine solche Entwicklung gab es zweifellos; sie verstärkte sich in Roths Bewußtsein da-

174

174 Joseph und Friedl Roth in Berlin. Fotografie, wahrscheinlich Jänner 1927.

175 Frankfurt / Main. Kaiserstraße, links das Hotel Englischer Hof, in dem Roth sich gerne aufhielt. Fotografie, um 1900.

durch, daß er die relative Einflußlosigkeit seiner Artikel oder einer anspruchsvollen Zeitung insgesamt erleben mußte – ausgehend von seinen sehr hochgesteckten Erwartungen.

Zu dieser allgemeinen Unzufriedenheit, die er parallel zur politischen und sozialen Entwicklung der jungen Republiken in Mitteleuropa empfand, kam Roths ständiger Verdacht, daß ihn die Zeitung als nicht bedeutend genug einschätze und daher seine Beiträge nicht entsprechend berücksichtige. Der Widerspruch zwischen anspruchsvollem Journalismus, wie er ihn verstand, und dem Massenbedarf der Zeitung, der einzelne Artikel rasch wieder vergessen läßt, löste in Roth Zweifel über den Wert der eigenen Arbeit aus; um so stärker wurde sein Wunsch, als Buchautor größere Wirkung und entsprechende Wertschätzung zu haben. Jedenfalls aber mußte er, auch wenn er sich unter Wert zu verkaufen meinte, die journalistische Arbeit weiter als notwendigen Teil seines Broterwerbs betreiben.

Roths energisches Selbstbewußtsein als Autor gewann aber jeweils dort die Oberhand, wo er sich seiner Qualitäten, seines Werts als Mitarbeiter bewußt war. Daher konnte er, als der Idealismus fürs erste abgebaut war, der Zeitung auch maximale Forderungen vorlegen. Reifenberg hatte die schwierige Rolle des Vermittlers einzunehmen zwischen Roths individualistischen Ausbruchsversuchen bzw. dem Druck, mit dem er sein Honorar zu erhöhen suchte, und der Verwaltung der Zeitung, die Eigenwilligkeit nur in einem bestimmten Maß tolerierte.

Als Roth 1925 eine Trennung von der »Frankfurter Zeitung« ankündigte, um nach Paris zu übersiedeln und sich vorwiegend der schriftstellerischen Arbeit widmen zu können, erreichte Reifenberg als Kompromiß, daß der Autor als Feuilleton-Berichterstatter aus Paris im Mitarbeiterstab der Zeitung blieb. Roth akzeptierte; Lebensform und Einkommenssituation, Prominenz als Journalist und Schriftsteller schienen miteinander vereinbar zu sein. Die Hoffnung, zum Pariser Korrespondenten ernannt zu werden, erfüllte sich jedoch nicht. Im Frühjahr 1926 wurde Friedrich Sieburg politischer und feuilletonistischer Korrespondent des Blattes in Paris.

Daß ihm Sieburg vorgezogen wurde, traf Roth tief. Indem er nun den Streit zu einer

175

Prestigesache machte und meinte, die Zeitung könne wohl ganz auf ihn verzichten, erreichte er zwar keine Rücknahme der Entscheidung, aber einen Achtungserfolg. Er forderte, diesmal erfolgreich, auf größere Auslandsreisen geschickt zu werden. Vom Spätsommer bis Dezember 1926 war Roth in der Sowjetunion, im Mai und Juni 1927 in Albanien und Jugoslawien. Von Mai bis Juli 1928 bereiste er Polen, im Oktober und November 1928 Italien.

Mag die Lebensweise des Nicht-seßhaft-Seins Roth zunächst auch gefallen haben und sein Ehrgeiz als prominenter Reiseberichterstatter befriedigt worden sein, so blieb ihm der Zwang, regelmäßig Artikel schreiben zu müssen, eine Last. Lieber arbeitete er an seinen Buchprojekten, so daß ihn die Redaktion gelegentlich an seine Verpflichtungen erinnern mußte.

Zensorische Eingriffe in seine Artikel – die Redaktion strich ganze Passagen in seinen Artikeln über den italienischen Faschismus – führten kurzfristig zur Trennung von der »Frankfurter Zeitung«. Roth nahm ein Angebot der nationalistischen »Münchner Neuesten Nachrichten« an, für viel Geld wenig zu schreiben. Vom 18. August 1929 bis 1. Mai 1930 veröffentlichte diese Zeitung 27 Artikel Roths; danach nahm er wieder Kontakt zu Reifenberg auf. Von Herbst 1930 bis Dezember 1932 war Roth wieder vornehmlich für die »Frankfurter Zeitung« tätig – mit Ausnahme der Serie »Kleine Reise« (Mai und Juni 1931), für die ihn die »Kölnische Zeitung« engagiert hatte.

176
177

176   Benno Reifenberg: Porträtskizze Joseph Roth. Undatierte Zeichnung.
Das Bild drücke Roths Konzentration, nicht seine Müdigkeit während einer Redaktionssitzung aus, versicherten Zeitgenossen.

177   Berlin. Potsdamer Straße 133. Die Berliner Redaktion der »Frankfurter Zeitung«. Undatierte Fotografie.
Mit der festen Anstellung bei der »Frankfurter Zeitung« war Roths Erfolg verbrieft, war er als Journalist arriviert.

178   Frankfurt / Main. Große Eschenheimer Straße 33-37, Gebäude der »Frankfurter Zeitung«. Fotografie, um 1890.

179   Benno Reifenberg (1892–1970). Fotografie: Wolfgang Haut, fünfziger Jahre.
Roths persönliches Vertrauensverhältnis zu Benno Reifenberg wurde bald zu einer echten Freundschaft, aus der sogar Roths Differenzen mit der Zeitung weitgehend ausgespart blieben. Als sich aber Reifenberg 1933 nicht kompromißlos gegen die Nationalsozialisten zeigte, beendete Roth die Beziehung.

180   Siegfried Kracauer (1889–1966). Fotografie, vierziger Jahre.
Seine Bücher über Jacques Offenbach, über den Film in Deutschland und über »Die Angestellten« machten Kracauer später bekannt. Von 1921 bis 1933 war auch er ein Mitarbeiter der Feuilleton-Redaktion der »Frankfurter Zeitung«, wo er ähnlich hohe qualitative Anforderungen an sich, aber auch an die Blattlinie stellte wie Roth. Kracauers Bandbreite war noch etwas umfassender als die Roths: Sie reichte von Alltagsbeobachtungen bis zur Wissenschaftskritik, von Literatur- und Filmkritiken bis zu Texten zur Sozialphilosophie. Seine literarische Charakteristik Roths formulierte er zu »Flucht ohne Ende« 1927:
»Kein Protest, der sich gegen die Zeit richtete, sondern eine Trauer, die feststellt.«
(»Frankfurter Zeitung«, Literaturblatt Nr. 48 vom 27. November 1927, S. 8).

181   Friedrich Sieburg. Fotografie, um 1930.
Sieburg wurde 1926 statt Roth Pariser Korrespondent der Frankfurter Zeitung.

Starjournalist 1923–1927: »Frankfurter Zeitung« 131

178/179
180/181

Joseph Roth: »Marseille«

»Ich sehe vor lauter Mastbäumen nicht das Meer. Es riecht im Hafen nicht nach Salz und Wind, sondern nach Terpentin. Öl schwimmt an der Oberfläche der See. Boote, Barken, Flöße, Fußböden sind so eng nebeneinandergepflastert, daß man trockenen Fußes durch den Hafen spazieren könnte, wäre nicht die Gefahr, in Essig, Öl und Seifenwasser zu ertrinken. Ist hier das unermeßliche Tor zu den unermeßlichen Meeren der Welt? Das ist vielmehr das unermeßliche Magazin für die Bedarfsartikel des europäischen Kontinents. Da sind Fässer, Kisten, Balken, Räder, Hebel, Bottiche, Leitern, Zangen, Hämmer, Säcke, Tücher, Zelte, Wagen, Pferde, Motoren, Autos, Gummischläuche. Da ist der berauschende kosmopolitische Gestank, der entsteht, wenn tausend Hektoliter Terpentin neben tausend Zentnern Heringen lagern; wenn Petroleum, Pfeffer, Tomaten, Essig, Sardinen, Juchten, Gutapercha, Zwiebeln, Salpeter, Spiritus, Säcke, Stiefelsohlen, Leinwand, Königstiger, Hyänen, Ziegen, Angorakatzen, Ochsen und Smyrnateppiche ihre warmen Dünste ausatmen; und wenn schließlich der klebrige, fette und lastende Rauch der Steinkohle alles Tote und Lebende umhüllt, alle Gerüche eint, alle Poren tränkt, die Luft sättigt, die Steine umflort und endlich so stark wird, daß er die Geräusche dämpfen kann, wie er längst schon das Licht gedämpft hat. Ich habe hier die Grenzenlosigkeit des Horizonts erwartet, die blaueste Bläue des Meeres und Salz und Sonne. Aber das Meer des Hafens besteht aus Spülwasser und riesenhaften graugrünen Fettaugen. Ich besteige einen der großen Passagierdampfer und hoffe, hier einen leisen Duft jener Fernen zu erhaschen, die das Schiff durchfahren hat. Aber hier riecht es wie zu Hause vor Ostern: nach Staub und gelüfteten Matratzen; nach Lack für die Türen; nach feuchter Wäsche und Stärke; nach angebrannten Speisen; nach geschlachtetem Schwein; nach gesäubertem Hühnersteig; nach Schmirgelpapier; nach einer gelben Pasta für Messing; nach einem Mittel für Ungeziefer; nach Naftalin; nach Bohnerwachs; nach Eingemachtem.

In dieser Stunde stehen mehr als siebenhundert Schiffe im Hafen. Das ist eine Stadt aus Schiffen. Die Bürgersteige bestehen aus Booten, und die Straßenmitten aus Flößen. Die Einwohner dieser Stadt tragen blaue Kittel, braune Gesichter und harte, große schwarzgraue Hände. Sie stehen auf Leitern, streichen die Rümpfe der Schiffe mit frischem braunen Lack an, tragen schwere Eimer, wälzen Fässer, sortieren Säcke, werfen eiserne Haken aus und angeln Kisten, drehen an Kurbeln und ziehen auf eisernen Rollen Waren in die Höhe, polieren, hobeln, säubern und verursachen neuen Mist. Ich möchte zurück in den alten Hafen, wo die romantischen Segelschiffe stehen und die knatternden Motorboote und wo man die frischen, triefenden Muscheln verkauft, das Stück zu dreißig Centimes. Ich habe ein Boot gemietet, aber wir können uns nicht bewegen. Unsere Ruder sind eingeklemmt wie die Arme eines Passagiers in einer überfüllten Straßenbahn. Wo immer wir uns auch hinwenden, wir stoßen an Holz, an Barken, an Fässer, an Ketten, an diese großen, klirrenden und rostigen Ketten, die in den modernen Meeren wachsen. Es ist keine Gefahr. Wir können nicht ertrinken. Auf diese dicke Ölschicht können wir uns auch ohne ein Boot wagen. Aber wir können erdrückt werden zwischen zwei hölzernen Bürgersteigen, die einander langsam, aber unerbittlich nahe kommen, um sich zu einem großen Holzplateau zusammenzuschließen. Also winken wir, obwohl uns niemand sieht, rufen wir, obwohl uns niemand hört, entgleiten wir diesem Chaos einer großartigen Ordnung und retten wir uns zu den Gefahren der offenen See und der wilden Wogen.

Ich habe hinter mir den eintönigen Gesang des Wassers, vor mir schon den bunten der Stadt und über mir eine große Wolke aus Lärm. Ich liebe den Lärm von Marseille, voran reiten die schweren Glocken der Türme, stürmen die heiseren Pfiffe der Dampfer, aus blauen Höhen tropft die Melodie der Vögel. Dann kommt der ganze Heerbann der Alltagsstimmen, die Rufe der Menschen, das Tuten der Gefährte, das Klirren der Geschirre, der Schall der Schritte, das Klopfen der Hufe, das Gebell der Hunde. Es ist ein Festzug der Geräusche. Langsam lösen sich aus dem Weiß des Stadtbilds die grauen Streifen der Gassen, das Zickzack gekrümmter und hastiger Trep-

pen, die Gestalten der Menschen, die bunten Wäschefahnen über der Straßenmitte, die braunen Bottiche vor den Türen, die schmalen Bänder rinnenden Schmutzes, die grauen Zelte der Straßenhändler, die dunklen Berge der Muscheln, die bunten Schilder der Läden, die goldenen Fenster, in denen die Sonne schwimmt und das samtene Grün der Bäume. Ich liebe die schöne, bewegte, müßige und zwecklose Geschäftigkeit in den Straßen. Die meisten Menschen gehen nicht ihren Pflichten nach, sondern neben den Pflichten. Der exotisch gekleidete Fremdling, von fernen Küsten hergetrieben, reiht sich in den Gewändern seiner Heimat dem bewegten Zug der Straße ein und fühlt sich wie zu Hause. Er ändert weder Tracht noch Schritt, noch Bewegung. Er schreitet wie auf eigenem Boden, er trägt die Heimat an den Sohlen. Nichts kann so exotisch sein, daß es Aufsehen erregte. Der Bürgersteig gehört der ganzen Welt, den Passagieren von siebenhundert Schiffen aus allen Ländern.

Hier kommen die Reiter aus Turkestan, in den breiten, an den Knöcheln gebündelten Hosen, welche die gekrümmten Beine verhüllen. Dann die kleinen chinesischen Matrosen in den schneeweißen Uniformen wie Knaben im Sonntagsanzug; die großen Kaufleute aus Smyrna und Konstantinopel, die so mächtig sind, als handelten sie nicht mit Teppichen, sondern mit Königreichen; die griechischen Händler, die ein Geschäft nicht zwischen vier Wänden abschließen können, sondern nur unter freiem Himmel, wie um Gott noch mehr herauszufordern; die kleinen Schiffsköche aus Indochina, auf leichten Füßen durch den Abend huschen sie, schnell und lautlos wie Nachttiere; die griechischen Priester mit den langen Bärten aus Hanf; die heimischen Mönche, die eigene Fülle vor sich hertragend wie eine fremde Last; die schwarzen Nonnen im bunten Gewühl, jede ein kleiner, versprengter Leichenzug; die weißen Zuckerbäcker, die kandierte Nüsse verkaufen, freundliche Gespenster des Mittags; die Bettler mit dem Brotsack und Wanderstab, die nicht Requisiten des Elends, sondern Insignien der Würde sind; die weisen algerischen Juden, groß, hager, stolz, wie schwankende Türme; die wandernden Schuhputzer, Knaben und erwachsene Männer, Vertreter eines blühenden Gewerbes und einer Kunst.

Ich glaube, man muß lange lernen, ehe man mit dieser mütterlichen Zärtlichkeit einen grünen Plüschlappen über die Stiefelkappe gleiten läßt und dem Leder alle Nuancen entlockt, vom tristen-feuchten Matt bis zur strahlendsten, schwärzesten Trockenheit. Mit leichtem Knall fliegt die Bürste aus der Rechten in die Linke. Die Blechdose mit der Pasta wirbelt wie ein Ball durch die Luft. Ihr Deckel springt automatisch ab und springt mit sanftem Klirren in die Utensilienkiste.

Und der Gast sitzt indessen hoch auf einem breiten, hölzernen Thron; und wenn nichts an ihm königlich ist, so werden es bald wenigstens die Stiefel sein ...«

(Joseph Roth: »Marseille«. Frankfurter Zeitung, 15. Oktober 1925. In: Werke, Band 2, S. 441-443)

182 Joseph Roth mit Korrespondenten in Paris. Fotografie, zweite Hälfte der zwanziger Jahre.

Frankreich

Als Roth Mitte Mai 1925 nach Paris übersiedelte, war er begeistert, glücklich, und beschrieb seinen neuen Wohnort in den leuchtendsten Farben. Paris empfand er als eine neue Heimat, er zog die Mentalität, die er hier vorfand, der engstirnigen, die ihn an vielen Deutschen störte, vor. Die offene, lockere Atmosphäre erlebte er als großen Kontrast zu Deutschland.

183   Joseph Roth vor einer Statue im Jardin du Luxembourg. Fotografie, Paris, 1925.

184   Joseph Roth an Benno Reifenberg, Brief vom 16. Mai 1925. Handschrift, S. 1, verkleinert.
Der Text lautet vollständig (Briefe, S. 45-46, anhand des Originals korrigiert):
»Paris, den 16. Mai, 1925.
Sehr verehrter Herr Reifenberg,
dieser Brief darf Sie nicht glauben lassen, ich wäre verrückt geworden vor Entzücken über Frankreich und Paris. Ich schreibe ihn in klarster Geistesgegenwart, im Vollbesitz meiner Skepsis und auf die Gefahr hin, eine ›Schmockerei‹ zu begehn, das Schlimmste, was mir passierten könnte. Es drängt mich, Ihnen ›persönlich‹ zu sagen, daß Paris die Hauptstadt der Welt ist und daß Sie hierher kommen müssen. Wer nicht hier war, ist nur ein halber Mensch und überhaupt kein Europäer. Es ist frei, weit, geistig im edelsten Sinn und ironisch im herrlichsten Pathos. Jeder Chauffeur ist geistreicher, als unsere Schriftsteller. Wir sind wirklich ein unglückliches Volk. Hier lächelt mich jeder an, alle Frauen, auch die ältesten liebe ich bis zum Antrag, ich könnte weinen, wenn ich über die Seine-Brücken gehe, zum ersten Mal bin ich erschüttert von Häusern und Straßen, mit allen bin ich heimisch, obwohl wir uns fortwährend mißversteh, wenn es um Reales geht und weil wir uns so herrlich versteh, wenn es um Nuancen geht. Wenn ich ein französischer Schriftsteller wäre, ich würde nichts drucken, alles vorlesen. Die Viehtreiber, mit denen ich frühstücke, sind vornehm und edel, mehr, als unsere Minister, der Patriotismus ist hier *berechtigt, der Nationalismus ist eine Kundgebung* europäischen *Gewissens, jede Ankündigung ist eine Dichtung, die Affichen des Magistrats sind so vollendet, wie unsere beste Prosa, die Kinoreklamen enthalten mehr Phantasie und Psychologie, als unsere modernen Romane, die Soldaten sind verspielte Kinder, die Polizisten amüsante Feuilletonisten. Es ist hier ein Fest ›gegen Hindenburg‹ faktisch, nicht nur bildlich, arrangiert, ›Guignol contra Hindenburg‹ heißt es, aber die ganze Stadt ist ein Protest gegen Hindenburg, Preußen, Stiefel, Knopf. Aber die Deutschen hier, Norddeutsche, meine ich, sind voller Haß gegen die Stadt, sehen nichts, fühlen nichts. Ich habe z. B. mit Palitzsch gestritten, der doch ein feiner Typ des Norddeutschen ist, und der meine Begeisterung nur aus meiner dichterischen Begabung heraus verstehen kann und sie entschuldigt.*
Er entschuldigt! Ich bin *ein Dichter! Die ›Objektivität‹ des Norddeutschen ist eine Vertuschung seiner Instinktlosigkeit, seiner Nase, die kein Riechorgan ist, sondern ein Schnupfenorgan. Meine ›Subjektivität‹ ist objektiv im höchsten Grade. Was ich rieche, wird er noch nach 10 Jahren nicht sehen.*
Ich bin sehr traurig. Denn zwischen gewissen Rassen gibt es keine Brücken, nie wird es zwischen Preußen und Frankreich eine Bindung geben. Ich sitze im Restaurant neben Deutschen, mich grüßt der Kellner, zu mir lächelt die Kellnerin, der Direktor, der Piccolo, sie behandelt man kühl, sachlich. Es geht von ihnen eine unerträgliche Steifheit aus, sie atmen nicht Luft aus, sondern Zäune und Mauern, dabei sprechen sie manchmal besser, als

Paris, den 16. Mai, 1925.

Sehr verehrter Herr Reifenberg,

dieser Brief darf Sie nicht glauben lassen, ich wäre verrückt geworden vor Entzücken über Frankreich und Paris. Ich schreibe ihn in klarer Frühstagsgegenwart, im Vollbesitz meiner Kräfte und auf die Gefahr hin, eine „Dummheit" zu begehen, das Schlimmste, was mir passieren könnte. Es drängt mich, Ihnen persönlich zu sagen, daß Paris die Hauptstadt der Welt ist und daß Sie hierherkommen müssen. Wer hier war, ist nur ein halber Mensch und überhaupt kein Europäer. Es ist frei, geistig im edelsten Sinn und ironisch im herrlichsten Pathos. Jeder Chauffeur ist geistreicher als unsere Schriftsteller. Wir sind wirklich ein unglückliches Volk. Hier lächelt mich jeder an, alle Frauen, auch die ältesten liebe ich bis zum Anfang, ich könnte weinen, wenn ich über die Seinebrücken gehe, zum ersten Mal bin ich erschüttert von Häusern und Straßen, mit allen bin ich familiär, obzwar sie mich fortwährend mißverstehn, wenn ich ihr Reales rede und weil sie mich so barock verstehn, wenn ich ihr Nuancen rede. Wenn ich ein französischer Schriftsteller wäre, ich würde nichts drucken, alles vorlesen. Die Wegarbeiter, mit denen ich frühstückte, sind vornehm und edel, nicht, als unsere Minister, der Patriotismus ist hier berechtigt, die Nationalmusik ist eine Kundgebung europäischen Geistes, jede Ankündigung ist ein Dichtung, die Affichen des Magistrats sind so vollendet, wie unsere beste Prosa, die Kinoreklamen enthalten mehr Phantasie und Psychologie, als unsere modernen Romane, die Polizisten sind verspielte Kinder, die Polizisten amüsante Feuilletonisten. Ich bin hier ein Fest, gegen Hindenburg faktisch, nicht nur bildlich, arrangiert, zumal von der Hindenburg-Hipp els, aber die ganze Stadt ist ein Protest gegen Hindenburg, Preußen, Stiefel, Knöpf. Aber die Deutschen hier, Norddeutsche, meine ich, sind voller Haß gegen sie hier, sehen nichts, fühlen nichts. Ich habe z.B. mit Pallisch geritten, der doch ein reiner Typ des Norddeutschen ist und der meine Begeisterung nur aus meiner dichterischen Begabung heraus verstehen kann und sie entschuldigt. Er entschuldigt! Ich bin ein Dichter! Die Objektivität des Norddeutschen ist eine Verstopfung seiner Instinktloseigkeit, seiner Nase, die kein Riechorgan ist, sondern ein Schnauborgan. Meine u. Subjektivität ist objektiv im höchsten Grade. Was ich sehe, wird er noch nach 10 Jahren nicht sehen.

Ich bin sehr traurig. Denn zwischen unserer Rasse gibt es keine Brücken, wie wird es zwischen Preußen und Frankreich eine Brücke geben. Ich sitze im Restaurant neben Deutschen, mich grüßt der Kellner, zu mir lächelt die Kellnerin, der Diener, der Piccolo, sie behandeln mich höfl. sachlich. Es geht von ihnen eine Ansteckung. Ich stelle sich aus, sie atmen nicht bloß aus, sondern Zähne und Manieren, dabei sprechen sie manchmal besser, als ich. Woher kommt es? Es ist wegen der Schönheit des Stiles und des Katholizismus. Paris ist katholisch im weltlichsten Sinn dieser Religion, zugleich europäischer Ausdruck des allmächtigen Judentums.

Sie müssen hier her kommen!

Ich habe es Ihnen zu verdanken, daß ich nach Frankreich durfte und werde es Ihnen nie vergessen. Ich fahre in den nächsten Tagen in die Provinz, und streite noch, wo sich die Schafherde gelagert hat und der Hintergrund bietet für das Gebet der Betrachtung.

Meine Frau bleibt vorläufig hier, sie ist krank, ich bitte, es ist traurig. Ich bitte, alles an sie zu schreiben.

Fried. Roth, Place de l'Odeon, Hotel de la Place de l'Odeon

fürchterlich billig: 10 fr. ein gutes Essen 15 fr. Quartier! Paris

Gleichzeitig schreibe ich an den Verlag ein Rest Honorar und ich bitte *ich. Woher kommt es? Es ist doch die Stimme des Blutes und des Katholizismus. Paris ist katholisch im weltlichsten Sinn dieser Religion, zugleich europäischer Ausdruck des allseitigen Judentums.*

Sie müssen hie[r] her kommen!

Ich habe es Ihnen zu verdanken, daß ich nach Frankreich durfte und werde es Ihnen nie vergessen. Ich fahre in den nächsten Tagen in die Provinz, und schreibe erst, bis sich die Ekstase gelegt hat und den Untergrund bildet für das Gebäude der Beschreibung.

Meine Frau bleibt vorläufig hier, sie ist krank, ich fürchte, es ist Lunge. Ich bitte, alles an sie zu schreiben

Friedl Roth, Place de l'Odeon, Hotel de la Place de l'Odeon

Paris.

Furchtbar billig: 10 fr. ein gutes Essen 15 fr. Quartier!

Gleichzeitig schreibe ich an den Verlag um Resthonorar und ich bitte Sie, die Kasse daran zu erinnern.

Ich grüße Sie herzlich und küsse Ihrer Frau die Hände,

Ihr
Joseph Roth.«

185 186

185 Paris VI. Café Voltaire, 1, Place de l'Odéon, links das (heute nicht mehr vorhandene) Denkmal von Emile Augier. Fotografie von Eugène Atget, 1910.
Das Hôtel de l'Odéon befand sich am westlichen Rand des Platzes, links hinter der Kamera.

Die im folgenden abgebildeten Fotos wurden im September 1925 auf der Place de l'Odéon aufgenommen.

186-187 Joseph Roth. Fotografien.

188 Dr. Joseph Brojdy und Joseph Roth. Fotografie.
Brojdy war ein etwas älterer Schulkollege und Freund Roths.

189 Friedl Roth. Fotografie.

187
188/189

Starjournalist 1923–1927: Frankreich 137

Friedl und Joseph Roth machten immer wieder mit Freunden und Besuchern Fotorunden im Jardin du Luxembourg, nur wenige Schritte von der Place de l'Odéon entfernt.

190 Joseph Roth und Heinrich Wagner im Jardin du Luxembourg, Paris. Fotografie, 1925.
Heinrich Wagner, dessen Lebensdaten nicht bekannt sind, war ein älterer Schulkollege und naher Freund Joseph Roths; er kannte auch Friedl gut. Wagner stammte aus Brody und lebte später teils in Paris, teils in Palästina.

191 Friedl Roth im Jardin du Luxembourg, Paris. Fotografie, Juni 1926.

192 Bernard von Brentano und Joseph Roth im Jardin du Luxembourg, Paris. Fotografie, 1925 oder 1926.
Auf Roths Empfehlung kam Brentano (1901 bis 1964) 1925 in die Berliner Redaktion der »Frankfurter Zeitung«.

193 Joseph und Friedl Roth, vermutlich in Frankreich. Undatierte Fotografie.

192
193

194 Paris VI. Rue de Tournon. Blick nach Süden zum Palais du Luxembourg (Senat). Fotografie, 1938.
In dieser Straße befanden sich jene beiden Hotels, in denen Joseph Roth häufig und gerne wohnte. In den zwanziger Jahren entdeckte er zuerst das »Helvetia« (Nr. 23), dann das »Foyot« (Nr. 33, beide an der linken Straßenseite). Obwohl Roth zwischendurch immer wieder andere Hotels frequentierte, blieb sein Pariser Wohnsitz in den dreißiger Jahren zumeist das »Foyot«.

195 Joseph Roth in einem Pariser Café. Fotografie, um 1925.

196 Paris I. 161, Rue de Saint-Honoré. Le Café de la Régence. Undatierte Fotografie.
Auch in Frankreich schätzte Roth den Aufenthalt in Cafés. Das »Régence« war einer seiner bevorzugten Treffpunkte mit Freunden und Bekannten in den zwanziger Jahren.

195

196

Roth dehnte seine Liebe zu Paris auf ganz Frankreich aus. Er unternahm mit Begeisterung große und kleine Reisen, um für seine Reportagen zu recherchieren. Besuche seiner Freunde und Bekannten waren willkommene Anlässe für Ausflüge.

197 »Joseph Roth, April 1926. Zerstörtes Gebiet Frankreichs.« Zeitgenössisch handschriftlich bezeichnete Fotografie.
Die Fahrt, auf der diese Aufnahme Roths vor einem Gutshof gemacht wurde, mag mit dem Artikel »St. Quentin, Perronne, die Maisonette« in der »Frankfurter Zeitung« vom 2. Mai 1926 (Werke 2, S. 559-564) in Zusammenhang stehen (wenn auch dort vom Eindruck sehr gründlicher Zerstörung aus dem Krieg 1914/1918 die Rede ist, während das Gebäude im Hintergrund dieser Fotografie gut erhalten wirkt).

198 Friedl und Joseph Roth mit Frau Dr. Klein in der Wiese vor dem Schloß Chantilly, Frankreich. Fotografie, Juni 1926.
(Die Bezeichnung folgt der Beschriftung des Fotos; Frau Dr. Klein ist sonst nicht bekannt.)

199 Joseph Roth: »Im mittäglichen Frankreich. Marseille«. In: Frankfurter Zeitung, Nr. 770, Abendblatt vom 15. Oktober 1925, S. 1.
Die Serie erschien in der »Frankfurter Zeitung« vom 8. September bis zum 4. November 1925. Dem gleichen Themenbereich, Südfrankreich, hat Joseph Roth unter dem Titel »Die weißen Städte« weitere Texte gewidmet. Er wollte sie im Verlag der »Frankfurter Zeitung«, dem Societätsverlag, als Buch herausbringen. Das von Roth eigenhändig korrigierte Typoskript blieb zu seinen Lebzeiten unveröffentlicht und wurde erst 1981 publiziert.

Im mittäglichen Frankreich.

Marseille.

Ich sehe vor lauter Mastbäumen nicht das Meer. Es riecht im Hafen nicht nach Salz und Wind, sondern nach Terpentin, Oel schwimmt an der Oberfläche der See. Boote, Barken, Flöße, Fußböden sind so eng nebeneinander gepflastert, daß man trockenen Fußes durch den Hafen spazieren könnte, wäre nicht die Gefahr, in Essig, Oel und Seifenwasser zu ertrinken. Ist hier das unermeßliche Tor zu den unermeßlichen Meeren der Welt? Das ist vielmehr das unermeßliche Magazin für die Bedarfsartikel des europäischen Kontinents. Da sind Fässer, Kisten, Balken, Räder, Hebel, Bottiche, Leitern, Zangen, Hämmer, Säcke, Tücher, Zelte, Wagen, Pferde, Motore, Autos, Gummischläuche. Da ist der berauschende kosmopolitische Gestank, der entsteht, wenn tausend Hektoliter Terpentin neben tausend Zentnern Häringen lagern; wenn Petroleum, Pfeffer, Tomaten, Essig, Sardinen, Juchten, Guttapercha, Zwiebeln, Salpeter, Spiritus, Säcke, Stiefelsohlen, Leinwand, Königstiger, Hyänen, Ziegen, Angorakatzen, Ochsen und Smyrnateppiche ihre warmen Dünste ausatmen; und wenn schließlich der klebrige, fette und lastende Rauch der Steinkohle alles Tote und Lebende umhüllt, alle Gerüche eint, alle Poren tränkt, die Luft sättigt, die Steine umflort, und endlich so stark wird, daß er die Geräusche dämpfen kann, wie er längst schon das Licht gedämpft hat. Ich habe die Grenzenlosigkeit des Horizonts erwartet, die blaueste Bläue des Meeres und Salz und Sonne. Aber das Meer des Hafens besteht aus Spülwasser mit riesenhaften graugrünen Fettaugen. Ich besteige einen der großen Passagierdampfer und suche, hier einen leisen Duft jener Fernen zu erhaschen, die das Schiff durchfahren hat. Aber hier riecht es, wie zu Hause, vor Ostern: nach Staub und gelüfteten Matratzen; nach Lack für die Türen; nach feuchter Wäsche und Stärke; nach angebrannten Speisen; nach geschlachtetem Schwein; nach gesäubertem Hühnersteig; nach Schmirgelpapier; nach einer gelben Pasta für Messing; nach einem Mittel gegen Ungeziefer; nach Kastalin; nach Bohnerwachs; nach Eingemachtem.

In dieser Stunde stehen mehr als siebenhundert Schiffe im Hafen. Das ist eine Stadt aus Schiffen. Die Bürgersteige bestehen aus Booten und die Straßenmitten aus Flößen. Die Einwohner dieser Stadt tragen blaue Kittel, braune Gesichter und harte, große, schwarzgraue Hände. Sie stehen auf Leitern, streichen die Rümpfe der Schiffe mit frischem braunen Lack an, tragen schwere Eimer, wälzen Fässer, sortieren Säcke, werfen eiserne Haken aus und angeln Kisten, drehen an Kurbeln und ziehen auf eisernen Rollen Waren in die Höhe, polieren, hobeln, säubern und verursachen neuen Mist. Ich möchte zurück in den alten Hafen, wo die romantischen Segelschiffe stehen und die knatternden Motorboote und wo man die frischen, triefenden Muscheln verkauft, das Stück zu dreißig Centimes.

Ich habe ein Boot gemietet, aber wir können uns nicht bewegen. Unsere Ruder sind eingeklemmt wie die Arme eines Passagiers in einer überfüllten Straßenbahn. Wo immer wir uns auch hinwenden, wir stoßen an Holz, an Barken, an Fässer, an Ketten, an diese großen, klirrenden, rostigen Ketten, die in den modernen Meeren wachsen. Es ist keine Gefahr. Wir können nicht ertrinken. Auf diese dicke Oelschicht können wir uns auch ohne ein Boot wagen. Aber wir könnten erdrückt werden zwischen zwei hölzernen Bürgersteigen, die einander langsam aber unerbittlich nahekommen, um sich zu einem großen Holzplateau zusammenzuschließen. Also winken wir, obwohl uns niemand sieht, rufen wir, obwohl uns niemand hört, entgleiten wir diesem Chaos einer großartigen Ordnung und retten wir uns zu den Gefahren der offenen See und der wilden Wogen.

Ich habe hinter mir den eintönigen Gesang des Wassers, vor mir schon den bunten der Stadt und über mir eine große Wolke aus Lärm.

Ich liebe den Lärm von Marseille. Voran reiten die schweren Glocken der Türme, stürmen die heiseren Pfiffe der Dampfer und aus blauen Höhen tropft die Melodie der Vögel. Dann kommt der ganze Heerbann der Alltagsstimmen, die Rufe der Menschen, das Tuten der Gefährte, das Klirren der Geschirre, der Schall der Schritte, das Klopfen der Hufe, das Gebell der Hunde. Es ist ein Festzug der Geräusche.

Langsam lösen sich aus dem Weiß des Stadtbilds die grauen Streifen der Gassen, das Zickzack gekrümmter und hastiger Treppen, die Gestalten der Menschen, die bunten Wäschefahnen über der Straßenmitte, die braunen Bottiche vor den Türen, die schmalen Bänder rinnenden Schmutzes, die grauen Zelte der Straßenhändler, die dunklen Berge der Muscheln, die bunten Schilder der Läden, die goldenen Fenster, in denen die Sonne schwimmt und das samtene Grün der Bäume.

Ich liebe die schöne, bewegte, müßige und zwecklose Geschäftigkeit in den Straßen. Die meisten Menschen gehen nicht ihren Pflichten nach, sondern neben den Pflichten. Der exotisch gekleidete Fremdling, von fernen Küsten hergetrieben, reiht sich in den Gewändern seiner Heimat dem bewegten Zug der Straße ein und fühlt sich wie zu Hause. Er ändert weder Tracht, noch Schritt, noch Bewegung. Er schreitet wie auf eigenem Boden, er trägt die Heimat an den Sohlen. Nichts kann so exotisch sein, daß es Aufsehen erregte. Der Bürgersteig gehört der ganzen Welt, den Passagieren von siebenhundert Schiffen aus allen Ländern.

Hier kommen die Reiter aus Turkestan in den breiten, an den Knöcheln gebündelten Hosen, welche die gekrümmten Beine verhüllen. Dann die kleinen chinesischen Matrosen in den schneeweißen Uniformen, wie Knaben im Sonntagsanzug; die großen Kaufleute aus Smyrna und Konstantinopel, die so mächtig sind, als handelten sie nicht mit Teppichen, sondern mit Königreichen; die griechischen Händler, die ein Geschäft nicht zwischen vier Wänden abschließen können, sondern nur unter freiem Himmel, wie um Gott noch mehr herauszufordern; die kleinen Schiffsstöcke aus Indochina, auf leichten Füßen durch den Abend huschen sie, schnell und lautlos, wie Nachttiere; die griechischen Priester mit den langen Bärten aus Hanf; die heimischen Mönche, die eigene Fülle vor sich hertragend wie eine fremde Last; die schwarzen Nonnen im bunten Gewühl, jede ein kleiner, versprengter Leichenzug; die weißen Zuckerbäcker, die kandierte Nüsse verkaufen, freundliche Gespenster des Mittags; die Bettler mit dem Brotsack und Wanderstab, die nicht Requisiten des Elends, sondern Insignien der Würde sind; die weißen algerischen Juden, groß, hager, stolz, wie schwankende Türme; die wandernden Schuhputzer, Knaben und erwachsene Männer, Vertreter eines blühenden Gewerbes und einer Kunst.

Ich glaube, man muß lange lernen, ehe man mit dieser mütterlichen Zärtlichkeit einen grünen Plüschlappen über die Stiefelkappe gleiten läßt und dem Leder alle Nuancen entlockt, vom tristen-feuchten Matt bis zur strahlendsten schwärzesten Trockenheit. Mit leisem Knall fliegt die Bürste aus der Rechten in die Linke. Die Blechdose mit der Pasta wirbelt wie ein Ball durch die Luft. Ihr Deckel springt automatisch ab und fällt mit sanftem Klirren in die Utensilienkiste.

Und der Gast sitzt indessen hoch auf einem breiten, hölzernen Thron; und wenn nichts an ihm königlich ist, so werden es bald wenigstens die Stiefel sein . . .   Joseph Roth.

= [**Shylock in Badekostüm.**] Aus London wird uns geschrieben: Der große Erfolg der Hamlet-Aufführung in Knickerbockers und Smoking läßt anscheinend die englischen Theatermanager nicht zur Ruhe kommen. So wird dieser Tage bereits von der Leitung einer Londoner Revuebühne verkündet, daß sie in nächster Zeit einen „Shylock in Badekostüm" aufführen werde, wobei nicht nur der äußere Rahmen der Handlung, sondern auch diese selbst einer zeitgemäßen Neuerung unterzogen werden soll. „Wenn man schon", meint der betreffende Theatermann, „das Shakespeare-Theater revolutionieren will, dann darf man dies nicht mit halben Maßregeln tun, indem man bloß das Kostüm der Gegenwart anpaßt. Ich lasse Shylock, der Inhaber einer mächtigen Privatbank in Venedig ist, deshalb im Badekostüm auftreten weil das Stück in der Aufführung des Jahres 1925 natürlich den Lido von heute zum Hintergrunde haben wird, wie auch Shylocks Tochter höchst zeitgemäß durch einen Nebentrakt des Grand Hotel in die Bar gelangen wird, von wo dann die eigentliche Flucht erst per Auto an den Strand und dann weiter mittels Flugzeug erfolgen wird, dessen charakteristisches Motorengeräusch den alten Shylock in der Seeloge aufhorchen läßt. Sein Schreckensgeschrei inmitten der Dancing-Gesellschaft verspricht eine sehr effektvolle Theaterszene zu werden." An Details wäre noch zu erwähnen, daß der kreditbedürftige Antonio als Direktor einer Aktiengesellschaft eingeführt wird und Porzia als Motorradfahrerin auf der Szene erscheint. Im ganzen und großen wird das Stück ziemlich bewußt als Burleske gespielt werden, wobei sich die Bearbeiter darauf berufen, daß auch Shakespeare den „Kaufmann von Venedig" als Lustspiel bezeichnet hat. Einigermaßen kritisch zu diesen etwas sonderbaren Shakespeare-Erneuerungen verhält sich der Theaterreferent der „Times", der bemerkt, daß die Neu-Inszenierer nur im Grunde denselben Theatereffekt erzielen wie Offenbach, der in umgekehrter historischer Reihe Gegenwartsmenschen als griechische Sagengestalten auf die Bühne stellte. (Der Herr Referent der „Times" hat Recht. D. Red.)   Dr. E.

= [**Gedicht.**]

Laß mit einem letzten Blick,
Welt dich noch einmal umfassen!
Muß ich dann erblassen,
Ist mein Atem dann verhaucht:
Wird der letzte Liebestraum
Ueber einem dunkeln Leben
— dann in süßes Licht getaucht
Um mein Sterben schweben.
Und in ruhigem Vertraun
Wird des Todes Grabgeraun
Mir zu sanftem Glücke.

= [**Frankfurter Schauspielhaus.**] Aus der stilvollen und vom Publikum energisch beklatschten Aufführung von Shakespeares „Wie es euch gefällt" ragt als wahrhaft individuelle Leistung zuallererst diejenige Ludwig Sieverts hervor; also weder die an sich geschmackvoll und ausgleichend dirigierende Regie Heinz Hilperts noch irre der schauspielerischen Verkörperungen — sondern das Bühnenbild. Sievert schuf aus bunten Lappen einen märchenhaften Ardennenwald, der über schlägende Schloßtreppen und seidene Liebespaare seine friedliche, christbäumliche Frauen hängen ließ. Licht- und Kostümfarben wurden gemischt zur Tonalität eines Watteau: glitzerig und doch mit grell- die Farbenorgie am Rock des Monsieur Jacques, die Glanz-Kaskaden an den Krinolinen von Celia und Rosalinde; das unendliche Grün und Grau und Rot des weiblichen Pagen mit dem blonden Kopf Daub; die Farbe des hübschen Amiens Herrn Jeßls; dann den Gesamtton etwas überschlagend das scharlachrote Schenkel Herzog Friedrich; von Spanien in wilder Maske ins Fabulose dämo-

200 Friedl Roth in Marseille. Fotografie, aufgenommen vermutlich von Joseph Roth, August 1925.

Der ökonomischen Not gehorchend, berichtete Roth weiter für die »Frankfurter Zeitung«, obwohl er sich lieber als Romanautor sehen wollte; er sollte literarische Reiseberichte schreiben. Manche wurden in der »Frankfurter Zeitung« nicht abgedruckt, weil sie zu unverhohlen französische Eigenschaften priesen oder anderswie ungeeignet erschienen. Selbst von den Berichten aus Südfrankreich wurde nicht alles gedruckt, was ernste Konflikte zwischen Roth und der Feuilletonredaktion auslöste.

201 Joseph Roth auf einer Parkbank. Fotografie, vermutlich in Südfrankreich im Spätsommer 1925.

202 Marseille. Quai de la Fraternité mit dem Hôtel Beauvau. Undatierte Fotografie.

203 Marseille. Gäßchen in der Altstadt. Fotografie: R. Koller, 1928.

Joseph Roth wohnte und arbeitete gerne in Marseille. Wiederholt kam er in den zwanziger und dreißiger Jahren in die betriebsame Stadt. Zumeist wohnte er im »Hôtel Beauvau« am alten Hafen.

201
202
203

»*Ich gehe heute in den alten Hafen für die Nacht. Da ist die Welt, in der ich eigentlich zu Hause bin. Meine Urväter mütterlicherseits leben dort. Alle verwandt. Jeder Zwiebelhändler mein Onkel.*«

(Joseph Roth an Bernard von Brentano, Brief vom 22. Oktober 1925. In: Briefe, S. 57)

204 Marseille. Stand mit Muschel- und Austernverkauf. Fotografie: R. Koller, 1928.

205 Marseille. Rue de Rome. Fotografie: Karl König, 1930.

206-207 Marseille. Blick über den alten Hafen mit dem »pont transbordeur«. Fotografien, vermutlich von Joseph oder Friedl Roth aufgenommen, um 1925.

Das unmittelbare Erleben von Toleranz und Lebenskultur ließ Roth Marseille als ein vitales Gegenbild von Enge und Nationalismus erscheinen: »Greifbar, sichtbar, körperlich und nahe ereignet sich in jeder Stunde die große unaufhörliche Blutmischung der Völker und Rassen. [...] Das ist nicht mehr Frankreich. Das ist Europa, Asien, Afrika, Amerika. Das ist weiß, schwarz, rot und gelb. Jeder trägt seine Heimat an der Sohle und führt an seinem Fuß die Heimat nach Marseille.«

(Joseph Roth: »Die weißen Städte. Marseille«. In: Werke, Band 2, S. 499)

Starjournalist 1923–1927: Frankreich 147

206
207

208   Joseph Roth in albanischer Tracht während der Reise in Albanien. Fotografie, 1927.

Reisereportagen

Die meisten seiner berühmten Reiseberichte verfaßte Roth in der zweiten Hälfte der zwanziger Jahre im Auftrag der »Frankfurter Zeitung«. Er wurde für diese Beiträge hervorragend bezahlt. Die Buchausgaben allerdings, die er aus einigen Serien machen wollte, scheiterten an wirtschaftlichen Überlegungen des Verlags und an Roths Differenzen mit der Redaktion.

Aus dem Konflikt um seinen Pariser Posten im Jahr 1926 hatte Roth interessante und prestigeträchtige Reportageaufträge und ein interessantes Arbeitsgebiet gewinnen können. Er wollte, jedenfalls vordergründig, weniger über die politischen Veränderungen berichten als über deren gesellschaftliche Folgen, die er kritisch zu betrachten beabsichtigte.
Die Serie »Reise nach Rußland« erschien von September 1926 bis Jänner 1927 in 17 Beiträgen. Ihr folgte im Frühjahr 1927 eine Reise durch Albanien und Jugoslawien, von Juni bis November 1928 druckte die »Frankfurter Zeitung« Roths »Briefe aus Polen« und einige Artikel über das faschistische Italien.

Neben diesen Berichten aus dem Ausland stehen die mindestens ebenso wichtigen Reiseberichte aus Deutschland – zeigen sie doch Roth als ungemein hellsichtigen Warner, als Diagnostiker der Schwäche der Weimarer Republik. Nach frühen Beiträgen über deutsche Verhältnisse, die Roth in den Jahren 1924 und 1925 für verschiedene Blätter verfaßt hatte, stehen diese unter dem Pseudonym »Cuneus« in der »Frankfurter Zeitung« 1927 erschienenen »Briefe aus Deutschland« als exemplarische Beispiele der vergeblichen antifaschistischen Warnungen vor der gewaltig herangewachsenen Rechtsbewegung.

Die wichtigste Fahrt war jene in die Sowjetunion; sie war die längste und erlebnisreichste, sie führte ihn am weitesten. Hier erlebte Roth brisante Konfrontationen zwischen dem theoretisch-ideologischen Idealbild und den unterschiedlichen Verhaltensweisen der Bevölkerung. Er diskutierte mit vielen Menschen und verarbeitete seine Eindrücke in der Folge mit objektiver Klarheit.

209-210 Bescheinigung des Volkskommissariats für auswärtige Angelegenheiten, Moskau, am 23. August 1926. Vorderseite und ein Teil der Rückseite.

Der Text lautet, aus dem Russischen übersetzt:
»Bescheinigung, daß der deutsche Staatsbürger Joseph Roth in der Abteilung für Presse und Information des Volkskommissariats für auswärtige Angelegenheiten als Korrespondent ordnungsgemäß registriert ist.
Gez. Schubin, Stellvertretender Leiter.
Minlos, Referent.«
Auf der Rückseite des Dokuments befinden sich Preisnotizen Roths und eine Karikatur.

210
209

211 Moskau / Moskva, Sowjetunion, heute Rußland. Blick vom Historischen Museum zum Roten Platz und zur Basilius-Kathedrale. Fotografie, um 1930.

Die Reise durch die Sowjetunion dauerte fünf Monate, von August bis Dezember 1926. Roth besuchte eine Reihe von Städten und Landschaften; über die einzelnen Stationen ist jedoch nur wenig bekannt: Er war u. a. in Minsk, Astrachan, Baku, Tiflis, Jalta, Odessa, Kiew, Charkow, Moskau und Leningrad.
Neben den Artikeln für die »Frankfurter Zeitung«, wenigen Briefen und einem Vortragsmanuskript zeugen ein fragmentarisches Tagebuch und Notizen von den Erlebnissen dieser Reise. Das Tagebuch beleuchtet Roths Eindrücke von Städten und Regionen, von Gesprächen und Menschen sowie seine Arbeitssituation (Reportagen, Roman); ebenso die egozentrische Fernbeziehung zu seiner Frau.

212 Joseph Roth: Aufzeichnungen während der Fahrt in die Sowjetunion, 1926. Handschrift. Blatt 12. Gegenüber dem Originalformat vergrößert.
Der Text lautet (Werke, Band 2, S. 1018):
»Wenn ich ein Buch über Rußland schreiben würde, so müßte es die erloschene Revolution darstellen, einen Brand, der ausglüht, glimmende Überreste und sehr viel Feuerwehr. Ich müßte zuerst beschreiben:

1.) Meinungen über Rußland, bevor ich fuhr, die bürgerliche Welt und die Untergangsstimmung, in der der Westen lebt.

2.) Moskau, der Lärm, den die Reformen machen, die geräuschvollen Formen, die jede Masse verursacht, der Optimismus der äußeren Erscheinungen, leise Krisenstimmung, wenn ein langer Feiertag aus ist.

3.) Die Provinz – deutliche Krise, Einteilung der Menschen in Optimisten, Skeptiker, Begeisterte, Neutral-Skeptische und ausgesprochene Gegner

4.) Scharfes Kapitel gegen den Materialismus und Erläuterung, weshalb er hier möglich ist, aus Heiden direkt ›Darwinisten‹.

5.) Der gläubige und ahnungslose Idealismus der sympathischen Menschen. Die Gläubigkeit, die streitbare, der Unsympathischen.

6.) Die ewigen Knechte – Halbproletarier

7.) Der Amerikanismus, Religion der Maschinen.

8.) Die Frauen und die Jugend, Auflösung der Familie

9.) Die Straßen, Theater, Kultur, Kino. Litteratur

10.) Fragen: was soll werden? Wohin gehn wir selbst? Ist der Marxismus möglich? Ist Amerika die Zukunft? Ist noch eine Revolution nötig und denkbar?«
Die hier skizzierte Gliederung entspricht weitgehend der Struktur der einzelnen Berichte, die in der Serie »Reise nach Rußland« in der »Frankfurter Zeitung« erschienen.
Auch hier erwog Roth, seine Berichte in Buchform gesammelt zu publizieren. Er war überzeugt, ohne ideologische Scheuklappen zu beobachten und präziser, objektiver, kenntnisreicher beschreiben zu können als die Schriftstellerkollegen, die jüngst vor ihm ähnliche Reisen unternommen hatten – wie Egon Erwin Kisch und Ernst Toller.

/2

Wenn ich ein Buch über Rußland schreiben würde, so müßte es die russische Revolution darstellen, einen Brand, der ausglüht, glimmende Überreste und sehr viel Feuerwehr. Ich müßte zuerst beschreiben:

1.) Meinungen über Rußland, bevor ich hinfuhr, die bürgerliche Welt und die Untergangsstimmung, über der Westen lebt.

2.) Moskau, der Lärm, den die Reformen machen, die geräuschvollen Bauten, die jede Reform unterjagt, der Optimismus der äußeren Erscheinungen, leise Kriegsstimmung, wenn ein langer Feiertag aus ist.

3.) Die Provinz – Rußlands Kern, Einteilung der Menschen in Optimisten, Skeptiker, Begeisterte, Neutral-Skeptische und ausgesprochene Gegner

4.) Scharfes Kapitel gegen den Materialismus und Erklärung, weshalb er hier möglich ist, aus Gründen des „Darwinistischen".

5.) Der gläubige und ahnungslose Idealismus der hiesigen Menschen. Die Gläubigkeit, die primitive, der Unhypothetischen.

6.) Die einzigen Künste – Halbproletarier

7.) Der Amerikanismus, Religion der Maschinen.

8.) Die Frauen und die Jugend, Auflösung der Familie

9.) Die Presse, Theater, Kultur, Kino, Litteratur

10.) Fragen: Was soll werden? Wohin gehn wir selbst? Ist der Marxismus möglich? Ist Amerika die Zukunft? Ist noch eine Revolution nötig und die aber?

213 Moskau. Markt. Fotografie von Margot und Kurt Lubinski, zweite Hälfte der zwanziger Jahre.

214 Moskau. Bau eines Wohnkomplexes. Fotografie, zweite Hälfte der zwanziger Jahre.

215 Odessa. Sowjetunion, heute Ukraine. Puschkinstraße. Fotografie, um 1916.

216 Baku. Sowjetunion, heute Aserbeidschan. Die elektrische Bahnlinie, die die Wohnsiedlungen mit den Erdölfeldern verbindet. Fotografie, um 1930.

215
216

»Juden auf Wanderschaft«

Joseph Roth: »Juden auf Wanderschaft«

»Dieses Buch verzichtet auf den Beifall und die Zustimmung, aber auch auf den Widerspruch und sogar die Kritik derjenigen, welche die Ostjuden mißachten, verachten, hassen und verfolgen. Es wendet sich nicht an jene Westeuropäer, die aus der Tatsache, daß sie bei Lift und Wasserklosett aufgewachsen sind, das Recht ableiten, über rumänische Läuse, galizische Wanzen, russische Flöhe schlechte Witze vorzubringen. Dieses Buch verzichtet auf die ›objektiven‹ Leser, die mit einem billigen und sauren Wohlwollen von den schwanken Türmen westlicher Zivilisation auf den nahen Osten hinabschielen und auf seine Bewohner; aus purer Humanität die mangelhafte Kanalisation bedauern und aus Furcht vor Ansteckung arme Emigranten in Baracken einsperren, wo die Lösung eines sozialen Problems dem Massentod überlassen bleibt. Dieses Buch will nicht von jenen gelesen werden, die ihre eigenen, durch einen Zufall der Baracke entronnenen Väter oder Urväter verleugnen. Dieses Buch ist nicht für Leser geschrieben, die es dem Autor übelnehmen würden, daß er den Gegenstand seiner Darstellung mit Liebe behandelt statt mit ›wissenschaftlicher Sachlichkeit‹, die man auch Langeweile nennt.

Für wen also ist dieses Buch bestimmt?

Der Verfasser hegt die törichte Hoffnung, daß es noch Leser gibt, vor denen man die Ostjuden nicht zu verteidigen braucht; Leser, die Achtung haben vor Schmerz, menschlicher Größe und vor dem Schmutz, der überall das Leid begleitet; Westeuropäer, die auf ihre sauberen Matratzen nicht stolz sind; die fühlen, daß sie vom Osten viel zu empfangen hätten, und die vielleicht wissen, daß aus Galizien, Rußland, Litauen, Rumänien große Menschen und große Ideen kommen; aber auch (in ihrem Sinne) nützliche, die das feste Gefüge westlicher Zivilisation stützen und ausbauen helfen – nicht nur die Taschendiebe, die das niederträchtigste Produkt des westlichen Europäertums, nämlich der Lokalbericht, als ›Gäste des Ostens‹ bezeichnet.

Dieses Buch wird leider nicht imstande sein, das ostjüdische Problem mit der umfassenden Gründlichkeit zu behandeln, die es erfordert und verdient. Es wird nur die Menschen zu schildern versuchen, die das Problem ausmachen, und die Verhältnisse, die es verursachen.

217 »Fuhrwerk vor einer Synagoge in Wladimir Wolynsk«. Fotografie, um 1916.

Es wird nur Bericht erstatten über Teile des riesigen Stoffgebiets, das, um in seiner Fülle behandelt zu werden, vom Autor so viel Wanderungen verlangen würde, wieviel einige ostjüdische Generationen durchlitten haben.

Der Ostjude sieht mit einer Sehnsucht nach dem Westen, die dieser keinesfalls verdient. Dem Ostjuden bedeutet der Westen Freiheit, die Möglichkeit, zu arbeiten und seine Talente zu entfalten, Gerechtigkeit und autonome Herrschaft des Geistes. Ingenieure, Automobile, Bücher, Gedichte schickt Westeuropa nach dem Osten. Es schickt Propagandaseifen und Hygiene, Nützliches und Erhebendes, es macht eine lügnerische Toilette für den Osten. Dem Ostjuden ist Deutschland zum Beispiel immer noch das Land Goethes und Schillers, der deutschen Dichter, die jeder lernbegierige jüdische Jüngling besser kennt als unser hakenkreuzlerischer Gymnasiast.
[...]
Der Ostjude sieht die Schönheit des Ostens nicht. Man verbot ihm, in Dörfern zu leben, aber auch in großen Städten. In schmutzigen Straßen, in verfallenen Häusern leben die Juden. Der christliche Nachbar bedroht sie. Der Herr schlägt sie. Der Beamte läßt sie einsperren. Der Offizier schießt auf sie, ohne bestraft zu werden. Der Hund verbellt sie, weil sie mit einer Tracht erscheinen, die Tiere ebenso wie primitive Menschen reizt.
[...]
Sowohl die nationalen als auch die assimilierten Juden bleiben meist im Osten. Jene, weil sie ihre Rechte erkämpfen und nicht fliehen wollen, diese, weil sie sich einbilden, die Rechte zu besitzen, oder weil sie das Land lieben wie der christliche Teil des Volkes – und mehr als dieser.
[...]
Man leugnet im Westen auch den jüdischen Handwerker. Im Osten gibt es jüdische Klempner, Tischler, Schuster, Schneider, Kürschner, Faßbinder, Glaser und Dachdecker. Der Begriff von Ländern im Osten, in denen alle Juden Wunderrabbis sind oder Handel treiben, die ganze christliche Bevölkerung aus Bauern besteht, die mit den Schweinen zusammenwohnen, und aus Herren, die unaufhörlich auf die Jagd gehen und trinken, diese kindischen Vorstellungen sind ebenso lächerlich wie der Traum des Ostjuden von einer westeuropäischen Humanität. Dichter und Denker sind unter den Menschen im Osten häufiger als Wunderrabbis und Händler. Im übrigen können Wunderrabbis und sogar Händler im Hauptberuf Dichter und Denker sein, was westeuropäischen Generälen zum Beispiel sehr schwer zu fallen scheint.
[...]
Sie [die Ostjuden] gaben sich auf, indem sie Händler im Westen wurden.
Sie gaben sich auf. Sie verloren sich. Ihre traurige Schönheit fiel von ihnen ab, und eine staubgraue Schicht von Gram ohne Sinn und niedrigem Kummer ohne Tragik blieb auf ihren gekrümmten Rücken. Die Verachtung blieb an ihnen kleben – früher hatten sie nur Steinwürfe erreicht. Sie schlossen Kompromisse. Sie veränderten ihre Tracht, ihre Bärte, ihr Kopfhaar, ihren Gottesdienst, ihren Sabbat, ihren Haushalt – sie selbst hielten noch an den Traditionen fest, aber die Überlieferung löste sich von ihnen. Sie wurden einfache, kleine Bürger. Die Sorgen der kleinen Bürger waren ihre Sorgen. Sie zahlten Steuern, bekamen Meldezettel, wurden registriert und bekannten sich zu einer ›Nationalität‹, zu einer ›Staatsbürgerschaft‹, die ihnen mit vielen Schikanen ›erteilt‹ wurde, sie benutzten die Straßenbahnen, die Lifts, alle Segnungen der Kultur. Sie hatten sogar ein ›Vaterland‹.
[...]
Sie näherten sich vollkommen den westlichen Unsitten und Mißbräuchen. Sie assimilierten sich. Sie beten nicht mehr in Synagogen und Bethäusern, sondern in langweiligen Tempeln, in denen der Gottesdienst so mechanisch wird wie in jeder besseren protestantischen Kirche. Sie werden Tempeljuden, das heißt: gutgezogene, glattrasierte Herren in Gehröcken und Zylindern, die das Gebetbuch in den Leitartikel des jüdischen Leibblattes packen, weil sie glauben, man erkenne sie an diesem Leitartikel weniger als an dem Gebetbuch. In den Tempeln hört man die Orgel, der Kantor und der Prediger tragen eine Kopfbedeckung, die sie dem christlichen Geistlichen ähnlich macht. Jeder Protestant, der sich in einen jüdischen Tempel verirrt, muß zugeben, daß der Unterschied zwischen Jud und Christ gar nicht so groß ist und daß man eigentlich aufhören müßte, ein Antisemit zu sein, wenn die jüdische Geschäftskonkurrenz nicht gar so gefährlich wäre.«

(Joseph Roth: Vorwort und Auszüge aus dem Kapitel »Ostjuden im Westen«, aus »Juden auf Wanderschaft«, 1927. In: Werke, Band 2, S. 827-838)

»Als ich vor vielen Jahren dieses Buch schrieb, das ich jetzt in abgeänderter Fassung den Lesern wieder darbieten möchte, gab es noch kein akutes Westjuden-Problem. Es handelte sich mir damals in der Hauptsache darum, den Nichtjuden und Juden Westeuropas Verständnis für das Unglück der Ostjuden beizubringen: insbesondere im Lande der unbegrenzten Möglichkeiten, das nicht etwa Amerika heißt, sondern Deutschland. Ein latenter Antisemitismus war freilich immer dort (wie überall) vorhanden. In dem begreiflichen Bestreben, ihn entweder nicht zur Kenntnis zu nehmen oder ihn zu übersehen, und in jener tragischen Verblendung, die bei vielen, bei den meisten Westjuden den verlorenen oder verwässerten Glauben der Väter zu ersetzen scheint und die ich den Aberglauben an den Fortschritt nenne, fühlten sich die deutschen Juden trotz allerhand bedrohlichen antisemitischen Symptomen als ebenbürtige Deutsche; an hohen Feiertagen bestenfalls als jüdische Deutsche. Manche unter ihnen waren leider oft versucht, für die Äußerungen der antisemitischen Instinkte die nach Deutschland eingewanderten Ostjuden verantwortlich zu machen. Es ist eine – oft übersehene – Tatsache, daß auch Juden antisemitische Instinkte haben können. Man will nicht durch einen Fremden, der eben aus Lodź gekommen ist, an den eigenen Großvater erinnert werden, der aus Posen oder Kattowitz stammt. Es ist die ignoble, aber verständliche Haltung eines gefährdeten Kleinbürgers, der eben im Begriff ist, die recht steile Leiter zur Terrasse der Großbourgeoisie mit Freiluft und Fernaussicht emporzuklimmen. Beim Anblick eines Vetters aus Lodź kann man leicht die Balance verlieren und abstürzen.

In dem Bestreben, jene Terrasse zu erreichen, auf der Adelige, christliche Industrielle und jüdische Finanzmenschen unter bestimmten Umständen geneigt waren, vorzugeben, daß sie alle gleich seien, und ihre Gleichheit so nachdrücklich betonten, daß jeder Empfindliche deutlich hätte hören können, daß sie eigentlich alle ihre Ungleichheit betonten, warf der deutsche Jude seinem Glaubensgenossen sehr schnell ein Almosen zu, um nur nicht am Aufstieg behindert zu werden. Almosen einem Fremden geben ist die schimpflichste Art der Gastfreundschaft, aber immerhin noch Gastfreundschaft. Es gab aber manche deutsche Juden – und einer ihrer Repräsentanten büßt heute im Konzentrationslager –, die sich nicht nur einbildeten, ohne den Zuzug der ostjüdischen Menschen wäre alles in Butter, schlimmstenfalls in deutscher Margarine, sondern die sogar auch den plebejischen Büttel auf den hilflosen Fremdling hetzten, wie man Hunde hetzt auf Landstreicher. Als aber dann der Büttel zur Macht kam, der Hausmeister die ›herrschaftliche Wohnung‹ okkupierte, alle Kettenhunde sich losrissen, sah der deutsche Jude, daß er heimatloser und schutzloser war als noch vor einigen Jahren sein Vetter aus Lodź. Er war hochmütig geworden. Er hatte den Gott seiner Väter verloren und einen Götzen, den zivilisatorischen Patriotismus, gewonnen. Ihn aber hatte Gott nicht vergessen. Und der schickte ihn auf die Wanderung: ein Leid, das den Juden gemäß ist – und allen andern auch. Auf, daß sie nicht vergessen, daß nichts in dieser Welt beständig ist, auch die Heimat nicht; und daß unser Leben kurz ist, kürzer noch als das Leben der Elefanten, der Krokodile und der Raben. Sogar Papageien überleben uns.

[...]

Ich wollte, ich besäße die Gnade und die Einsicht, einen Ausweg auch nur andeuten zu können. Die Aufrichtigkeit, eine der oft verkannten bescheidenen Musen des Schriftstellers, zwingt mich zu einem pessimistischen Schluß dieses meines zweiten Vorworts:

1. Der Zionismus ist nur eine Teillösung der Judenfrage.

2. Zu vollkommener Gleichberechtigung und jener Würde, die die äußere Freiheit verleiht, können die Juden erst dann gelangen, wenn ihre ›Wirtsvölker‹ zu innerer Freiheit gelangt sind und zu jener Würde, die das Verständnis für das Leid gewährt.

3. Es ist – ohne ein Wunder Gottes – kaum anzunehmen, daß die ›Wirtsvölker‹ zu dieser Freiheit und dieser Würde heimfinden.

Den gläubigen Juden bleibt der himmlische Trost.

Den andern das ›vae victis‹«.

(Joseph Roth: »Vorwort zur geplanten Neuauflage« von »Juden auf Wanderschaft«, 1937. In: Werke, Band 2, S. 893-902; korrigiert anhand des Originals)

218 Brody. Kleine und große Synagoge (»Alte und Neue Schul'«). Fotografie, vermutlich dreißiger Jahre.

219 Im Ghetto von Wilna / Vilnius, damals Polen, heute Litauen. Fotografie, vor 1939.

»Juden auf Wanderschaft« 157

218
219

220 Joseph Roth: Juden auf Wanderschaft, Berlin: Die Schmiede, 1927.
Einbandgestaltung nach einem Entwurf von Georg Salter.

Der Essay »Juden auf Wanderschaft« nimmt in Roths Werk eine besondere Stellung ein. Einerseits handelt es sich um eine Reportage mit historischen und kultursoziologischen Inhalten, in ihrer umfassenden Behandlung des Themas am ehesten den russischen Reiseberichten vergleichbar. In seiner Klarsichtigkeit, Kürze und Präzision ist der Essay als Einführung in die Problematik bis heute unübertroffen. Andererseits ist er eine ernsthafte Stellungnahme Joseph Roths zum Thema »Jüdische Identität(en)«, getragen von persönlicher Betroffenheit, wenn auch der Sprachgestus objektiv ist. Und nicht zuletzt beginnt mit ihm Roths Fixierung an rückwärtsgewandte Utopien, die Lokalisierung des Guten in einer Anti-Moderne.

Konzentriert auf rund hundert Seiten findet man eine Darstellung ostjüdischer Lebens- und Denkweisen, der Stellung der Ostjuden innerhalb ihrer Umwelt, der inneren und äußeren Hindernisse, die dort ihrer Integration entgegenstehen. Ebenso diskutiert Roth aber auch die Problematik der Anpassung, der Assimilation und Akkulturation der ostjüdischen Emigranten in den Auswanderungsländern.

Roth, der assimilierte und im Westen arrivierte Jude, läßt keinen Zweifel daran, daß seine Sympathie den Ostjuden gehört. Er empfindet, daß bei ihnen die »wahre und warme Tradition« noch lebendig ist, daß diese die Menschen leitet und ihnen Zuversicht gibt. Sie folgen, so fand er, einem noch prämodernen, metaphysisch verankerten Wertesystem, in dem es um die Entwicklung menschlicher Qualitäten, nicht um materielle Verbesserungen geht. Wohl sah Roth und machte in dieser Schrift auch deutlich, welches Maß an menschlicher Befreiung die zivilrechtlichen, kulturellen und wirtschaftlichen Erleichterungen für die in ihrer Heimat sogar am Leben gefährdeten Menschen bedeuten mußten – besonders die in diesen Jahren in der jungen Sowjetunion von Staats wegen betriebene Minoritätspolitik. Dennoch wird Trauer über den Verlust dieser absoluten Anpassung spürbar: Ein frommer Jude weiß, »*daß ihm nichts geschehen kann, wenn Gott es nicht will*«. »*Denn die Gottesfurcht ist immer noch sicherer als die sogenannte moderne Humanität.*«

(Joseph Roth: »Juden auf Wanderschaft«. In: Werke, Band 2, S. 842 und 879)

Joseph Roth schrieb im Januar 1929 an Stefan Zweig von einer Neubearbeitung des Essays, die unter dem Titel »Die Juden und ihre Antisemiten« bei Kiepenheuer erscheinen sollte (die Ausgabe kam nicht zustande). Im Juli 1933 verhandelte Roth mit Gerard de Lange über eine Herausgabe eines Buchs »Juden und Antisemiten«. Kurz darauf teilte er allerdings voll Freude Hermann Kesten in einem Brief mit, daß es ihm gelungen sei, den Vertragsgegenstand in »Der Antichrist« umzuwandeln, das ihm so wichtig erscheinende kulturkritische Werk, das zu einem Plädoyer für Respekt vor dem Überkommenen, der »naturhaften« Weltordnung werden sollte.
1937 griff Roth das Thema nochmals auf und vereinbarte mit dem Wiener Verlag Löwit eine erweiterte und aktualisierte Neuausgabe von »Juden auf Wanderschaft«. Die für diese Ausgabe geschriebenen Texte sind erhalten.
Roth geht darin auf die Lage der Juden in Deutschland unter dem Nationalsozialismus ein, zwar mit Trauer, jedoch ohne die Wärme unmittelbaren Mitempfindens. Die Assimilation habe, so meinte er, die deutschen Juden unfähig zu Widerstand und Gegenwehr gemacht: »Nicht als eine Minderheit wurden sie behandelt, sondern als eine *Minderwertigkeit*. Es erschien ihnen selbstverständlich.«
Roth sah die Zukunft illusionslos und pessimistisch.

221 Maiaufmarsch zionistischer Arbeiter in Chełm. Fotografie, 1932.

222 Zwei Juden auf einer Fähre im Hafen von New York. Undatierte Fotografie.

160   »Juden auf Wanderschaft«

223-224   Das Moskauer jüdische akademische Theater. Berlin: Die Schmiede, 1928. Einband (nach einem Entwurf von Georg Salter); Abbildung auf S. [27]: Szene aus der musikalischen Komödie »200.000« nach Scholem Alejchem.

Der Bildband enthält Textbeiträge von Ernst Toller, Joseph Roth und Alfons Goldschmidt. Die Mitautoren Roths standen linkssozialistischen Bewegungen nahe; Toller war einer der Köpfe der Münchner Räterepublik gewesen, Goldschmidt ein Journalist und Wirtschaftsfachmann, der in der »Weltbühne« schrieb; beide engagierten sich, wie auch Roth, intensiv im Kampf gegen den Faschismus.

Roth hatte 1913 in Wien zum ersten Mal eine Aufführung einer jiddischen Theatergruppe aus Wilna gesehen. Er beschrieb seinen Eindruck im Beitrag »Das Moskauer jüdische Theater«: wie er sie wegen ihrer lebhaften Umsetzung jüdischen Lebens in operettenhafte, als »Trauerspiel mit Gesang und Tanz« bezeichnete Stücke bewunderte und besonders die Lieder mochte. Am Moskauer jüdischen Theater, das Alexander Granowskij leitete, schätzte Roth die kritische Auseinandersetzung mit der Tradition und eine Ironie den Folgen der russischen Revolution gegenüber.

»Juden auf Wanderschaft« 161

225 Gläubige verlassen die Altstadt-Synagoge in der Wolborska Straße, Łódź. Fotografie: Moshe Raviv, 1937.

Starjournalist 1927–1933
Joseph Roth: »Die Tagespresse als Erlebnis. Eine Frage an deutsche Dichter«

»Ich lese die Zeitung, um eine ›Neuigkeit‹ (oder mehrere) zu hören, ohne auch nur einen Augenblick den Abstand zu vergessen, der die Tatsache von der Nachricht trennt. Um also die Wahrheit zu erfahren, versuche ich, alle Unzulänglichkeiten in Betracht zu ziehen, unter denen die Nachricht zustande gekommen sein mag: etwa die Dummheit oder die Ahnungslosigkeit des Berichters beziehungsweise der Korrespondenz, die natürliche Tendenz der Zeitung, ›interessante‹ oder ›pointierte‹ oder ›wichtige‹ Nachrichten zu bringen (die ja auch wahr sein können); die Leichtgläubigkeit eines sorgenvollen, schlecht bezahlten Redakteurs, der auf eine Plumpheit hereinfällt; die Fixigkeit, mit der Setzer und Korrektoren arbeiten müssen und durch die simple Druckfehler entstehen können. Nachdem ich alle diese Begleitumstände wohl überlegt habe, bleibt nur noch wenig von der Zeitungsnachricht beziehungsweise der Notiz.

Wäre die Zeitung so unmittelbar, so nüchtern, so reich, so leicht kontrollierbar wie die Realität, so könnte sie, wie diese, Erlebnisse wohl vermitteln. Allein sie gibt eine unzuverlässige, gesiebte Realität – – und eine mangelhaft geformte, das heißt also: eine gefälschte. Denn es gibt keine andere Objektivität als eine künstlerische. Sie allein vermag einen Sachverhalt wahrheitsgemäß darzustellen. Jede andere Art der Darstellung ist eine private, das heißt: unvollkommene. Die Berichterstatter und die Korrespondenten sind nun zumeist keine Künstler. Ihre Nachrichten, Berichte, Schilderungen sind wie private briefliche Mitteilungen, aber an die Öffentlichkeit adressiert. Es ist kein höhnischer Zufall, daß die Berichtquellen der Zeitungen ›Korrespondenz‹ und ›Korrespondenten‹ heißen. Blieben ihre Berichte private Briefe: Wie viel Erlebnisstoff böten sie uns! Aber da sie selbst ihr Briefgeheimnis verletzen, da sie an Hunderttausende schreiben, nicht an einen, geht das ›Erlebnishafte‹ verloren, verstreut sich in den Wind, der schließlich alle ›Drucksachen‹ davonträgt.

Die kleinen Provinzblättchen konnten hier und dort einem Dichter – Sie erwähnen in Ihrer Anfrage Kleist – ein Erlebnis vermitteln, das heißt: den Rohstoff zu einem künstlerischen Bericht. Warum? – Weil ihre Öffentlichkeit noch eine derart beschränkte war, daß sie beinahe eine private war. Die Berichte der Zeitung, der kleinen, alten, primitiven Zeitung, waren etwa ebenso interessanter Rohstoff wie heute nur noch die bezahlten Anzeigen, die Heiratsinserate zum Beispiel. Die bezahlten Anzeigen sind auch die einzigen Notizen, die ich mit Gläubigkeit lesen kann, weil [sie] ihre Übertriebenheit sich selbst eingestehen und agnoszieren. Die Zeitung von heute ist viel unzuverlässiger als eine private Kunde, als der Läufer von Marathon. Ihr ›Stoff‹ ist meistens derart schlecht verarbeitet, daß ich ihm kein Erlebnis entnehmen kann. Ich kann nur hier und dort ein bereits geformtes Erlebnis in der Zeitung genießen: Ich meine die seltenen Beiträge der seltenen guten Schriftsteller. Und nur dieser Umstand rettet die Zeitung von heute: die Mitarbeit guter Schriftsteller.«

(Joseph Roth: »Die Tagespresse als Erlebnis. Eine Frage an deutsche Dichter«. Die Literarische Welt, 4. Oktober 1929. In: Werke, Band 3, S. 101-102)

Am 28. Juni 1927 schrieb Roth an Ludwig Marcuse (1894–1971), den Freund und Kollegen beim »Frankfurter Generalanzeiger«: *»ich muß noch für 3 Tage nach Deauville fürs Bäderblatt, denn es bringt etwas Geld ein – infolgedessen werde ich Sie, mein Lieber, nicht in Frankfurt treffen«* (Briefe, S. 106).

226 Deauville, Frankreich. Die Strandpromenade und »Le Bar Americain«. Fotografie, Mitte zwanziger Jahre.
Trotz Widerwillen gegen solche Arbeit verfaßte Roth einen lieblichen Bericht über Deauville, der Ende August erschien.

Wirklich wichtig wurde ihm mehr und mehr die Arbeit an seinen Romanen. Im Sommer 1927 vereinbarte Roth mit der »Frankfurter Zeitung« einen neuen Vertrag, der ihm größere Möglichkeiten zum Arbeiten an umfangreichen schriftstellerischen Werken außerhalb des Journalismus einräumte.

227-229 Die Redaktion der »Frankfurter Zeitung« an Joseph Roth, Brief vom 11. Juli 1927, S. 1-3.
Dieses Schreiben enthält das Angebot der Zeitung zur Reduktion von Roths Aufgaben.

226/227

> satz für das Literaturblatt hinzukommt. Die
> Themen sollen sozialpolitischer und sozialer
> Art sein. Sie werden zwischen Ihnen und dem
> Feuilleton in der Art und Reihenfolge verein-
> bart werden. Die ersten Vorschläge der Redak-
> tion sollen Ihnen noch im Verlauf des Monats
> Juli zugehen. Sie werden monatlich über die
> verschiedenen Probleme sowohl mehrere grös-
> sere Feuilletons für das I.Morgenblatt und
> zwar so viel wie möglich und zweckmässig und
> daneben je 3-4 kleine Abendblatt-Beiträge
> schreiben. Im Einzelnen wird sich das nach
> der Art und dem Umfang des Themas richten
> und nach den jeweiligen Dispositionen der
> Feuilleton-Redaktion. Der monatliche Aufsatz
> für das Literaturblatt wird,dem Wunsch der
> Redaktion entsprechend, sich nicht mit der
> üblichen Buchkritik befassen, sondern mit
> Stil- und Sprachanalyse.
>
> Während dieser Tätigkeit für uns werden Sie
> keine journalistische Tätigkeit für andere
> Zeitungen übernehmen und für Zeitschriften
> nur, soweit dies ausdrücklich mit der Feuil-
> letonredaktion von vornherein vereinbart
> wird. Werden Sie für eine längere Spanne
> Zeit innerhalb unseres Abkommens in eine
> Arbeitsunmöglichkeit versetzt, so steht uns
> frei, wenn die Notwendigkeit sich heraus-
> stellt, das betreffenden Thema einem Anderen
> anzuvertrauen, oder Sie werden, wie Sie sich
> entgegenkommenderweise bereit erklärt haben,
> auch über die Zeit eines Jahres hinaus in
> einem solchen Falle die verloren gegangene
> Zeit im Sinne unserer Vereinbarung für uns
> tätig sein, die sich dann auf die verlänger-
> te Zeit erstrecken würde.
>
> Wir haben in wirtschaftlicher Hinsicht für
> die Zeit vom 15.September 1927 bis zum 15.

228
230

Basierend auf dieser Vereinbarung wurden die journalistischen Aufgaben in den nächsten beiden Jahren reduziert; die Auseinandersetzungen über die Entlohnung und die politische Tendenz der Artikel Roths eskalierten; das in diesem Vertrag angebotene Produktionstempo wurde nicht erreicht.

Roths wache Kritik an der ins Nationale und Reaktionäre abdriftenden deutschen Innenpolitik ging stets einher mit großer Anteilnahme am Schicksal der kleinen Leute.

Von dieser Art, erschütternd in der Darstellung der Hoffnungslosigkeit der Arbeiter, sind die Berichte aus dem Saargebiet, das Roth 1927/1928 besuchte. In »Briefe aus Deutschland«, die er mit »Cuneus«, d. h. »Pfeil«, zeichnete, machte Roth die Zunahme rechter Ideologien durch die Schilderung der ausweglosen Lage des Proletariats nachvollziehbar.

230 Robert Capa: »Saarland, September 1934«. Fotografie.

Frankfurter Zeitung.

Verlag.

-3-

September 1928 ein monatliches Entgelt von 1.000.- Mk. vereinbart sowie Ersatz der reinen Fahrtkosten, die sich aus der Bearbeitung der verschiedenen Themen ergeben (Eisenbahn, Autoomnibusse usw.usw.). Innerhalb Deutschlands steht Ihnen vollkommene Freizügigkeit zu, ebenso eine Ferienzeit von vier Wochen, die Sie ganz nach Wunsch verbringen können. Ebenso besteht die Möglichkeit einer weiteren Mitarbeit gegen das Normalhonorar für unser Bäderblatt, das Illustrierte Blatt oder die Beilage „Für die Frau".

Wenn wir Ihnen die Behandlung bestimmter wichtiger Themen in unserem Feuilleton anvertrauen, so bitten wir Sie, sich bewusst zu sein, dass Sie hiermit stärkere innere Bindungen an die Grundtendenz und Gesamthaltung unserer Zeitung eingehen, als es bisher der Fall war. In diesem Sinne wird auch die politische Redaktion gern Artikel von Ihnen in ihrem Teil nach Prüfung entgegennehmen, und die Wahl eines Pseudonyms für die Themenartikel im Feuilleton wird auch die stärkere Betonung der inneren Verbundenheit zum Ausdruck bringen.

Ihr Wunsch, daneben einmal im Monat mit Ihrem Namen im Feuilleton etwas zu veröffentlichen, wird Berücksichtigung finden.

Über die Veröffentlichung Ihres bei Kurt Wolff erscheinenden Romans „Das fünfte Rad ?" haben wir vereinbart, dass die Veröffentlichung im Lauf des September beginnt, das Honorar beträgt 3.000.- Mk., wovon Ihnen die Hälfte als Vorschuss an die von Ihnen gewünschte Adresse nach Bestätigung dieses Briefes übersandt werden wird.

In vorzüglicher Hochachtung
Frankfurter Societäts-Druckerei
Gesellschaft mit beschränkter Haftung
Geschäftsführung

229
231

231 Weimar. 2. Parteitag der NSDAP, Juli 1926. Adolf Hitler wird von SA-Männern begrüßt.

Briefe aus Deutschland

Von Cuneus.

Unter Tag.

Wir möchten unsere Leser darauf aufmerksam machen, daß wie der folgende Brief auch die beiden anderen von uns veröffentlichten nicht fingierte Briefe sind, sondern Berichte unseres Mitarbeiters Cuneus an seine deutschen Freunde. D. Red.

Lieber Freund,

ich hätte gewünscht, Sie wären mit mir gewesen, damit ich sehe, wann wir einander zustimmen und wann wir auseinandergehen. Deshalb schreibe ich Ihnen heute noch, etwas unbesonnen und formlos: auf der Rückseite eines Plakats und mit Bleistift, in der Ecke eines Wirtshaustisches, an dem außer mir noch fünf Menschen sitzen, vier Männer und eine Frau. Sie kümmern sich nicht um mich, obwohl sie so aussehen, als hätten sie nichts anderes zu tun. Sie sprechen auch nichts miteinander. Unaufhörlich stellt man neugefüllte Biergläser vor sie hin. So schweigt es auch an allen anderen Tischen. Die kleine Schankstube ist voll, aber sie erinnert an ein Panoptikum am Vormittag. Ein hübsches Mädchen trägt die Biergläser aus. Auch es ist schweigsam, so daß es unnahbar aussieht. Einige Männer rauchen. Der blaue Rauch verstärkt noch die Schweigsamkeit, er ist der visuelle Ausdruck der Stille.

Mein lieber Freund, nach diesem Gestern ist die heutige Stille doppelt grausam. Von drei Uhr nachmittags bis zehn Uhr abends war ich sechshundert Meter unter der Erde, in einer Kohlengrube. Die Grube steht in französischer Regie. Ich war angekündigt. Der französische Verwalter empfing mich. Er sprach deutsch. Er war freundlich, kurz und sachlich. Er sprach sofort, ohne Einleitung, vielleicht wollte er Fragen vermeiden. Wozu aber hatte er mich in sein Büro kommen lassen? Wahrscheinlich, um mich anzusehen. Ich hatte einen Augenblick das Gefühl, daß ich gemustert werde. Keineswegs unangenehm! Der Mann sieht aus weichen, dunklen Augen; sie streichelten mehr als sie blickten. Dann unterschrieb ich ein Formular, Verzicht auf eine Entschädigung, wenn ich untergehen sollte, ein Pendant zu einem Testament. Geht man wirklich unter, so bekommt solch ein Papier eine Bedeutung, wird von der Grubenverwaltung mit einer gewissen tragischen Satisfaktion meinem Rechtsanwalt vorgelegt, und die Erben krepieren dank meinem Wissensdurst. Hierauf ging ich den Steiger suchen, er begegnete mir schon im Hof, blaß, schwarzhaarig, im Kostüm des Berg-

232 Cuneus: Briefe aus Deutschland. Unter Tag. In: Frankfurter Zeitung vom 27. November 1927, S. 1, 1. Spalte (Ausschnitt).

Hatte Roth schon skeptisch und illusionslos über die Reformversuche in der Sowjetunion und die Diskrepanz zwischen politischer Theorie und gesellschaftlicher Praxis geschrieben, so ging er noch weitaus schärfer mit den destruktiven Kräften in Deutschland und in Italien ins Gericht. Schonungslos beschrieb er, welche Dimensionen der Faschismus in seinem Überwachungsterror, seiner totalen Kontrolle der öffentlichen Meinung, seiner gleichzeitig brutalen und popanzhaften Selbstinszenierung erlangen konnte.

Roths Berichte aus dem faschistischen Italien vom Herbst 1928 wurden von der Redaktion der »Frankfurter Zeitung« gekürzt und ohne Nennung seines Namens unter dem Titel »Das vierte Italien« abgedruckt.

Unter dem Eindruck besonders der deutschen Zustände und Lebensbedingungen, des graduellen Verlusts an Menschenwürde, veränderte sich Roths Aussage. Statt sensibler Beschreibungen klangen apokalyptische Töne an, wie die folgenden Sätze zur Verlegung eines ganzen Dorfes samt Friedhof zugunsten der Kaliförderung:

»Die Weltwirtschaft übersiedelt die Toten. Sie geht über Leichen und verschafft ihnen dann neue Quartiere. Sie zieht Christi Kreuze aus der Erde und fabriziert Gelbkreuze unter dem Schutz von Hakenkreuzen.«

(Joseph Roth: »Der Merseburger Zauberspruch«. Frankfurter Zeitung, 25. Dezember 1930. In: Werke, Band 3, S. 281)

Roths erste journalistische Reise nach Polen im Auftrag der »Frankfurter Zeitung« hatte 1924 stattgefunden und nur drei veröffentlichte Artikel erbracht. 1928 erreichte er eine neuerliche Entsendung in dieses Land, diesmal mit größerer Ausbeute für das Blatt. Es gelang dem Autor beide Male, berufliches Interesse mit privatem zu verbinden. Er besuchte Verwandte und Bekannte in Warschau und Lemberg und erweiterte seine Kenntnisse des osteuropäischen Judentums auf einer mehrere Tage dauernden Reise nach Wilna.

233 Warschau/Warszawa. Polen. Blick auf den Schloßplatz und die Kathedrale. Fotografie, 1935.

234 Joseph Roth, Paula Grübel und Herr Orlansky in Warschau. Fotografie, vermutlich 1928.

Roths private Situation war 1928, gegenüber jener von 1924, drastisch verändert. Diesmal begleitete ihn eine kranke Friedl, von der er beschönigend an Freunde schrieb, sie befinde sich auf dem Wege der Besserung, obwohl insgesamt das Gegenteil der Fall war.
Frau Szajnocha-Schenk stellte, als gemeinsame Freundin, wieder die Verbindung zu Roths polnischem Freund und Schriftstellerkollegen Józef Wittlin her, der fünf der Romane Roths, darunter »Hiob« und »Die Kapuzinergruft«, übersetzte und damit deren Verbreitung im Polen der Zwischenkriegszeit förderte.

235 Józef und Halina Wittlin. Fotografie anläßlich ihrer Hochzeit, Lemberg/L'viv, 1924. *Die Fotografie war in Roths Besitz; sie entstand in Frau Szajnocha-Schenks Wohnung in der Hofmana 7.*

236 Lemberg / L'viv. Der Neue Rynek / Pl. Rynok. Ansichtskarte, Fotografie, um 1920.

Es waren nicht nur journalistischen Aufträge, die Roth zum unsteten Leben ohne ständigen Wohnsitz führten; da war auch seine grundsätzliche Vorliebe für Mobilität, für die unverbindliche Bequemlichkeit von Hotels, die Abneigung gegen kleinbürgerliche Häuslichkeit. Ab der zweiten Hälfte der zwanziger Jahre läßt sich daher kein Lebenszentrum für Roth mehr ausmachen – er hielt sich nirgends in Deutschland lange auf; weder in Berlin, wo er zumeist im »Hotel am Zoo« abstieg, noch in Frankfurt / Main; dort war das Hotel »Englischer Hof« gegenüber dem Hauptbahnhof sein bevorzugter Aufenthaltsort. Roth schrieb auch in Kaffeehäusern oder Konditoreien, also in öffentlichen, nicht in privaten Räumen, ohne sich durch den Betrieb um ihn stören zu lassen. Man könnte sogar sagen, im Gegenteil, denn in der Tradition etlicher Wiener Redakteure arbeitete auch Roth am besten »allein, aber in Gesellschaft«.

237 Berlin. Hotel am Zoo, Kurfürstendamm 25. Fotografie, 1954.

238 Berlin. Kurfürstendamm. Fotografie, 1930.
Vorne links die »Conditorei Wien«, daneben die Lichtspiele und das »Hotel am Zoo«.

237
238

239
240

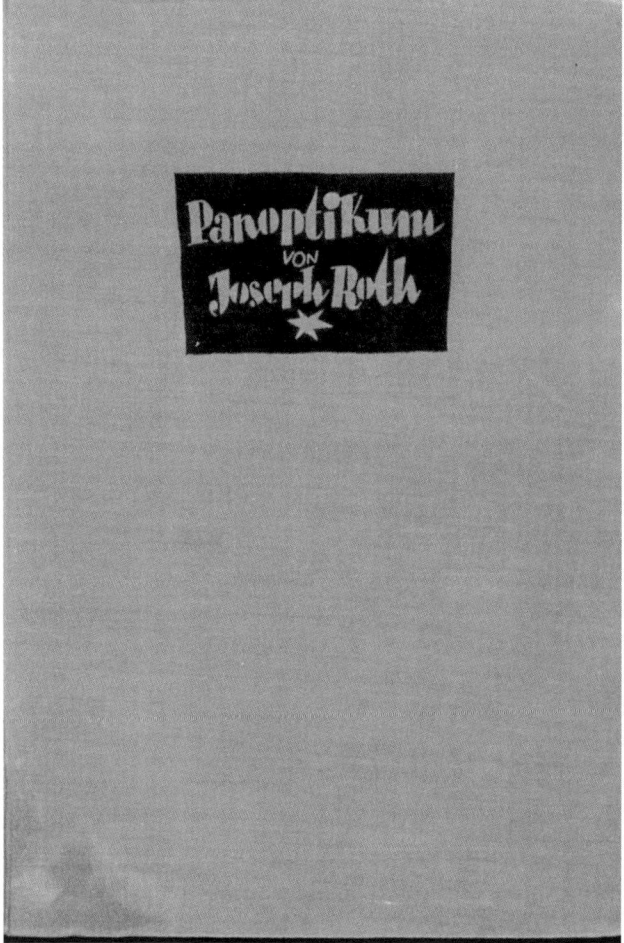

239 Berlin. Café am Kurfürstendamm. Fotografie, zwanziger Jahre.

Im Jahr 1929 unterzeichnete Roth einen lukrativen Vertrag mit den rechtsgerichteten »Münchner Neuesten Nachrichten«, die bei hohem Honorar nur wenige Beiträge forderten. Den Ausschlag für den Abschluß mit diesem so gar nicht auf Roths Linie liegenden Blatt gab die Tatsache, daß sein Einkommen aus den Artikeln für die »Frankfurter Zeitung« und aus den Romanen zu unregelmäßig war und für Roths Bedürfnisse nicht ausgereicht hatte. Er schrieb für die »Münchner Neuesten Nachrichten« zwischen August 1929 und Mai 1930 rund dreißig Beiträge.

240 Joseph Roth: Panoptikum. Gestalten und Kulissen. München: Knorr & Hirth, 1930. Einband.
Der Verlag der »Münchner Neuesten Nachrichten« gab ein Buch von ursprünglich in der »Frankfurter Zeitung« (und in wenigen anderen Blättern) erschienenen Feuilletons heraus. Ein solches Projekt hatte die Frankfurter Societäts-Druckerei zuvor abgelehnt.

Sonntags zwischen vier und sechs

Joseph Roth:

Am Sonntag nachmittag, zwischen vier und sechs, es ist winterliche Witterung, beginnt die Freiheit unerträglich zu werden, ein lästiges Geschenk. Noch ist es Tag. In seinen allmählich herandämmernden Untergang schimmern die Plakate vor den Eingängen der Kinos zu den Nachmittagsvorstellungen, deren gütig beschirmende Finsternis die Grausamkeit eines einsamen Abends vielleicht zu mildern imstande wäre. Dennoch erschrickt man vor der unausbleiblichen Notwendigkeit, schon um sechs Uhr wieder in die Straße hinausgestoßen zu werden, die noch nicht nächtlich sein wird und nicht mehr abendlich. Man wird im frisch-silbernen Glanz der eben aufstrahlenden Bogenlampen und Lichtreklamen die nächste Arbeitsschicht der Kinobesucher in denselben „Lichtbildpalast" einströmen sehen, dessen Herrlichkeiten man selbst bereits genossen und begraben hat und um den Genuß der ahnungslosen Erwartung betrogen sein, die noch die Kraft verleiht, den Rest des Sonntags zu ertragen. Gewöhnlich regnet es, wie es um diese Zeit zu regnen pflegt: dünn, ohne Berechtigung und dauerhaft. Man ist bis zu dem Grade zermürbt, daß man sich wünscht, in einem befreundeten Haus eingeladen zu sein. Eine gelinde Vorstellung von intimer Geselligkeit vermag vielleicht eine kleine Konditorei zu gewähren. Sie liegt eingeklemmt zwischen die unerbittlich herabgelassenen Jalousien benachbarter Kaufläden, an einem rundlichen Platz, in dessen Mitte die Rasen winterlich grünen. Sie allein ist geöffnet. Durch ihre Nischen, in denen rötliche Lampenschirme ein Licht eher verbergen als verbreiten, ein Licht, das den blinden Augen der Liebenden wohltun soll, zieht, von diffusen Geräuschen begleitet, das Konzert. Es entweicht dem braunen Radiokasten neben dem Büfett, man kann geradezu sehen, wie es ihm entschlängelt, unterbrochen und abgeschnitten von den Ankündigungen des Ansagers, dessen Stimme noch näher ist, als wenn er persönlich im Raum stünde. „Meine Damen und Herren! Es folgt jetzt..." In der kurzen Sekunde, die zwischen der Ankündigung und dem nächsten Konzert gelegen ist, hört man draußen das unerbittliche Rinnen des Regens wie Stimmen der Natur aus einer verschwundenen Urzeit. Reglos, wie die Pyramiden aus brauner Torte hinter Glas, ragt das Büfettfräulein in die Luft, ihre blonden Dauerwellen berühren die gleichmäßig schwingenden Pendel der Uhr, ihre blauen Porzellanaugen scheinen sämtliche Gedanken aus dem Hirn absorbiert zu haben, schon denken sie selber nach.

Hinter der schweren grünen Portiere, die sich nur mit einiger Mühe von den Besuchern auseinanderschlagen läßt, befindet sich die Drehtür. Jeden Augenblick kann sie sich bewegen, auch hört man von Zeit zu Zeit das widerwillige Knirschen ihrer metallenen Achse, und man wartet gespannt, wer wohl jetzt aus dem Vorhang schlüpfen wird. Ja, es ist, als müßte schließlich irgend jemand kommen, der imstande sein wird, mit einem Schlage die ganze Situation zu verändern, das Büfettfräulein aus ihrer Starrheit zu erlösen, die Tortenpyramide mit einem einzigen Biß zu vernichten, die bunten Likörflaschen mit einem Steinwurf zu zertrümmern und das unermüdliche Radio durch eine störende Welle zum Schweigen zu bringen. Sobald aber der schwere Vorhang gelüftet ist, tritt nicht etwa der erwartete merkwürdige Gast ein, sondern wieder eines der kümmerlichen Mädchen, deren schon so viele an den Tischchen sitzen. Einsame Mädchen, mit schmalen Pelzstreifen an den billigen „Übergangsmänteln", die nur den Winter andeuten, nicht ihn schützen. Geschöpfe der Einsamkeit, wie sie nur in den ganz großen Städten und nur an den ganz trüben Sonntagen zu sehen sind. Manchmal treten sie zu zweit auf, aber auch dann sind sie nur verdoppelte Einzelne, es ist, als träte ein Mädchen mit seinem Spiegelbild in die Konditorei. Beide triefen vor Nässe. An den Hälsen beider kringeln sich feucht und struppig die schmalen Pelzschlangen wie Tierleichen, die man aus dem Wasser gezogen hat. Mit der gleichen Bewegung vollführen die Mädchen einen scheuen Halbkreis im Raume. Schon sind alle rötlichen Nischen von gleichartigen Geschöpfen besetzt. Also gehen sie zu einem Tischchen, das frei in der Mitte des kleinen Raumes zu schweben scheint und sich selbst nach einem Winkel zu sehnen. In dem Augenblick aber, in dem sich die beiden Mädchen daran setzen, wird es stabiler, gewinnt es gleichsam den Boden unter seinen zierlichen Füßchen aus Gußeisen und erweist sich in der Lage, zwei solide Tassen Kaffee zu tragen und einen kolossalen Berg aus schneeiger Schlagsahne. Alles schweigt. Das Radio hält es für angebracht, die Musik zu unterbrechen und einen echten, lebendigen Dichter aus seinen eigenen Werken vortragen zu lassen. Mit einer ohne Zweifel bewegten Stimme trägt er seine Sätze vor, eigenes Herzblut, das er jetzt noch einmal vergießt, nachdem es schon vertrocknet gewesen, alte Wunden an seinem Leibe reißt er wieder auf, alles fürs Geld. Die einsamen Mädchen hören ihm nicht zu. Sie blättern in den alten Nummern der illustrierten Zeitungen, die der Kellner auf einen leeren Stuhl neben sie hingelegt hat, alle in haltbare, harte, schwarze Leinwand gebunden und mit blitzenden Ecken aus Messing versehen. Kein Mensch hat etwas Besonderes zu sagen. Der weiße Kellner lehnt wie ein Engel an der Tür, die zur Küche führt. An allen Tischchen bilden sich kleine schwarze Wässerchen von den tropfenden Regenschirmen. Alle Mädchen haben Karten für die Abendvorstellung in ihren Täschchen, das allein verleiht ihnen Sicherheit. Hieher, in die Konditorei, kamen sie nur, um die dämmernde Leere zu überstehen, die zwischen den Feiertag und sein nächtliches Ende gelegt ist als eine besondere sonntägige Qual, zweifsündige Verschärfung der Strafe, die da Freiheit heißt, Ausgang, Vergnügen, Großstadt, Zivilisation. Allein, allein, allein. Der Freund ist flüchtig und verloren oder noch nicht gekommen, das Herz ist klein und lebendig, die Trauer ist tödlich und unermeßlich, es regnet, es regnet in den harten Straßen aus Stein und Asphalt, die Menschen sind fremd, die Kirchen stumm und geschlossen und Gott ist weit. Immer kleiner wird der Berg aus weißer Schlagsahne, schließlich klirrt der kleine Löffel auf das nackte Porzellan. Über den Dauerwellen der Büfettdame schlägt es sechs goldene Schläge. Draußen regnet es immer noch, aber die Nacht ist weitgehend im Anzug, der Abend ist schon weit fortgeschritten, nur noch ein kleiner, banger Rest, und der Sonntag ist hin, um neun Uhr ist der Hauptfilm zu Ende, und gegen zehn kann man endlich einschlafen. Die Mädchen erheben sich, das Radio verstummt, die Nischen werden leer. In langsamen Gruppen verlassen sie die Konditorei, eine Hand übergibt den Vorhang der nächsten, unaufhörlich füllen sich die gläsernen Fächer der Drehtür, ein kalter Windzug bläst die Gruppen auf der Straße auseinander, unter schwarzen, schwankenden, gespenstischen Regenschirmen rennen sie dahin, hinein in die gütigen Finsternisse der großen Kinopaläste...

241 Joseph Roth: »Sonntags zwischen vier und sechs«. In: Der Wiener Tag, 8. Dezember 1932, Beilage S. 11.

Roth versuchte stets, seine Artikel mehrfach zu verwerten. Dieser war zuvor in den »Münchner Neuesten Nachrichten« erschienen.

Berühmter Journalist – Berühmter Schriftsteller?

Als Roth die enge Bindung an die »Frankfurter Zeitung« aufgab, verschärfte das seine finanziell prekäre Lage; sie konnte nicht durch die Einnahmen aus den Romanen kompensiert werden. So richtete er viele Briefe wie den folgenden an verschiedene Bekannte; mit unterschiedlich dramatischen Schilderungen seiner psychischen und finanziellen Lage, die ständig wechselte, aber oft katastrophal war.

242 Stefan und Friderike Zweig im Garten ihres Hauses am Kapuzinerberg in Salzburg. Fotografie, zwanziger Jahre.
*Roth hatte Stefan Zweig 1927 aus Anlaß seines Buchs »Juden auf Wanderschaft« kennengelernt. Die Freundschaft wurde eng, gelegentlich auch konfliktreich. Im Bewußtsein sprachlicher und gestalterischer Überlegenheit kritisierte Roth gelegentlich Zweigs literarische Arbeit, was dieser akzeptierte. Später, im Exil, bat Roth Zweig wiederholt für sich, aber auch für andere, um finanzielle Unterstützung – meist mit Erfolg.
Roth besuchte das Schriftstellerehepaar gerne während seiner Aufenthalte in Salzburg.(Er wohnte jeweils im nahegelegenen Hotel Stein in der Stadt.) Auch zu Friderike Zweig entwickelte sich ein nahes persönliches Verhältnis, das für Roth besonders in der Zeit des Exils eine wichtige Stütze bedeutete.*

243 Joseph Roth an Stefan Zweig, Brief vom 20. Juni 1930. Handschrift. Verkleinert.
*»20. VI. 1930. Juni
Sehr verehrter und lieber Herr Stefan Zweig, ich bitte Sie nicht mehr um Entschuldigung für mein langes und bereits ungezogenes Schweigen, so sehr weiß ich, daß Sie mich kennen und daß Sie wissen, was mein Nicht-Schreiben bedeutet. Es heißt, daß ich die Distanz zu mir noch immer nicht finden kann und daß es mir schwer fällt, einen objektiven Bericht über mich zu liefern. Vielleicht ist es noch am besten, ich setze Ihnen die äußere Lage auseinander, da kann mir kein Fehler unterlaufen.
Vor mehr als einer Woche hat Kiepenheuer – er ist inzwischen verreist – mit Dr. Ruppel von der Kölnischen Zeitung wegen meiner Reise nach Rußland und Sibirien unterhandelt. Die Entscheidung der Kölnischen hätte schon da sein müssen, sie bleibt noch aus, und ich erwarte sie mit der größten Ungeduld. Sie ist das allerwichtigste für meine und meiner Frau nächsten Monate. Dr. Ruppel (der Feuilletonredakteur) behauptete, der Verlagsdirektor wünschte meine Mitarbeit von Herzen. Wenn er nicht lügt oder schnickt – und danach sieht er nicht aus – so hätte ich die allerbesten Chancen. Dieser Verlagsdirektor nun ist in Urlaub. Er hat dennoch mit Dr. Ruppel über meine Reise zu telephonieren versprochen und es schien, als sollte die Entscheidung noch vor seiner Rückkehr (Anfang Juli) fallen. Ich hoffe jeden Tag, daß sie kommt. Wenn mir die Reise abgelehnt wird, so wird es andere Gründe haben, die ich nur vermuten kann. Da ist eben nichts zu machen. In Turksib war bereits der ständige russische Korrespondent der Kölnischen. Ich habe, um größere Chancen zu bekommen zum Schrekken Aller, die das Land und meine Art kennen, nur 10-12 000 Mark verlangt – fünf Monate. Mehr zu fordern habe ich aus Angst nicht gewagt. Wie ich damit auskommen soll, weiß ich allerdings nicht. Denn ich muß mindestens 3000 Mark für meine Frau zurücklassen. Aber das Wasser geht mir bis zum Hals. Kiepenheuers teurere Autoren, Feuchtwanger Zweig Glaeser Heinrich Mann rücken jetzt mit ihren Manuscripten an, bekommen enorme Gelder, und Kiepenheuer stoppt mir*

HOTEL AM ZOO
FERNSPRECHER: J1 BISMARCK 7000-7015
TELEGR.-ADRESSE: ZOOHOTEL BERLIN

BERLIN W.15
KURFÜRSTENDAMM 25

20. VI. 1930, Juni

[Handwritten letter, illegible in image detail]

mit Recht *die Vorschüsse. Ich habe mehr als vernünftig ist, brauche 1200 M. für meine Frau, 800 für mich monatlich und habe 22 000 Mark Vorschuß. Nun habe ich seit voriger Woche wieder angefangen, Artikel zu schreiben – blöde Arbeit bei meiner Erschöpfung, Phantasielosigkeit, – und Kiepenheuers Zeitungsvertrieb vertreibt sie. Aber mehr als 500 Mark monatlich läßt sich mit Nachdrucken nicht verdienen. Kommt also Köln nicht, dann weiß ich nicht, was werden soll. Aber Köln muß einfach kommen. Im Oktober wird es sich zeigen, wie Hiob geht. Wenn er wenigstens 15 000 [Startauflage verkauft] hätte! Generalkonsul Pflaum ist freilich gestorben. Aber die Münchener wird mir vielleicht trotzdem noch bis August zahlen. Vorausgesetzt, daß es mir gelingt, Artikel für die Münchener zu schreiben, was natürlich dreifach schwer ist. Diesem Schmonzes bin ich nicht mehr gewachsen. Ich kann nicht anders denken als in größeren Zusammenhängen und es dauert lange, bevor es mir gelingt, ein nettes kleines Stückchen herauszureißen. Dann hasse ich es auch. Begreifen Sie also, wie ich auf Kohlen sitze. Für meine Frau kann ichs nicht billiger machen. Ich werde bis zu meiner allerletzten Möglichkeit dafür arbeiten, und wenn ich kaputt gehen sollte. Wenn es möglich ist, durch die Concordia – wie Ihre Frau schrieb – billigere Preise zu bekommen, ohne in eine andere Anstalt zu kommen, so wäre ich Ihnen natürlich herzlich dankbar. Durch Herrn Sarnetzki bei der Kölnischen wird wahrscheinlich leider nichts zu machen sein. Denn der Verlag allein scheint mir wohlgesinnt zu sein. Im Augenblick beherrscht mich also außer den schon alten Geschichten meiner Frau die Reise nach Sibirien. Ich bin ungeduldig, mißtrauisch, ekelhaft, mir graut vor mir. Es ist der glatteste Weg zur Unproduktivität.*

Nun merke ich, daß ich mich nicht mehr für mein Schweigen, sondern für mein Schreiben entschuldigen muß. Ich habe Ihnen lauter ekelhaftes Zeug geschrieben und bitte um Ihre Nachsicht. Wäre ich mit Ihnen zusammen, Ihr gutes freundschaftliches Auge könnte mehr sehn, als ich heute und hier schreiben kann. Betrachten Sie, bitte, diesen Brief nur als eine Mitteilung, die Auskunft geben soll. Jede Veränderung teile ich Ihnen sofort mit. Bald will ich auch Ihrer lieben Frau schreiben. – Ich hoffe, es geht Ihnen gut und wünsche Ihnen sehr herzlich alles Gute. Denken Sie an mich wie ich an Sie denke. Der Gedanke guter Freunde hat eine große Macht. Ich hoffe, daß der meinige Ihnen hilft.

Immer und herzlichst Ihr alter

Joseph Roth.«

(Briefe, S. 168-170, anhand der Handschrift korrigiert)

Die »Kölnische Zeitung« lehnte eine Entsendung Roths nach Rußland ab. Sie finanzierte 1931 nur eine »Kleine Reise« in Deutschland. Mittlerweile arbeitete Roth auch wieder für die »Frankfurter Zeitung«.

244 Cap d'Antibes. Grand Hôtel du Cap. Undatierte Fotografie.
In der ersten Hälfte des Jahres 1931 lud Stefan Zweig den Schriftstellerkollegen nach Antibes ein. Beide wohnten im Grand Hôtel. Roth – auf der Flucht vor Gläubigern – konnte ungestört am Roman »Der Radetzkymarsch« weiterarbeiten, während Zweig an seinem Roman »Marie Antoinette« schrieb.

Selbst wenn Roth nicht auf Reisen für Zeitungen war, wechselte er oft den Aufenthaltsort. Sein rastloses Leben bot ihm kaum Gelegenheit, Besitz zusammenzutragen – Bücher etwa, Kunstwerke oder andere Objekte, wie sie die meisten Menschen um sich anhäufen. Eine Ausnahme war das Sammeln von Taschenmessern, Spazierstöcken und Taschenuhren. So gerne Roth zusammentrug, so häufig verschenkte er wieder, wie Zeitgenossen zu berichten wissen.

245   Joseph Roth untersucht eine Uhr, Paris, Hotel Foyot. Fotografie, 1932.

246   Paris VI. Boulevard St. Germain. La Coupole. Undatierte Fotografie.
Eines der Cafés, die Roth während seiner Aufenthalte in Paris gern besuchte.

Romane im Verlag Kurt Wolff

Roth löste 1927 seinen Vertrag mit dem Verlag Die Schmiede und wechselte zum Verlag Kurt Wolff in München, wo die beiden Romane »Die Flucht ohne Ende« und »Zipper und sein Vater«, beide in gleicher grafischer Ausstattung, herauskamen.

247 Joseph Roth im Hotel Foyot, Paris. Fotografie, Ende der zwanziger Jahre.

248 Joseph Roth: Die Flucht ohne Ende. Ein Bericht, München: Kurt Wolff, 1927. Schutzumschlag.
Roth begann die Arbeit an diesem Buch während seiner Reise in der Sowjetunion. Im Frühjahr 1927 schloß er den Roman in Paris ab. Untertitel und Vorwort versprechen »Authentizität«: und wirklich, das Buch bietet eine Authentizität des Lebensempfindens, eines geradezu existentialistischen Gefühls von Sinnlosigkeit in einer ersten »verlorenen« Nachkriegsgeneration. Die abschließende Aussage über den Protagonisten lautet: »So überflüssig wie er war niemand in der Welt.«

247
248

249 B[runo] F[rei]: Ein paar Bücher. [Rezension von »Flucht ohne Ende« u. a.]. In: Der Abend, Wien, 6. Februar 1928, S. 5.
Frei kannte Roth gut seit den frühen zwanziger Jahren, als beide in Berlin als Journalisten arbeiteten und einander oft sahen.

250 Joseph Roth: Zipper und sein Vater, München: Kurt Wolff, 1928. Einband.
Mit »Zipper und sein Vater« legte Roth einen weiteren Zeitroman vor, den problematischen Versuchen gewidmet, sich einzuordnen in das als Folge des Krieges 1914/1918 entstandene neue soziale Gefüge.

251 Hans Natonek: Dichtung als Dokument. Der Roman, nach dem man sich sehnt. In: Neue Leipziger Zeitung, Leipzig, vom 27. November 1927, S. 33.

Natonek nahm einige Neuerscheinungen des Jahres 1927, unter ihnen Roths »Flucht ohne Ende«, zum Anlaß grundsätzlicher Erörterungen: der Forderung nach einem Realitätsbezug moderner Prosa, nach einer das Einzelindividuum übergreifenden Aktualität und Relevanz. Roths Verwendung der Bezeichnung »Bericht« statt »Roman« hebt er positiv hervor. Damit lag Roth jedenfalls voll im Trend. Wie weit seine Romane solche Erwartungen der Leser dann befriedigt haben, sei dahingestellt. Denn: Vertreter der »Neuen Sachlichkeit« sind sie eindeutig nicht.

Roth scheint sich mit Natoneks Artikel auseinandergesetzt zu haben; oder er hat mit vertiefter Kenntnis seines Handwerks den eigenen Stil unabhängig von Natonek reflektiert. Jedenfalls schrieb er 1930 eine programmatische Absage an diese Richtung: »Schluß mit der ›Neuen Sachlichkeit‹«, erschienen im Januar 1930 in der Zeitschrift »Die Literarische Welt«. Es sei ein Irrtum und eine Anmaßung, wenn sich eine bestimmte Art Literatur ein besonderes Etikett der Authentizität, der nahezu fotografisch genauen Wiedergabe einer Wirklichkeit zuspreche. Der Begriff der »Neuen Sachlichkeit«, plakativ und aufreißerisch ähnlich dem der »neuen Generation«, sei bloß dazu geeignet, eine »rein stoffliche Neugier« zu wecken, und lasse den künstlerischen Wert außer acht. Denn das Werk des Erzählers sei »niemals von der Realität gelöst, sondern in Wahrheit (durch das Mittel der Sprache) umgewandelte Realität«.

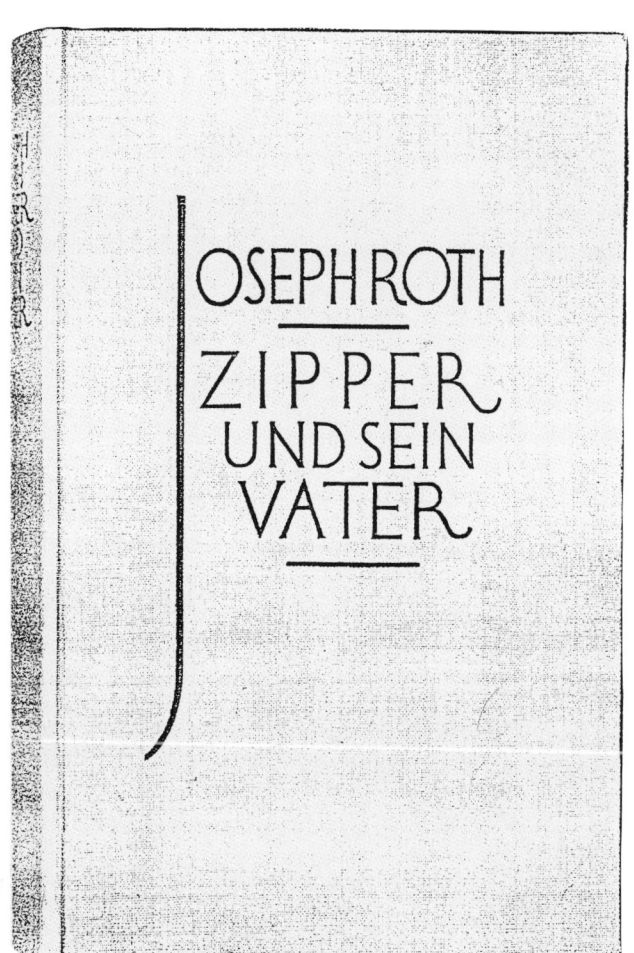

249
250

This page is a reproduction of a newspaper page (Neue Leipziger Zeitung, Sonntag, den 27. November 1927, Seite 33) and is too small/low-resolution to transcribe reliably in full.

Main headline: **Dichtung als Dokument** — Der Roman, nach dem man sich sehnt — Von Hans Natonek

Secondary headline: **Konferenz bei Exzellenz Schieffenzahn** oder: Ludendorff empfängt Stinnes im Hauptquartier Ober-Ost

DAS BUCH DES MONATS — DER NEUE WEG ZUM GUTEN BUCH

Für Dezember 1927: KNUT HAMSUN: LANDSTREICHER, Roman · Ganzleinen

Keine Leihbibliothek, keine Buchgemeinschaft, keine Ladenhüter, keine Bücher, die Sie schon kennen, sondern: — Sie können jetzt auf die Neuerscheinungen der führenden deutschen Verleger abonnieren **wie auf eine Zeitschrift!**

Sie haben die Gewähr, ein wirklich wertvolles und bleibendes Werk gleichzeitig mit dem Erscheinen im Buchhandel zum Lesen und Besitzen zu erhalten. Der Deutsche Buch-Club wählt, in Verbindung mit führenden Persönlichkeiten des deutschen Geisteslebens,

DAS BUCH DES MONATS

für Sie aus und schickt es Ihnen spesenfrei ins Haus. Kein Abnahmezwang des von uns gewählten Monatsbuches, sondern auf Wunsch ein Ersatzbuch aus der Auswahlliste. Der Abonnementsbetrag beträgt **MONATLICH RM. 6.—** ohne irgendwelche weiteren Mitgliedskosten. Vierteljährliche Kündigung!

DER DEUTSCHE BUCH-CLUB M.B.H. / HAMBURG 36
KLOPSTOCKSTRASSE 20

EHRENPRÄSIDIUM: HUGO VON HOFMANNSTHAL / DR. HANS PRINZHORN / WILHELM VON SCHOLZ

Der Verlag Kurt Wolff war ebensowenig in der Lage, Roths finanziellen Anforderungen zu entsprechen, wie vor ihm Die Schmiede. Gewiß verdankt Roth seinen steigenden Ruf als bedeutender Autor nicht zuletzt der Betreuung durch diese engagierten, literarisch anspruchsvollen Verlage. 1928 hatte er eine Position und einen Marktwert erreicht, der es ihm ermöglichte, erfolgreich mit Samuel Fischer zu verhandeln. Noch in diesem Jahr erhielt Roth bereits regelmäßige Zahlungen des Fischer Verlags.

252 Joseph Roth mit Samuel und Hedwig Fischer. Fotografie, 1928.

253 Joseph Roth: Der stumme Prophet. In: Die Neue Rundschau, Jg. 40 (1929), Heft 3, Umschlag.
Roth arbeitete an diesem Werk in den Jahren 1927 und 1928. Der Roman blieb unvollendet, nachdem der Verlag S. Fischer zwar einen Abschnitt zur Veröffentlichung in seiner Zeitschrift »Die Neue Rundschau« angenommen, das vorgelegte Manuskript jedoch für eine Buchpublikation abgelehnt hatte. Es sind mehrere Teile des Romanfragments erhalten, die Roth intensiv bearbeitet, letztlich aber nicht in einen kontinuierlichen Handlungsstrang gefügt hat.
Als der Verlag auch die Publikation des Romans »Rechts und Links« ablehnte, wechselte Roth zum Kiepenheuer Verlag über.

Die Romanfragmente »Der stumme Prophet« und »Perlefter« (1929) sind unvollendet geblieben, weil sie keinen der Verlage überzeugt haben; sie dokumentieren Roths Versuche, Erzählformen zu entwickeln, die zeitgenössischen Themen adäquat wären. Offenbar war auch Roth selbst von den Ergebnissen nicht befriedigt.
Das Fragment »Erdbeeren«, ebenfalls um 1929 entstanden, zeigt den Autor auf dem Weg, das zum Hauptthema zu erheben, was teilweise bereits in seine frühen Romane eingeflossen war: die Erinnerung an die Landschaft seiner Kindheit, das Leben der Juden; von hier auch kommt der Stoff zu »Hiob«, seinem ersten wirklich großen Erfolg.

Autor beim
Gustav Kiepenheuer Verlag

254 Joseph Roth. Fotografie, Ende der zwanziger Jahre.

Hermann Kesten, Cheflektor, sowie Walter Landauer, Prokurist des Verlags, überzeugten den Inhaber Gustav Kiepenheuer, dem S. Fischer Verlag den Vertrag mit Roth abzukaufen. Dieser Vertrag sicherte Roth durch Raten-Vorauszahlungen ein hohes regelmäßiges Monatseinkommen.

Roth sollte in der Folge im Kiepenheuer Verlag mehrere Werke, darunter die Hauptwerke »Hiob« und »Radetzkymarsch«, herausbringen. Roth wurde nunmehr von einem großen, modernen literarischen Strömungen aufgeschlossenen Verlag betreut, der seit einem Jahrzehnt zeitgenössische Autoren wie Georg Kaiser, Leonhard Frank, Ludwig Rubiner, Heinrich Mann, Lion Feuchtwanger, Ernst Toller, Bert Brecht, Arnold Zweig, Hermann Kesten und Anna Seghers publizierte. Der Verlag setzte mit der Zeitschrift »Kunstblatt«, dem Mappenwerk »Die Schaffenden«, der Reihe »Die graphischen Bücher« und der sorgfältigen Ausstattung seiner Bände auch auf dem bibliophilen Sektor Akzente.

255 Hermann Kesten und Walter Landauer. Fotografie, Berlin 1931.

256 Gustav Kiepenheuer. Fotografie, Juni 1930.
Im Gegensatz zu den freundschaftlichen Beziehungen, die zwischen den etwa gleichaltrigen Roth, Landauer und Kesten bestanden, scheinen sich Verleger und Autor nicht wirklich nahegekommen zu sein.

257-258 Verlagsvertrag zwischen Joseph Roth und dem Gustav Kiepenheuer Verlag, Berlin, 3. Juli 1929. S. 1-2.
Die Konditionen dieses Vertrags, die Roth wie stets mit großem Geschick aushandelte, strukturierten seine weiteren Arbeits- und Lebensbedingungen noch schärfer als bisher: Vertragsgegenstand waren ab nun zumeist Werke, die Roth vorgab, fast fertig zu haben, sowie Werke, die er nach dem Abschluß jener zu verfassen plante.
Negative Folgen der Honorarvorauszahlungen waren: Roth befand sich stets unter Zeitdruck, war stets in der Schuld seiner Verleger, da er die erhaltenen Vorschüsse sofort nach Erhalt aufbrauchte.
Zu den im Vertrag genannten Werken:
– »Juden und Antisemiten« wurde noch mehrfach angekündigt, aber nicht realisiert.

255
256

V e r t r a g

Zwischen Herrn Joseph R o t h , z.Zt. Berlin, einerseits (im folgenden kurz der Autor genannt) und der Gustav Kiepenheuer Verlag A.G., Berlin NW.87., Altonaer Str.4 (im folgenden kurz der Verlag genannt) andererseits wurde heute folgender Vertrag geschlossen:

§ 1.

Durch nachfolgenden Vertrag ist der Vertrag zwischen dem Verlag Kiepenheuer und Herrn Joseph Roth vom 1o.Dez.28 erloschen.

§ 2.

Der Verlag erwirbt durch diesen Vertrag das ausschliessliche Verlagsrecht an folgenden Büchern des Autors:
1) an dem Buch "Juden und Antisemiten"
2) an dem Roman "Die stummen Propheten" (der bereits geschrieben ist)
3) an dem Roman "Die zwanzig Kapitel" (der ebenfalls bereits geschrieben ist)
4) an dem Roman, den der Autor nach diesen beiden Romanen schreiben wird, und der im Laufe des nächsten Jahres, spätestens bis zum 1.September, dem Verlag zu übergeben ist.

§ 3.

Der Autor verpflichtet sich, nach Abschluss des Vertrages dem Verlag seine beiden Romane "die stummen Propheten" und "Die zwanzig Kapitel" druckfertig zu übergeben, und verpflichtet sich ferner, sein Buch über "Juden und Antisemiten" dem Verlag bis zum 15.August 29 druckfertig zu übergeben.
Korrekturen, die das Mass des Ueblichen, d.s. 1o% des Satzpreises, übersteigen, gehen zu Lasten des Autors.

§ 4.

Der Autor hat als Voraushonorierung bereits ℳ 4ooo.- erhalten. Der Verlag verpflichtet sich des weiteren, den Vorschuss, den der Autor beim Verlag S.Fischer hat, in Höhe von ℳ 115oo.- zurückzuzahlen, zu Zeitpunkten, über die noch Vereinbarung getroffen wird. Schliesslich ist der Verlag verpflichtet, dem Autor ab Juli 12 Monatsraten von ℳ 5oo.- zu zahlen, und zwar spätestens bis zum 2o.eines jeden Monats.

§ 5.

Der Autor erhält als Honorar einen Anteil von 15% vom broschierten Ladenpreis für jedes verkaufte Exemplar, jedoch vom 16.Tausend ab 17%.

§ 6.

Form, Ausstattung, Preis, sowie Auflagenhöhe werden vom Verlag festgesetzt. Wünsche des Autors über die Ausstattung werden berücksichtigt.

§ 7.

Dem Verlag steht das Vorabdrucks- und Nachdrucksrecht in Zeitungen und Zeitschriften, das Uebersetzungsrecht, Filmrecht und Radioverbreitungsrecht zu.
Von allen Eingängen aus diesen Rechten erhält der Verlag einen Anteil von 25% und der Autor einen Anteil von 75%.

257

§ 8.

Sämtliche Honorare, die dem Autor zustehen aus den Werken, die der Verlag durch diesen Vertrag erworben hat, werden à conto der Zahlungen, die der Verlag bereits geleistet und zu denen er sich nach § 4 verpflichtet hat, verrechnet. Eventuelle Ueberschüsse werden vierteljährlich unter jeweiliger Uebersendung der Abrechnung an den Autor abgeführt. Diese Abrechnung findet am 15.1., 15.4., 15.7. und 15.10. statt.

§ 9.

Der Autor erhält von jedem Tausend 10 Freiexemplare, und zwar zur Hälfte broschiert und zur Hälfte gebunden. Weitere Exemplare stehen dem Autor jederzeit mit Autorenhöchstrabatt zur Verfügung.

§ 10.

Dieser Vertrag wurde von beiden Vertragsschliessenden gelesen, genehmigt und rechtskräftig auch für ihre Rechtsnachfolger unterzeichnet.

Gerichtsstand ist das Amtsgericht Berlin-Mitte, soweit zuständig, sonst das Landgericht I Berlin.

Berlin, d. 2. Juli 1929   Gustav Kiepenheuer Verlag AG

Berlin, d. 3. Juli 1929.   Nachtrag

Über die im §4 genannte an den Verlag S. Fischer (Berlin) zurückzuzahlende Summe wird noch gesprochen werden von beiden vertragschließenden Teilen.

Dieser Nachtrag wird im Einverständnis beider vertragschließenden Parteien hinzugefügt.

Joseph Roth

259

– »Die stummen Propheten« blieb unvollendet; ein Teil davon, »Ein Kapitel Revolution«, erschien jedoch in der von Hermann Kesten herausgegebenen Anthologie »Vierundzwanzig neue deutsche Erzähler« 1929.
– »Die zwanzig Kapitel« veröffentlichte Kiepenheuer unter dem Titel »Rechts und Links«.
– Mit dem »folgenden Roman« kann »Perlefter« (zu Lebzeiten Roths nur in Teilen erschienen) oder der 1930 publizierte »Hiob« gemeint gewesen sein.

259 Joseph Roth: Rechts und Links. Roman, Berlin: Kiepenheuer, 1929. Schutzumschlag nach einem Entwurf von Georg Salter.
Dieser Roman gehört ebenfalls der Gruppe jener Prosawerke an, die das Erleben der Umwälzungen der Nachkriegszeit in seiner Wirkung auf die jüngere und auf die Vätergeneration darstellen.
Ein Teil der 2. Auflage erschien in etwas einfacherer Aufmachung in der preisgünstigen Sonderreihe des Verlags »Die moderne Romanreihe«.

260 Joseph Roth. Fotografie, 1932 gewidmet seinem Verleger Gustav Kiepenheuer. Vorderseite.
Die Widmung auf der Rückseite lautet: »Dem Herrn Meister Gustav Kiepenheuer. Joseph Roth. November 1932.«

261 Prospekt des Gustav Kiepenheuer Verlags »Im Jahre 1929 neuerschienene Bücher«, S. 3.
Angekündigt sind Roths Roman »Rechts und Links« und die Anthologie »Das Deutsche Lesebuch«, die schließlich nicht produziert wurde, obwohl schon an mehreren Stellen für sie geworben worden war.

262 Berlin. Altonaer Straße 4. Fotografie, um 1930.
Das Haus, in dem der Verlag Gustav Kiepenheuer von 1928 bis 1933 residierte.

JOSEPH ROTH

RECHTS UND LINKS

Roman / 1.—8. Tausend

Broschiert M. 5.— / Leinen M. 7.—

Ein großes Zeitbild aus der deutschen Nachkriegszeit, der Zeit der innenpolitischen Kämpfe. Der große Charakterschilderer Joseph Roth gibt eine schlagende Entlarvung der modernen Gesellschaft und eine treffende Schilderung der alten und neuen Generation, die nach dem Weltkrieg, den politischen Umwälzungen und den sozialen Veränderungen schwankend geworden ist in ihrer Weltanschauung und in ihren politischen Zielen.

DAS
DEUTSCHE LESEBUCH

Broschiert ca. M. 2.50 / Leinen ca. M. 3.50

In Form, Gruppierung und Inhalt einem der üblichen Lesebücher ähnlich, ist es in Wirklichkeit das berichtigte Lesebuch für erwachsene Deutsche aller Klassen. Es korrigiert die Irrtümer einer inhaltlosen Überlieferung; es rechnet ab mit der Verlogenheit; es rechtfertigt aber die inhaltsvolle Überlieferung und erhebt das Wirkliche, das Echte, das Gute einer deutschen und europäischen Tradition zu neuer Achtung.

verlag von gustav kiepenheuer · berlin

260
261 / 262

»Hiob. Roman eines einfachen Mannes«

263 Joseph Roth: [»Wasserträger Mendel. Fragment eines Romans«, Vorstufe zu »Hiob«], Handschrift, 1. Kapitel, S. 1; verkleinert; Text abgedruckt in: Werke, Band 5, S. 850.

264 Joseph Roth: Hiob. Roman eines einfachen Mannes. 2. Auflage, Berlin: Kiepenheuer, 1930. Schutzumschlag nach einem Entwurf von Georg Salter.

Der Roman »Hiob« machte Roth berühmt. Er erschien zwischen dem 14. September und dem 21. Oktober 1930 als Vorabdruck in der »Frankfurter Zeitung«. Ein Jahr nach der deutschsprachigen Buchausgabe folgte bereits eine amerikanische (»Book of the Month«, November 1931), 1933 eine britische.

»Hiob« ist die Geschichte eines Wunders, zugleich eine Beschwörung der Nachsicht Gottes. Titelheld des Romans ist der fromme Ostjude Mendel Singer, den – wie den biblischen Hiob – ein Schicksalsschlag nach dem anderen trifft: Krieg, Wahnsinn und Tod zerstören seine Familie, nachdem er bereits vorher, im Interesse der anderen Familienmitglieder, bei der Emigration nach Amerika einen schwachsinnigen Sohn in Rußland zurückgelassen hatte. Am Ende dieser langen Kette von Heimsuchungen lästert er Gott, erhebt sich gegen ihn, kündigt ihm sein Vertrauen. Doch er kann die Bindung an Gott nicht ablegen: »Ich bete nicht! sagte sich Mendel. Aber es tat ihm weh, daß er nicht betete. Sein Zorn schmerzte ihn und die Machtlosigkeit dieses Zorns.«

Roths Hiob fühlt sich von seinem Gott verlassen, ist aber in seiner Not nicht allein: Seine Freunde bezeugen ihm ihre Verbundenheit, verstoßen ihn trotz seiner Blasphemien nicht aus ihrer Gemeinschaft. Sie beziehen ihn sogar weiterhin als stummen Gast und Beisitzer in ihre religiösen Feiern ein und erhalten so seine Integration im Judentum aufrecht. Daher kann Mendel Singer, als dann das Wunder eintritt und sein verloren geglaubter Sohn, gesund und erfolgreich, eintrifft, den Vater zu sich zu holen, sein Vertrauen zu Gott erneuern und den Herrn loben: »Er ist so groß, daß unsere Schlechtigkeit ganz klein wird«.

Es liegt nahe, in das Buch eine verzweifelte Hoffnung auf ein Wunder, das Friedl heilen sollte, hineinzulesen.

265 Joseph Roth: Job. The Story of a Simple Man. Translated by Dorothy Thompson. New York: Viking Press, 1931. Titelseite.

264
265

266-267 Prospekt des Verlags Kiepenheuer zu Joseph Roths »Hiob« mit Pressestimmen. 1931.

268 Wunsch-Spiegel in: Welt-Spiegel, Beilage der Tageszeitung »Berliner Tageblatt«, Berlin, vom 15. Januar 1931, S. 14.
Das Ergebnis einer Umfrage unter Lesern der Berliner Illustrierten zeigt Roth als einen der beliebtesten Autoren.

Dieser Beliebtheits- (und Bekanntheits)grad entspricht dem Tenor der Rezensionen.
Das Publikum wie die Kritiker kamen zu einem äußerst positiven Urteil über das Buch. Auf inhaltlicher Ebene lädt die Handlung mit all den Schicksalsschlägen, die über den Protagonisten hereinbrechen, Leser und Leserinnen zur Anteilnahme ein. Auf der literarischen Ebene kam Roths sprachliche Meisterschaft voll zur Geltung. Die Abkehr von den Stilmitteln der »Neuen Sachlichkeit« erlaubte dem Autor eine kontinuierliche Konstruktion der Charaktere, eine Verdichtung der den jeweiligen handelnden Personen und Situationen zugehörigen emotionellen Werte. Zudem vermittelt der Roman ein suggestives Bild ostjüdischer Frömmigkeit, was für viele seiner Leser auch einen exotischen Reiz haben mochte.
Die Handlung des Romans bot sich als Filmstory an. Eine adäquate Umsetzung in das filmische Medium wurde jedoch nicht realisiert. Ein erstes, unter Mitarbeit des in Amerika lebenden russisch-jiddischen Bühnenschriftstellers Ossip Dymow und des Drehbuchautors Frederick Kohner entstandenes Script wurde verworfen, statt dessen eine Adaption produziert, die aus Roths Juden Katholiken und Tiroler machte und die Handlung nach Südtirol verlegte. Der Verfilmung mangelte nicht nur die künstlerische Qualität, sie wurde auch von vielen Juden als Affront aufgefaßt, und Roth verdächtigt, des Geldes wegen mitgewirkt zu haben. Tatsächlich war er, nachdem er die Filmrechte verkauft hatte, nicht mehr in der Lage, auf die Produktion des Films Einfluß zu nehmen.

Wunsch-Spiegel

Die meisten Stimmen erhielten in der Woche vom 15. bis zum 21. Januar die hier abgebildeten Persönlichkeiten

Wir stellen Ihnen vor:

Wieder sind es Köpfe aus den verschiedenen Disziplinen der deutschen Wissenschaft und Literatur, die im Vordergrund des Interesses stehen. Aber auch aus dem Auslande holen sich unsere Leser berühmte Namen, deren Porträts sie kennenlernen möchten. So führt über den „Wunsch-Spiegel" jenes unsichtbare kulturelle Band, das die Geistigkeit in allen Staaten verbindet.

Professor Ferdinand Sauerbruch, Direktor der Chirurgischen Klinik am Charité-Krankenhause in Berlin. Glänzender Operateur, einer der ideenreichsten Chirurgen, namentlich die Lungenchirurgie hat er bedeutend vervollkommnet. Auch hat er einen Kunstarm konstruiert.

Professor Ferdinand Sauerbruch

Erich Kleiber, geborener Wiener, wurde in schnellem Aufstieg schon mit 33 Jahren Generalmusikdirektor der Berliner Staatsoper und Dirigent der Staatsopernkonzerte. Er hat viel für moderne Musik getan, im Bereich des klassischen Repertoires besonders Mozart liebevoll gepflegt.

Erich Kleiber

Joseph Roth hat eine sehr rasche Karriere als Journalist gemacht. Er ist einer unserer besten Reiseschriftsteller, weil er nicht nur ein geborener Journalist ist, sondern auch ein guter Romancier, ein dichterischer Mensch. Sein neuestes, erfolgreiches Buch ist der Roman „Hiob".

Joseph Roth

André Maurois' Biographien werden in der ganzen Welt gelesen, mit besonderem Vergnügen an dem geistreich natürlichen Stil dieses Franzosen, an der Spannung der beschriebenen Schicksale, an dem Wissen, das hier weder gelehrt nüchtern noch krankhaft pompös zur Geltung kommt.

André Maurois

Professor Eugen Steinach, Vorsteher der Physiologischen Abteilung der Biologischen Versuchsanstalt in Wien. Bekannt durch seine Studien über die Möglichkeit einer Verjüngung; er wurde darauf geführt, als er bei Tieren Keimdrüsen von einem Geschlecht auf das andere überpflanzte.

Professor Eugen Steinach

Jean Giraudoux ist jetzt auch bei uns entdeckt worden. Sein Stück „Amphitryon 38" wird in Berlin gespielt, und man interessiert sich allmählich auch immer mehr für Giraudoux' Prosa, deren besondere Vorzüge die ausgezeichnete und besonnene Psychologie und die feine Ironie sind.

Jean Giraudoux

Maria Müller, ein international begehrter Opernstar, in der New Yorker Metropolitan-Oper ebenso zu Hause wie in der Berliner Staatsoper. Ihr virtuos kultivierter, angenehm timbrierter Sopran und die sympathische Blondheit machen sie zu einer gesuchten Vertreterin jugendlicher Rollen.

Maria Müller

Ludwig Renn ist mit seinem Buch „Krieg" berühmt geworden. Renn ist ein Pseudonym, dessen Träger als adliger Offizier den Krieg an der Front mitgemacht hat und durch die Kriegs- und Nachkriegserlebnisse zum Revolutionär geworden ist. Sein Buch „Nachkrieg" schildert diesen Weg.

Ludwig Renn

Dr. Werner Hegemann ist eine der interessantesten Persönlichkeiten der deutschen Architektenwelt. Der aus Mannheim gebürtige Fünfzigjährige hat ein hervorragendes Werk unter dem Titel „Das steinerne Berlin" veröffentlicht.

Dr. Werner Hegemann

Wen möchten Sie kennenlernen?

Auch weiterhin macht es sich der „Welt-Spiegel" zur Aufgabe, diejenigen Persönlichkeiten der Leserschaft vorzustellen, die auf allen Gebieten des kulturellen Lebens in hervorragender Weise tätig sind, ohne dass ihr Bildnis durch die illustrierte Zeitung in der Oeffentlichkeit bekannt wird.

Wir bitten, den hier beigefügten Wunschzettel auszuschneiden und ausgeschnitten an die Redaktion des „Welt-Spiegel" einzusenden oder in einer Filiale der Firma Rudolf Mosse abzugeben. Wir werden Ihre Wünsche nach Möglichkeit erfüllen. Die Entscheidung über die Veröffentlichung behält sich die Redaktion vor. Einsendungen im Umschlag müssen den Vermerk **„Wunschbildnis"** *tragen.*

Wunschzettel des „Welt-Spiegel"

Ich möchte kennenlernen:

Name:

Adresse:

Kurze Begründung meines Vorschlags:

Unterschrift des Einsenders:

Adresse:

Theodor Lessing ist ein Schriftsteller und Gelehrter, den das „andere" Deutschland bekämpft wie kaum einen anderen. Warum? Weil er schreiben kann, weil er ein Freund des Friedens, ein Feind jeder Gewalt, ein Anwalt der Gerechtigkeit und Wahrheit ist.

Theodor Lessing

269–270 Peter Halley: Marlene Dietrich Confesses, in: Sunday Referee, London, vom 1. November 1936.

Dietrich Confesses

"MISS DIETRICH — will you tell me, please, what annoys you more than anything else in the whole world?"

The answer came without hesitation; with a quiet, incisive certainty, a cold, knife-edged scorn. Almost, it was a rebuke.

"Intrusion," said Marlene.

"Of any sort?"

"Practically of any sort. But especially on my private life."

Who can blame the interviewer for feeling, in such circumstances, a little guilty? As if to make amends:

ANSWERED FOR ALL TIME

"Would you," I said, "be prepared to grant me an interview that might end all interviews? Would you let me ask you the sort of questions that every reporter is eager to ask you, and every Dietrich-fan eager to have answered? Would you answer them once and for all time; and, with luck, never have to be pestered again?"

The scorn evaporated. Marlene smiled. And I relaxed.

"With luck?" she said. "I have already told your readers that I believe in fate—not in luck. And I imagine that Fate has other things in store for me than the gift of avoiding intruders.... Come, ask me your questions."

*

"What interests you more than anything else?"

"My work."

"Then let us talk about that first. Who is your favourite leading man?"

"I have none. It is not right for an actress to have favourites among her leading men. She should work equally well and equally hard with all of them. But the directors—the men who mould and shape her acting—among them she can have a favourite."

"Who is your favourite director?"

"Josef von Sternberg."

"What do you consider to be the best picture you have made?"

"'The Devil is a Woman.'"

[The Devil is a Woman: Paramount picture first shown in London on Sept. 9, 1935. Subsequently banned in Spain, owing to alleged aspersions on character of a Spanish officer.]

"Would you like your daughter to be a film-star?"

"If she wants to, yes, certainly."

"Do *you* want her to?"

Marlene does not answer. I phrase the question differently.

"What, actually, are your ambitions for your daughter?"

"Only that she should be happy. So long as she is happy, she can follow any career she chooses — film-star, laundress, secretary, housewife, what you will."

"What would you like to be if you were not a film-star?"

"A camera-man."

"You are very bound up with films. Do they mean so much to you?"

"Almost, they mean my life."

PUBLIC LIFE A DUTY

"Are there times when you hate being a great public figure?"

"No, never. It is all a part of my work. Public life for a film-star is just as much a duty as the making of a film."

"What," I continued, "are your favourite hobbies?"

"I have none."

"No favourite hobbies, or no hobbies at all?"

"No hobbies at all. I have no time for anything but my work —and resting from my work. When I rest, I really rest. I do nothing."

"How, then, would you spend your ideal holiday?"

"On the water. Because that is the most restful way there is of resting."

"Are you fond of sport?"

"No."

"Neither as a player nor as a spectator?"

"Neither."

One is amazed at the galvanic energy, the radiant health of this woman, who works harder than half a dozen film-stars put together.

"What is your golden rule for keeping healthy?"

"Don't eat too much. Gluttony is the cause of most avoidable illnesses."

"What is your favourite dish for breakfast?"

"Oranges."

"For lunch?"

"Vegetable salad."

*

"For dinner?"

"Steak."

"What is your favourite drink?"

"Champagne."

"How much sleep do you need?"

"Not much. Five or six hours is generally ample."

"You say that when you rest you really rest—that you do nothing. Did you mean that literally?"

"No. I meant that I avoid active recreation. I take my leisure passively. I look, I listen. I let impressions sink into my mind. I read a book, stare at a picture, visit a play, a film or a concert."

"What is your favourite book?"

"*Job*, by Joseph Roth."

[Job: An English version of this German novel was published by Heinemann, 1933.]

"Your favourite picture?"

"*The Absinthe Drinker*, by Picasso. I own it. So I can look at it as much as I like."

"What is your favourite play?"

"*Noah*, by André Obey."

"Your favourite film?"

"*Crime and Punishment*."

"Your favourite piece of music?"

"*Le Sacré du Printemps*, by Stravinsky."

And there are some who still believe that film-stars are never intelligent.

"What type of man do you most admire?"

"The intelligent type."

"And woman?"

"The same."

"Do you think beautiful women are to be admired?"

"Not for their looks alone."

"How do you, with all your hard work, manage to remain so beautiful?"

"In what way?"

I take that to be the height of modesty, coming from one of the most beautiful women in the world.

MY HAPPIEST CLOTHES

"In many, many ways. But I will be more detailed. How often do you visit your hair-dresser?"

"Several times a *day*."

"What shade of powder do you prefer in the morning?"

"Natural."

"And in the evening?"

"It all depends on what you wear. The same with lipstick."

"What is your favourite material for evening-dress?"

"Chiffon."

"What are your favourite colours?"

"Black and white."

"In what clothes do you feel happiest?"

"Men's clothes."

And with this last, rather startling confession, Marlene seemed to think that I had run the whole gamut of answerable questions.

She smiled and we shook hands.

PETER HALLEY

Die berühmte Schauspielerin bezeichnet in diesem Interview Roths »Hiob« als ihr liebstes Buch.

»Radetzkymarsch«

271 Joseph Roth: Radetzkymarsch. Erste Seite der einzigen bekannten Handschrift dieses Werks. Verkleinert.

Von Herbst 1930 bis zum Herbst 1932, mehrfach durch Krankheiten unterbrochen, arbeitete Roth an seinem »altösterreichischen Roman«. Der dauernde Geldbedarf, hervorgerufen durch immer neue Therapieversuche an seiner Frau (und nicht zuletzt durch den eigenen aufwendigen Lebensstil), bedingte ständige Ansuchen um Vorschüsse und damit einen permanenten Zeitdruck, die versprochenen Teillieferungen auch rechtzeitig fertigzustellen: Als der Roman am 17. April 1932 in Fortsetzungen als Vorabdruck in der »Frankfurter Zeitung« zu erscheinen begann, war er noch nicht abgeschlossen.

Die Buchausgabe mit einem gründlich überarbeiteten Text erschien im September 1932. Was Roth während der Arbeit am Roman an regelmäßigen Vorschüssen erhalten hatte, summierte sich auf den enormen Betrag von 22 000 Mark, wie er am 15. Dezember 1932 an Stefan Zweig schrieb (Briefe, S. 244, dort falsch datiert).

Diese Vorschüsse in einer Zeit zu ermöglichen, die für den Verlag keine großen Umsatzchancen bot, gelang dem Joseph Roth persönlich sehr zugetanen Prokuristen Walter Landauer.

272 Joseph Roth. Fotografie, 1932.

273 Walter Landauer und Joseph Roth. Fotografie, um 1930.

Walter Landauer (1902–1945) war durch seine erfolgreiche Tätigkeit als Assistent im Verlag Die Schmiede bekannt geworden, wo drei frühe Werke Joseph Roths erschienen waren. 1928 wurde er auf Initiative von Fritz Landshoff, Kiepenheuers Partner und Mitdirektor, als Prokurist in den Gustav Kiepenheuer Verlag übernommen. Nach der Machtübernahme durch die Nationalsozialisten sollte er als Leiter der deutschsprachigen Abteilung des Amsterdamer Verlags Allert de Lange auch weiterhin ein Protektor Roths bleiben. Es war übrigens ein Vorschlag Landauers gewesen, Kaiser Franz Joseph im »Radetzkymarsch« als Romanfigur auftreten zu lassen.

272
273

274 Johann Strauß (Vater): Radetzky-Marsch. Op. 228. Leipzig: Benjamin, undatiert (um 1925). Titelseite. Klavierauszug, aus Roths Besitz.

275-276 Joseph Roth, Otto Zarek, Hermann Kesten und Paul Frischauer an Stefan Zweig, Ansichtskarte vom 30. April 1932.
Der Text auf der Rückseite der Ansichtskarte (bezeichnet als: »Mampe-Stube 169, Friedrichstr. 169 Hintere Trinkstube«) lautet:
»*Sehr verehrter und lieber Stefan Zweig, in aller Eile! Vor einer Woche seit Monaten lagernde Post abgeholt, darunter Ihren lieben Brief. Trotz Anfang [des Abdrucks von ›Radetzkymarsch‹] in F[rankfurter]. Z[eitung]. noch im Schreiben. Sehr aufgeregt, sehr unglücklich, sehr hastig und ohne Nerven. Bald Genaues!*
    Herzlichst Ihr alter
              J. R.
Viele herzlich[e] Grüsse – in der Hoffnung, dass wir uns in Berlin, wo ich bleibe, sehen, in alter Treue   *Otto Zarek*
Herzliche und sehr ergebene Grüsse Ihr Hermann Kesten
Alles Herzliche! Schon zurück von der Vortragsreise? Immer Ihr ganz ergebener
              Paul Frischauer«
(Briefe, S. 216, korrigiert anhand des Originals)

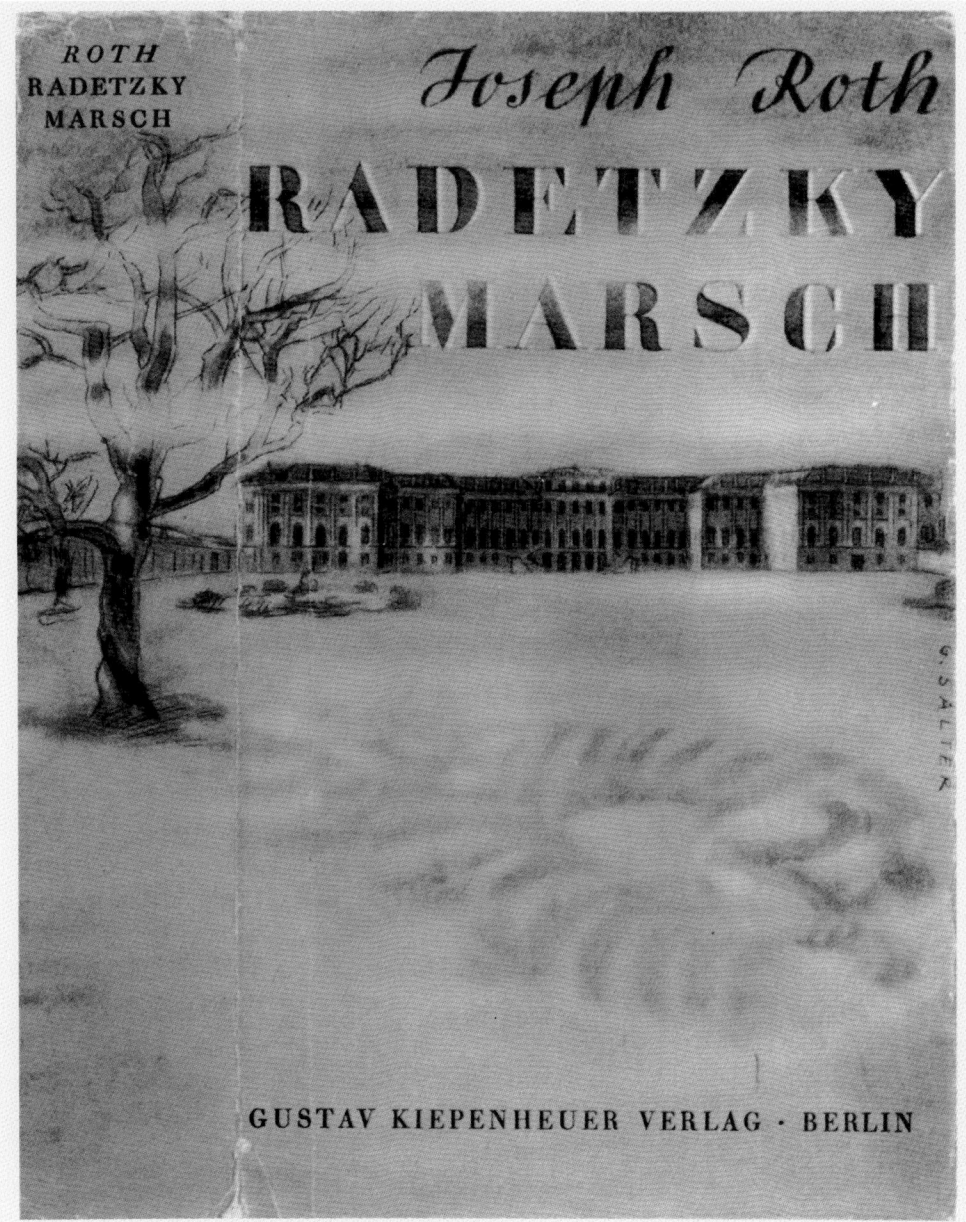

277 Joseph Roth. Radetzkymarsch. Roman, 2. Auflage: 13.-20. Tausend, Berlin: Kiepenheuer, 1932. Schutzumschlag nach einem Entwurf von Georg Salter.
Nach »Hiob« war »Radetzkymarsch« der zweite große Erfolgsroman Joseph Roths, den Kiepenheuer herausbrachte.
Die Gestaltung des Schutzumschlags durch den erfahrenen Georg Salter (um seine Mitwirkung hatte sich besonders Walter Landauer bemüht) war aus evokativen Elementen komponiert: das kaiserliche Schloß Schönbrunn mit seinem Gartenparterre, davor ein verdorrter Baum, der einen Schatten in Form des Doppeladlers wirft, zu der elegischen Grundstimmung des Romans passend. Bei der zweiten Auflage ließ der Verlag auf diesen Teil des Umschlags keinen Text aufdrucken, um die Motive deutlich erkennbar zu halten.

»Radetzkymarsch« ist ein Wendepunkt in Joseph Roths Romanschaffen, der erste der ungemein suggestiven, retrospektiven Texte, die von nun an den Grundtenor seines erzählerischen Werks ausmachen.
Die ostgalizische Heimat und, ihr übergeordnet, aber emotionell gleichgestellt, die multinationale Habsburgermonarchie werden von Roth als wärmende Heimat für alle ihre Bewohner hochstilisiert. Das Unbehagen an der Gegenwart verschärfte das Heimweh nach der Vergangenheit: Roth dichtete die Welt seiner Jugend um zu einer rückwärtsgewandten Utopie.

Dem ersten Teil des Vorabdrucks in der »Frankfurter Zeitung« stellte Roth folgende Einleitung voran:

»Ein grausamer Wille der Geschichte hat mein altes Vaterland, die österreichisch-ungarische Monarchie, zertrümmert. Ich habe es geliebt, dieses Vaterland, das mir erlaubte, ein Patriot und ein Weltbürger zugleich zu sein, ein Österreicher und ein Deutscher unter allen österreichischen Völkern. Ich habe die Tugenden und Vorzüge dieses Vaterlands geliebt, und ich liebe heute, da es verstorben und verloren ist, auch noch seine Fehler und seine Schwächen. Deren hatte es viele. Es hat sie durch seinen Tod gebüßt. Es ist fast unmittelbar aus der Operettenvorstellung in das schaurige Theater des Weltkriegs gegangen. Die Militärkapelle, die meine Marschkompanie zum Wiener Nordbahnhof begleitete, spielte ein Potpourri aus den Melodien von Lehár und Strauß, und der Pfiff der Lokomotive, die uns zum Schlachtfeld führen sollte, verlor sich in den verwehenden Klängen der zurückgebliebenen Trommeln und Trompeten, während unser Zug dem Tod entgegenglitt. Es war eine Woche nach dem Tode des alten Kaisers. In der funkelnagelneuen Felduniform, die wir bei der Abfahrt trugen, hatten wir bei seinem Begräbnis vor der Kapuzinergruft Spalier gebildet. Und es war, als schickte uns noch der tote Kaiser in den Tod. Und während er mit dem gedämpften Pomp begraben wurde, den das ewige Schweigen der Gefallenen und die lauten Wehrufe der Verkrüppelten dem Zeremonienmeister diktiert hatten, wußten wir alle, seine Soldaten, daß unser letzter Kaiser dahingegangen war und mit ihm unsere Heimat, unsere Jugend und unsere Welt. Sein Nachfolger war lediglich der ohnmächtige und vorläufige Verwalter und Zusammenhalter eines Erbes, dessen neue Besitzer schon warteten, das verbriefte Recht der Weltgeschichte in Händen. Den Willen der Weltgeschichte erkannte ich wohl, ihren Sinn verstehe ich nicht immer. Wenn sie wirklich das Weltgericht ist, so erscheint sie mir zuweilen nicht weniger frei von Rechtsirrtümern und -fehlern als ein gewöhnliches Bezirks- oder Landesgericht. Denn auf eine äußerst sorglose Weise überläßt sie gelegentlich das Urteil über die alte österreichisch-ungarische Monarchie dem Kino, der Tonfilmoperette und den lächerlichen Verkündern der landläufigen Schablonenweisheiten. Und man mag daran erkennen, daß die bitterernste Klio ihre Aufgaben manchmal ihren leichteren Schwestern übergibt.

Mir und vielen anderen meiner internationalen Landsleute, die gleich mir ein Vaterland und damit eine Welt verloren haben, ist ein ganz anderes Österreich bekannt und vertraut als jenes, das sich in seinen Export-Operetten zu Lebzeiten offenbart hat und das sich nach dem Tode nur noch in seinem billigsten Export bewahrt. Ich habe die merkwürdige Familie der Trottas, von denen ich in meinem Buch ›Radetzkymarsch‹ berichten will, gekannt und geliebt, die Spartaner unter den Österreichern. An ihrem Aufstieg, an ihrem Untergang glaube ich den Willen jener unheimlichen Macht erkennen zu dürfen, die am Schicksal eines Geschlechts das einer historischen Gewalt deutet.

Die Völker vergehn, die Reiche verwehn. (Aus den vergehenden besteht die Geschichte.) Aus dem Vergehenden, dem Verwehenden das Merkwürdige und zugleich das Menschlich-Bezeichnende festzuhalten ist die Pflicht des Schriftstellers. Er hat die erhabene und bescheidene Aufgabe, die privaten Schicksale aufzuklauben, welche die Geschichte fallenläßt, blind und leichtfertig, wie es scheint.«

(Joseph Roth: »Vorwort zu meinem Roman ›Radetzkymarsch‹«. In: Werke, Band 5, S. 874-875)

278 Brünn/Brno, Mähren/Tschechische Republik. Parade des k. u. k. Infanterie-Regiments Nr. 49. Fotografie, 1900.
Als Teil der Armee war der einzelne Soldat

auch Teil des Dekorums des Staates: zu allen richtigen Festtagen gehörte die Teilnahme des Militärs in Form von Paraden und das Aufspielen der Militärmusik.

279 Entwürfe zu Werbeanzeigen für die amerikanische Ausgabe des Romans »Radetzkymarsch«, 1933. Probedruck.
Zumindest die rechts abgebildete dieser im Operettenstil gehaltenen Skizzen wurde veröffentlicht, und zwar in der Tageszeitung »New York Herald Tribune« vom 15. Oktober 1933, S. VII/12, in einer Werbespalte der Viking Press.

Die hohen Einnahmen, die der Kiepenheuer Verlag durch den guten Verkauf des Romans hatte (bis Dezember 1932 waren 30 000 Exemplare gedruckt worden), ließen Roth hoffen, seine von den Vorschüssen herrührenden Schulden bald abzahlen und darüber hinaus selbst Erträge erhalten zu können.
Letztlich aber brachte der »Radetzkymarsch« Roth nur Ruhm, kein Geld: denn die in- und eine Zeitlang sogar die ausländischen Einnahmen aus seinen Kiepenheuer-Titeln wurden nach dem Regierungsantritt der Nationalsozialisten an den Verlag nach Deutschland statt an den Autor im Exil überwiesen.
Die Jahre der Weimarer Republik waren geprägt von dem aggressiven Auftreten nationalsozialistischer Gruppen und ihrer Einschüchterungsversuche mittels einer hemmungslos diffamierenden Presse, andererseits durch gewalttätige Straßenaktionen.
Roth hatte seit den frühen zwanziger Jahren vor der faschistischen Gefahr gewarnt – sensibel auch in den Bereichen, die ihn (noch) nicht unmittelbar betrafen. 1932 sagte er in einem Brief an Stefan Zweig die existentiellen Folgen für sich (und seinesgleichen) voraus:
»Der Verlag Kiepenheuer hält nur so lange, wie seine jüdischen Geldgeber in Deutschland bleiben. Aber Alles spricht dafür, daß sie Berlin verlassen. Der Nationalsozialismus trifft mich also im Privatesten – abgesehen davon, daß die Buchhändler terrorisiert und selber auch nationalistisch, ein Ende machen wollen mit der Literatur, die sie zivilisatorisch nennen, westeuropäische und so weiter.«
(7. August 1932, Briefe, S. 222)

280 SA-Demonstration in Berlin. Schlägerei mit der Polizei. Fotografie: Heinrich Hoffmann, 1931.

281 »Arbeiter-Zeitung«, Wien, 12. Mai 1933, S. 1.
Bericht über die Bücherverbrennung in Berlin; Oskar Maria Grafs Aufruf »Verbrennt mich!« als Solidarisierung mit den von den Nationalsozialisten verfemten Autoren.

Brief Joseph Roths an Stefan Zweig

»Rapperswil
Dienstag 7 November 1933

Lieber verehrter Freund,
ich freue mich sehr über Ihre Karte. Ich sage Ihnen aufrichtig, daß ich nicht mehr gewußt hatte, was Ihnen zu schreiben. Ich habe das Buchhändler-Börsenblatt und die Arbeiter Zeitung gesehn; das heißt, man hat sie mir mit höhnischem Triumph gezeigt. Selbstverständlich habe ich den lächerlichen Versuch gemacht, zu dementieren. Sie können sich denken, wie mir dabei zu mute war. Sie wissen nicht, daß ich im Begriffe war, Thomas Mann, Döblin, Schickele wegen ähnlicher Erklärungen anzugreifen. Als ich das von Ihnen erfuhr, war es wie eine Ohrfeige. Dabei konnte man noch den Dreien zu Gute halten, daß sie von dem Scheiß-Bermann-Fischer materiell abhängig sind. Sie sind von der Insel unabhängig. Sie mußten, meiner Meinung nach, zu der Zeit, als Sie Ihren Brief schrieben, schon die ohrfeigende Schlußbemerkung gekannt haben, mit der die famose Reichsstelle die Loyalitätserklärung der Drei tapferen Schneiderlein geschmückt hatte: sie stünde nach wie vor nicht zu der geistigen Haltung der loyalen Dichter.

Nun, ich begrüße den Abstand, der Sie von den Dreien trennt: Diese schrieben an ihren Verleger mit dem Bewußtsein, daß es publik werde: Sie telegraphierten sogar. Sie aber schrieben privat an die Insel. Ich begrüße nicht, daß Sie überhaupt geschrieben haben. Gewiß trennt mich viel von Feuchtwanger. Aber nur, was Menschen trennen kann. Von allen aber, ohne Ausnahme, *die heute für Deutschland, mit Deutschland, in Deutschland öffentlich tätig sind, trennt mich genau Das, was den Menschen vom Tier scheidet. Gegen stinkende Hyänen, gegen den Auswurf der Hölle ist selbst mein alter Feind Tucholsky mein Waffenkamerad. Und wenn die ›Sammlung‹ tausendmal Unrecht hätte: gegen Goebbels, gegen Mörder, gegen die Schänder Deutschlands und der deutschen Sprache, gegen diese stinkenden Luther-Fürze hat sogar die ›Sammlung‹ Recht. Ich finde, daß Klaus Mann, mit dem ich gewiß nicht übereinstimme, die würdigste Antwort auf Ihre Briefe an die deutschen Verleger gegeben hat: die Zuschrift Rollands im neuesten Heft der Sammlung.*

Rolland hat Recht. Unter gar keinen Umständen darf ein aufrechter Mensch die ›Politik‹ fürchten. Wir haben ganz große Beispiele in der Literatur. Es ist ein Hochmut, *olympischer sein zu wollen, als Hugo und Zola. Aber ich gebe zu, daß es Temperamentssache ist, ob man eingreift oder nicht. Loyalität aber bezeugen wollen gegenüber dieser Bande aus Mördern und Scheißern, aus Lügnern und Trotteln, aus Wahnwitzigen und Wortbrechern, Schändern, Räubern, Wegelagerern: Das ist unverständlich. Überlassen Sie den törichten Respekt vor der ›Macht‹, der Zahl, den 60 Millionen den dummen Hendersons und Macdonalds, den Sozialisten, den Politikern der Pleite. Wenn* wir *nicht die Wahrheit sehn und* auch *vor Fürzen erschauern: wer soll denn sonst das Wahre sehn?*

Ich höre Ihren Einwand: wir seien Juden. Obwohl auch mir mein Kopf zu teuer ist, als daß ich mit ihm vergeblich oder gar zum Schaden der Andern gegen die Wand rennen wollte, sehe ich nicht ein, warum ich infolge meines Blutes vom Frontdienst befreit werden und in der Etappe kämpfen sollte. Nein! Nur Bestien, wie jene dort, werden mir mein Blut vorwerfen. Ich bleibe im Schützengraben. Ich darf nicht danach fragen, was man davon hält. Ich bin ein Mensch und kämpfe gegen die Tiere für die Menschen. Mögen die Dummen sagen, was sie wollen. Die gerechte Sache ist stärker als das Argument gegen mein Judentum.

Ihr zweiter Einwand: ich unterschätze den Gegner. Ach! Ich fürchte, Sie überschätzen ihn. So dumm die Welt auch ist: von diesem Stall, der jetzt in Deutschland herrscht, läßt sie sich nichts auf die Dauer gefallen. Es ist ein Kampf auf Leben und Tod zwischen der europäischen Kultur und Preußen. Merken Sie das wirklich nicht?

Nehmen Sie meinetwegen öffentlich keine Partei. Bewahren Sie meinetwegen sogar noch einen – mir unbegreiflichen – Respekt vor all Dem, was Sie das ›Elementar-Nationale‹ oder sonstwie nennen wollen. Aber ich beschwöre Sie, hören Sie endlich mit jedem Versuch auf, nach Deutschland auch nur die dünnsten Fäden zu spinnen. Nehmen Sie keine Rücksicht auf die Insel. Jedermann, ganz gleichgültig, wer er ist, wie er früher war, der öffentlich heute in Deutschland tätig ist, ist eine Bestie.

282 Joseph Roth. Fotografie, Anfang der dreißiger Jahre.

Sie haben früher dementiert, daß Sie der Arnold Zweig sind. Sie dementieren durch jede Verbindung mit Deutschland, daß Sie der Stefan Zweig sind. (Es ist ein Wort Ihrer Leserin)

Sie haben viel zu verlieren: keine persönliche Würde allein, sondern eine literarische: eine weltberühmte Würde. Tausenden, die so über Deutschland denken, wie ich, nicht wie Sie, waren Sie eine Stütze, ein Glauben. Im Kriege standen Sie an der Seite Romain Rollands. Jetzt, wo es schlimmer als Krieg ist, schreiben Sie aus Rücksicht an die Insel. Das ist, wie wenn Sie, während des Krieges, an einen Hauptmann des Großen Hauptquartiers geschrieben hätten – nur, weil er sonst durch seine alte Freundschaft mit Ihnen zu Schaden gekommen wäre –: Sie seien ›im Grunde‹ gar kein Gegner des Kriegs.

Alles kommt von Ihrer schwankenden Haltung. Alles Böse. Alles Mißverständliche. Alle dummen Zeitungsnotizen über Sie. Sie sind in Gefahr, den moralischen Kredit der Welt zu verlieren und im Dritten Reich nichts zu gewinnen. Praktisch gesagt. Moralisch aber: Sie verleugnen eine 30jährige Vergangenheit. Wozu? Für wen? Für einen Geschäftsfreund. Einen braven borniertn Menschen, das Beste, was man von ihm sagen kann, der ›an Ihnen‹ schwere Tausende verdient hat. Dessen Schwiegersohn ein Fememörder ist. Der dadurch allein, daß er in Deutschland bleibt, Alles zunichte macht, was er an Ihnen und sonst Gutes getan hat – getan haben mag. (Auch das Gute war Geschäft.)

Lieber Freund, Sie wissen, daß ich eher zu den Gerecht-sein-wollenden gehöre, als zu den Unerbittlichen. Mir ist das Engstirnig-Gehässige zuwider, das Sektiererische, Sie wissen es ja. Aber jetzt, jetzt ist die Stunde der Entscheidung da. Stärker, als im Krieg. Jetzt, angesichts dieser höllischen Stunde, in der die Bestie gekrönt und gesalbt wird, hätte selbst ein Goethe nicht geschwiegen. Zumindest hätte er nicht vor Jenen eine Beziehung zu den Gegnern des III. Reiches dementiert. Jetzt auch ist keine Zeit mehr, von Jud oder Nicht-Jud zu sprechen. Weshalb haben Sie, als Sie im Kriege in der Schweiz waren, nicht bedacht, daß man den schmählichen Verdacht gegen die Juden, sie sabotierten das Vaterland, nicht verstärken dürfe? Damals waren Sie ein Jude, genau wie heute.

Ich kann Ihre Haltung nicht billigen. Ich

bin ein besserer Freund, als die Insel. Und mir, mir allein zuliebe hätten Sie den unseligen Brief nicht schreiben dürfen. Ohne mich zu fragen. Wenn Sie es nicht gewußt haben, geahnt hätten Sie doch, daß ich solch einen Brief nicht gutgeheißen hätte.

Es ist nicht nur die Stunde der Entscheidung in dem Sinne, daß man gegen Deutschland für den Menschen Partei nehmen muß: sondern auch in dem, daß man jedem Freund die Wahrheit sagen muß. Also sage ich sie Ihnen – und glauben Sie mir, die Eile zwingt mich zu einem feierlichen Ton, der mir peinlich ist –: zwischen uns Beiden wird ein Abgrund sein, so lange Sie innerlich nicht ganz, nicht endgültig mit dem Deutschland von heute gebrochen haben. Lieber wäre mir, Sie kämpften mit dem ganzen Gewicht Ihres Namens dagegen. Wenn Sie das nicht können: bleiben Sie wenigstens still. Schreiben Sie nicht an die Insel, an Den oder Jenen. Um ›Unannehmlichkeiten‹ dem Adressaten zu ersparen. Sie schaffen sich selbst damit stärkere. Sie sind klug genug, um zu wissen, daß heutzutage in Deutschland der Inhaber der Insel ebenso ein staatlicher Funktionär ist, wie die Reichsstelle. Sie hätten also wissen müssen, daß Ihr Brief kein privater bleiben kann. Schon jeder gewöhnliche deutsche Staatsbürger ist ein arschleckender Angestellter des Staates; geschweige denn der Verleger der Insel, oder Fischers. (Ich wünsche ihnen allen das Konzentrationslager.)

(Schicken Sie, bitte, an das ›Tagebuch‹ eine Abschrift Ihrer Erwiderung an die Arbeiter Zeitung. Herr Schwarzschild hat mir auch von Ihrem Brief an die Insel Mitteilung gemacht. Ich halte es für wichtig, daß er weiß, wo Sie stehen.)

Noch einmal: Sie müssen entweder mit dem III. Reich Schluß machen, oder mit mir. Sie können nicht irgendeine Beziehung zu einem Vertreter des III. Reiches haben – und das ist dort jeder Verleger – und zugleich zu mir. Ich mag es nicht. Ich kann es nicht verantworten; nicht vor Ihnen, nicht vor mir.

Antworten Sie mir, bitte, so bald es geht. Küssen Sie Frau Zweig die Hand für mich.

Ihr alter Freund

Joseph Roth.

Mittwoch *[8. November 1933]*
Lieber Freund, ich lese noch einmal den Brief, den ich Ihnen gestern geschrieben habe. Damit Ihnen jeder Zweifel genommen werde: ich habe ihn nicht im alkoholischen Zustand geschrieben. Ich trinke beinahe nur noch weißen Wein. Ich bin vollkommen nüchtern. Zweifeln Sie, bitte, nicht einen Augenblick daran.

Zweifeln Sie, bitte, auch nicht daran, daß ich Ihr Freund bin. Auch, wenn Sie meiner Bitte nicht entsprechen und den Verkehr mit D[eu]tschl[an]d nicht aufgeben können, bleibe ich Ihr Freund und werde Sie immer verteidigen, wo ich kann.

Ich bin mir, ferner, klar darüber, daß es eine Art Anmaßung meinerseits ist, Ihnen mit Verhaltungsmaßregeln zu kommen. Entschuldigen Sie mir. Ich glaube, daß ich mein eigenes Leben verpatzt habe. Aber ich glaube auch, daß ich das Leben eines Nächsten genau übersehen kann. Ich glaube, daß ich Recht habe, was Sie betrifft.

Bleiben Sie dem Bilde treu, das ich von Ihnen habe. Ich habe Sie richtig porträtiert.
Sie wissen es selbst am besten (und Ihre Frau weiß es auch.)

Wenn es überhaupt nötig ist, Das zu sagen, obwohl es schamlos klingen könnte: ich sehe genau durch Ihre Weltklugheit hindurch in Ihr poetisches Herz.

Verleugnen Sie es nicht! Bleiben Sie ihm treu. Es lohnt.

Verraten Sie nicht mehr die ›Emigration‹! Überlassen Sie das den Schuften und den Toren!

Ich beschwöre Sie noch einmal: bewahren Sie Ihre Würde!

Ihr
alter
Joseph Roth.«

(Briefe, S. 286-290, anhand der Handschrift korrigiert)

(Nach einer nationalsozialistischen Polemik gegen die Exilzeitschrift »Die Sammlung«, herausgegeben von Klaus Mann, fanden sich Thomas Mann, René Schickele und Alfred Döblin bereit, sich von der Zeitschrift zu distanzieren. Die Wiener sozialdemokratische »Arbeiter-Zeitung« griff Thomas Mann heftig an, worauf dieser argumentierte, ihm sei seine Leserschaft in Deutschland – solange er sie ansprechen könne – wichtiger als politische Argumente.)

Der Antifaschist Roth

Unmittelbar nach der Regierungsübernahme durch die Nationalsozialisten 1933 übersiedelte Roth endgültig nach Paris und wohnte dort bis zu seinem Tod. Er reiste jedoch weiterhin ins noch zugängliche Ausland, darunter nach Südfrankreich, Österreich, in die Schweiz, nach Holland, Belgien und Polen.
Roth engagierte sich intensiv im publizistischen Kampf gegen den Nationalsozialismus. Er hatte seit langem die Gefahr der nationalsozialistischen Ideologie erkannt und vorausgesagt, daß Intellektuelle wie Juden würden ins Exil gehen müssen. Nach dem Januar 1933 wies er prinzipiell alle Angebote ab, in Deutschland zu publizieren (wie sie von der »Frankfurter Zeitung« und vom S. Fischer Verlag kamen). Er bezeichnete die Emigranten ungeschminkt als »Vertriebene«, betonte die Gewalt, die sie gezwungen hatte, ihr Land und ihre ökonomische Basis zu verlassen.

Mitte Februar 1933 schrieb Roth dazu an Stefan Zweig aus Paris:
»*Inzwischen wird es Ihnen klar sein, daß wir großen Katastrophen zutreiben. Abgesehen von den privaten – unsere literarische und materielle Existenz ist ja vernichtet – führt das Ganze zum neuen Krieg. Ich gebe keinen Heller mehr für unser Leben. Es ist gelungen, die Barbarei regieren zu lassen. Machen Sie sich keine Illusionen. Die Hölle regiert.*«
(Briefe, S. 249)

283

283-285 Wolfgang Herrmann: Prinzipielles zur Säuberung der öffentlichen Büchereien. In: Börsenblatt für den Deutschen Buchhandel, Jg. 100 (1933), Nr. 112, Ausgabe A vom 16. Mai 1933, S. 356-358 (Abgebildet: Titelseite der Zeitschrift; S. 356 und 357, Ausschnitte).
Im März 1933 bereits wurde eine erste Liste aufgestellt von 131 Autoren, deren Werke im »Dritten Reich« unterdrückt werden sollten. Im Mai 1933 wurde sie publiziert: Sie enthält den Namen [Joseph] Roth ohne Einschränkung, d. h. also sein ganzes Werk. Roths Name stand genauso auf den Listen von 1934 und 1939, auch wenn er gelegentlich behauptete, nie verboten worden zu sein.

286 Nationalsozialistische Bücherverbrennung am 10. Mai 1933. Fotografie.
Die »Deutsche Studentenschaft« organisierte sogenannte »Säuberungsaktionen«, bei denen zugleich mit den Büchern anderer verfemter Autoren wohl auch Werke von Roth aus Bibliotheken und Büchereien ausgesondert und verbrannt wurden.
Jedenfalls war Roth in Deutschland besonders gefährdet: als jüdischer Autor und als erwiesener langjähriger Gegner der politischen und gesellschaftlichen Theorie, die nun, da sie die Regierungsgewalt auf legale Weise erlangt hatte, durch Änderung der Gesetze, durch Gewalt und Terror ihre Vorstellungen wahr machte.

Prinzipielles zur Säuberung der öffentlichen Büchereien.
Von Dr. Wolfgang Herrmann, Berlin.

Die Aufgabe, die der öffentlichen Bücherei (Volksbücherei) im neuen Staat gestellt ist, entspricht der Losung Mussolinis: »Buch und Büchse — das ist mein Befehl«. Damit ist gesagt, daß das kulturpolitische Ziel der Volksbüchereien in der geistigen Wehrhaftmachung, der totalen Mobilmachung des deutschen Menschen mit Hilfe des echtbürtigen Schrifttums liegt. Der erste Schritt zu diesem Ziel ist der allerorts spontan eingeleitete Versuch, die Arbeitsmittel und Buchbestände der Büchereien auf das Wesentliche zu konzentrieren. Dieser Vorgang, der überall da, wo Fachleute die Aktion in die Hand nahmen, sich in durchaus geordneten Formen abgespielt hat, ist der breiten Öffentlichkeit sehr bald durch das inquisitorische Stichwort der »Schwarzen Listen« bekannt geworden. Dabei handelte es sich nie um Bilderstürmerei, sondern um mehr, nämlich um die Erarbeitung neuer Auswahl- und Wertprinzipien auf dem Gebiete der volkstümlichen Literatur und der Literaturkritik.

Die Maßstäbe, nach denen die Schwarzen Listen angefertigt wurden, sind selbstverständlich literatur**politischer** Natur. Für sie gilt die fundamentale, für jede politische Entscheidung notwendige Vorfrage: Wer ist der eigentliche Feind? Gegen wen richtet sich der Kampf?

Die Antwort gibt eine grundsätzlich gehaltene Erklärung, die vom Preußischen Ministerium für Wissenschaft, Kunst und Volksbildung anerkannt, und für die staatlichen Büchereiberatungsstellen auf dem Lande verbindlich erklärt worden ist. In dieser Erklärung heißt es: »Der Kampf richtet sich gegen die Zersetzungserscheinungen unserer artgebundenen Denk- und Lebensform, d. h. gegen die Asphaltliteratur, die vorwiegend für den großstädtischen Menschen geschrieben ist, um ihn in seiner Beziehungslosigkeit zur Umwelt, zum Volk und zu jeder Gemeinschaft zu bestärken und völlig zu entwurzeln. Es ist die Literatur des intellektuellen Nihilismus«. Der Begriff der Asphaltliteratur wird dann im einzelnen dahin festgelegt: »Diese Literaturgattung hat vorwiegend, jedoch nicht nur **jüdische** Vertreter. Aber nicht jeder jüdische Schriftsteller ist ein Asphaltliterat, z. B. vertritt die Kritik, die der Zionist Emanuel bin Gorion stets an den literarischen Assimilationsjuden geübt hat, das jüdisch-völkische Prinzip«. Weiter heißt es: »Nicht jeder russische Schriftsteller ist Kulturbolschewist. Dostojewski und Tolstoi gehören nicht auf den Index (ohne Dostojewski kein Moeller van den Bruck!). Neuanschaffungen von Russen sind nicht nötig, ebensowenig wie alle neuen Russen (z. B. Fadejew, Farassow-Rodinow) vernichtet zu werden brauchen«.

Über die technischen Methoden, nach denen sich die Säuberung vollziehen soll, wird gesagt: »Es empfiehlt sich, grundsätzlich von jedem, auch dem gefährlichsten Buch **je ein Exemplar** in den großen Stadt-, Haupt- und Studienbüchereien für die kommende Auseinandersetzung mit den Asphaltliteraten und Marxisten im Giftschrank zu behalten. Dies gilt vor allem für die wissenschaftlich-marxistische Literatur, die in Volksbüchereien natürlich entbehrlich ist. Technisch ist die Säuberung **etappenweise**, nach Maßgabe der möglichen Neuanschaffungen zur Auffüllung der entstandenen Lücken mit deutschem Schrifttum, durchzuführen.

Die für die Ausleihe gesperrten Bücher sind am praktischsten in drei Gruppen einzuteilen:

Gruppe 1 fällt der Vernichtung (Autodafé) anheim, z. B. Remarque,

Gruppe 2 kommt in den Giftschrank, z. B. Lenin, Marx,

Gruppe 3 enthält die zweifelhaften Fälle, die eingehend zu prüfen sind, ob später zu Gruppe 1 oder 2 gehörig, z. B. Traven«.

Entscheidend sind die Schlußsätze der Erklärung, die sagen: »Wichtiger als die Säuberung ist der Bestands**aufbau** im Sinne des neuen Deutschland. Zum Bestandsaufbau im nationalistischen und sozialistischen Sinne gehört keinesfalls der patriotische Kitsch. Gegen ihn werden ebenfalls Schwarze Listen ausgearbeitet«. Als Beispiele für patriotischen Kitsch werden erwähnt: F. O. Höcker und Peter Hoch.

Diese Formulierungen offenbaren ein so außerordentliches Maß von Rigorosität und Konsequenz, daß sie **für den freien deutschen Buchhandel nur sehr bedingt als Maßstab gelten dürfen**. Die Arbeit der öffentlichen Bücherei steht unter sehr anderen Gesetzen als die Arbeit des Buchhandels, die eine viel umfassendere ist. Dieser grundlegende Unterschied wird ganz klar, wenn wir die erste amtliche Schwarze Liste*) für Preußen nachstehend abdrucken:

---

*) Die übrigen Schwarzen Listen umfassen die Gebiete: Politik, Staatswissenschaften, Geschichte, Literaturgeschichte, Kunst, Geographie, Biographie.

356

Lernet-Holenia: außer: Gedichte
Lewinsohn: Das Erbe im Blut
Libedinsky: Jurij
Lidin, Wladimir
Liepmann, Heinz
Linck: Kameraden im Schicksal
London: Martin Eden, Zwangsjacke, Eiserne Ferse
†Ludwig, Emil
†Mann, Heinrich
Mann, Klaus
Meyer-Eckhard: nur: Das Vergehen des Paul Wendelin
Meyrink
Michael, F.: Die gut empfohlene Frau
Neumann, Robert: alles außer: Mit fremden Federn
Newerow
Ognjew
Olbracht, Iwan
†Ottwalt, Ernst
Panferow
Pantelejew
Pinthus, Kurt
†Plivier
Regler
†Remarque, Erich Maria
Renn, Ludwig: nur Nachkrieg
Ringelnatz
Roth
Rubiner, Ludwig

284
285/286

287

287 Joseph Roth: Dichter im Dritten Reich. In: Das Neue Tage-Buch. Paris, Amsterdam, Jg. 1 (1933), Nr. 1 vom 1. Juli 1933, Umschlag.

Klaus Mann, von Joseph Roth nicht besonders geschätzt, war ein engagierter Kampfgenosse gegen Faschismus und Nationalsozialismus, was Roth schließlich auch anerkannte. Aufgefordert von Klaus Mann legte Gottfried Benn, der gerade, nach »Säuberung« Heinrich Manns, Leiter der Abteilung Dichtkunst der Preußischen Akademie der Künste geworden war, ein Bekenntnis zum Nationalsozialismus ab unter dem Titel »Der neue Staat und die Intellektuellen«.

Roth griff den Artikel und seinen Titel auf und polemisierte temperamentvoll ätzend und höhnend dagegen: In bester satirischer Tradition zerpflückte er Benns Sprache, seine Behauptung einer völkischen Symbiose von Nation und Autor, seine Verachtung der Emigranten. Nebenbei polemisierte Roth auch gegen Klaus Mann, dem er vorwarf, Benn jemals geschätzt zu haben.

Wirkungsvoll waren solche Aufsätze durch ihre Empörung, ihren Zorn, weniger durch kühle Logik oder Souveränität. Sie sind Gefühlsausbrüche eines Einzelnen, keine systematische theoretische Auseinandersetzung. Roth arbeitete engagiert und voll Empörung daran, den Nationalsozialismus zu bekämpfen; mehrfach versuchte er eine Bloßstellung der Nationalsozialisten auf der Ebene der Sprachkritik.

Kompromißlosigkeit forderte er auch von allen anderen Intellektuellen, von den betroffenen Menschen überhaupt; ökonomische Rücksichten erkannte er angesichts der Brutalität des »Dritten Reichs« nicht an. Eine schwankende Haltung, wie sie Stefan Zweig oder Thomas Mann an den Tag legten, bekämpfte er immer wieder in heftigen polemischen Briefen und Artikeln. (Thomas Mann veröffentlichte bis 1935, Stefan Zweig bis 1936 im nationalsozialistischen Deutschland.) Und eine seiner wichtigsten und engsten Freundschaften, jene zu Benno Reifenberg, kündigte er auf, weil Reifenberg Deutschland nicht verließ.

288 Joseph Roth: Nationale Pyromanie. In: Pariser Tageblatt, Paris, Nr. 270 vom 8. September 1934, S. 1.

Roth verknüpfte in einer bitterbösen Satire die Handlung des Feuerlegens, wie sie bisher schon als kriminell eingestuft worden war, mit der Praxis der Nationalsozialisten, »wirkliche oder metaphorische« Brände in großem Stil zu legen, und verwies auf den versuchten, aber gescheiterten NS-Putsch in Österreich im Juli 1934, bei dem Bundeskanzler Dollfuß ermordet worden war; auf die Bücherverbrennungen und auf den Reichstagsbrand in Berlin im Mai 1933. Zynisch schlug er für diese »Manie« den wissenschaftlichen Namen »furor teutonicus« vor und verspottete – aus aktuellem Anlaß: der Entmachtung der nationalsozialistischen Kampftruppe »SA« und der Ermordung einiger ihrer Leiter, die homosexuell waren – das nicht-»SA«-konforme Verhalten von Mitgliedern der NSDAP.

288

SAMEDI 8 SEPTEMBRE 1934 — SAMSTAG, 8. SEPTEMBER 1934

Pariser Tageblatt

QUOTIDIEN EN LANGUE ALLEMANDE

Chefredakteur: GEORG BERNHARD

Nr. 270 — ZWEITER JAHRGANG

REDACTION ET ADMINISTRATION
51, RUE DE TURBIGO, 51 — PARIS (3e) (Métro: Arts-et-Métiers)

Nationale Pyromanie
Von JOSEPH ROTH

In der Nähe von Dravograd in Jugoslawien hat, nach einem Bericht der Belgrader „Pravda", einer der österreichischen Nationalsozialisten, die nach der Ermordung Dollfuss' nach Jugoslawien geflüchtet sind, eineBäuerin vergewaltigt, zwei Frauen ermordet und hierauf das Haus angezündet, in dem er seine Verbrechen begangen hatte — um, wie es heisst, „alle Spuren zu verwischen".

Die sogenannte „Pyromanie", bis zur Ankunft Hitlers lediglich in der Psychiatrie und in der Kriminalwissenschaft bekannt, war freilich mit dem Reichstagsbrand in Berlin auch im politischen Begriff geworden. Man wird zwischen der alten deutschen Tradition des „Sonnenwendfeuer" und der unbewussten, innewohnenden Neigung der modernen Deutschen, bei jeder Gelegenheit irgendwelche Brände zu stiften — wirkliche oder metaphorische — eines Tages einen wissenschaftlich fundierten Zusammenhang finden.

Dies nur nebenbei, lediglich als Hinweis auf die Tatsache, dass noch den letzten österreichischen nationalsozialistischen Landsknecht zumindest die Psychose der Pyromanie mit seinen höchsten reichsdeutschen Führern verbindet; eine Psychose freilich, die nicht verbrecherische Ueberlegung nicht ausschliesst. Den germanischen Sonnenfeuer dienen nicht nur dazu, Feste zu erhellen, sondern auch dazu, die Spuren neudeutscher Verbrechen zu verwischen.

Die Opfer des 30. Juni wurden verbrannt; hätten die Nationalsozialisten in Wien gesiegt, die Leiche des Bundeskanzlers Dollfuss wäre verbrannt worden; der Reichstag ist verbrannt; ein armes jugoslawisches Bauernhaus hat der österreichische Legionär verbrannt; dß Bücher sind auch verbrannt.

Aber die Neigung, überall Feuer zu legen, ist nicht allein charakteristisch für die deutschen Kämpfern unserer Tage. Es eine Angehörige eben dieses Landes schändet, sie und ihre Gefährtin ermordet und das Haus anzündet.

[...]

VON 2½ MILLIONEN AUF 700.000!
Wie die S.A. „ausgekämmt" wird

Berlin, 7. September.

In seiner Nürnberger Proklamation hat Hitler als eine der wichtigsten Aufgaben der Zukunft die Reinigung der nationalsozialistischen Partei und ihrer verschiedenen Organisationen angekündigt. Was die S.A. angeht, ist diese Reorganisation bereits in sehr grossem Umfang durchgeführt worden. Vor dem Blutbad am 30. Juni zählte die braune Armee etwa 2 1/2 Millionen Mitglieder. Ihr Mannschaftsstand ist heute bereits auf 700.000 gesunken.

Man hat sehr geräuschlos gesiegt, und der Oeffentlichkeit wurde jede Mitteilung über diesen hochpolitischen Vorgang unterdrückt. Unter verschiedenen Vorwänden sind Hunderttausende von SA-Leuten ganz methodisch aus den braunen Bataillonen entfernt worden. Man schloss zunächst alle jene aus, die einer den Linksparteien angehörten. Ihre Zahl war sehr gross, denn man weiss, dass seit dem 30. Januar 1933 besonders kommunistische Elemente massenweise in die SA. eingetreten sind. Diese Leute sind jetzt radikal beseitigt worden.

Weiterhin wurden die Beamten und Angestellten der öffentlichen Verwaltung aufgefordert, aus der SA. auszutreten, um „sich besser ihrem Dienst widmen zu können". Wieder andere Mitglieder sind in Zivilanstellungen gebracht worden. Man hat sie aus der SA. zurückgezogen, „damit sie sich leichter in ihren neuen Beruf eingewöhnen können."

Endlich ist das Gros der ausgeschiedenen SA.-Männer in den Arbeitsdienst eingereiht worden, dessen Mannschaftsstand — wie berichtet — im letzten Frühling noch 200.000 Mann — heute bereits weit über eine halbe Million beträgt.

Die Bedeutung des Arbeitsdienstes wird so von Woche zu Woche grösser. Ebenso hat man seinen Umfang rapide, und zwar jetzt auch infolge der Einreihung aller jungen Leute unter 25 Jahren, die auf Grund eines neuen Erlasses ihre Stellen in den Fabriken und Büros verlassen müssen, um anschliessend älteren Arbeitern und Angestellten Platz zu machen.

Die Reinigung der SA. wird noch zwei Monate hindurch fortgesetzt. Auch die SS, soll im Verlauf der Zeit eine sichtliche Verminderung ihres Bestandes erfahren. (Havas).

HIMMLER MUSS GEHEN
weil er Göring bespitzelt hat
(Sonderbericht des „Pariser Tageblatts")

Berlin, 7. September.

Wie wir von zuverlässiger Seite erfahren, wird der Chef der Geheimen Staatspolizei, Himmler, binnen kurzem seines Postens enthoben werden. Seine Absetzung ist ernstlich erwogen, der erfahren hat, dass von Privatseite aus Himmler bespitzelt wurde. Der preussische Ministerpräsident hat Hitler erklärt, er dulde dies auf keinen Fall und verlange kategorisch die Enthebung Himmlers vom Posten des Leiters der Geheimen Staatspolizei.

Viel unangenehmer musste dem Ministerpräsidenten aber die Nachforschungen über seine Geldquellen sein, die Himmler ebenfalls mit viel Geschick anstellte. Göring verfügt heute über so zahlreiche Wohnungen, Villen und Palais, dass es schwer fällt, sich vorzustellen, wie er auch mit ihrem Unterhalt bezahlen kann, wenn man daran denkt, dass er mehrere Gehälter und Aufwandsentschädigungen für seine vielen Posten bezieht. Solange Göring in der Partei ist, kämpft er, wie man weiss, mit dem Geldaushilfe. So wird sich Himmler in letzter Zeit auch besonders darum gekümmert haben, in welcher Weise der preussische Ministerpräsident und Luftfahrtminister bei den Aufträgen für bestimmte Flugzeugwerke beteiligt war.

Verschärfung der Streiklage

New York, 7. September.

Wenn auch grundsätzlich die beiden kämpfenden Parteien der Spinner und der Textilarbeiter dem vom Präsidenten Roosevelt vorgeschlagenen Schiedsgericht zugestimmt und ihm ihre volle Unterstützung zugesagt haben, so hat doch durch diese Vermittlungsaktion der Streiklage bisher durchaus keine Entspannung erfahren.

Wenn der Führer der Textilarbeiter am ersten Tage des Streiks noch geglaubt hatten, dass die Zahl der Streikenden in keinem Falle 15 Prozent der Gesamtzahl der Textilarbeiterschaft übersteigen würde, so müssen sie sich jetzt eingestehen, dass ihr Optimismus in nichts berechtigt war. Die Zahl der Streikenden hat von 700.000 normalerweise in den Spinnereien beschäftigten Arbeitern sich heute, das ist schon über 50 Prozent hinausgegangen.

Aber damit noch nicht genug, rein praktisch nimmt der Streik in immer bedrohlicheres Gesicht an. Um den Streitwilligen der Gewerkschaften, den Streik abzublasen, kann heute weniger denn je die Rede sein, da es inzwischen in den verschiedenen Teilen der Union zu mehr blutigen Gewalttätigkeiten und Zusammenstössen gekommen ist, die auf die Stimmung der Streikenden äusserst erbitternd gewirkt haben. Am Donnerstag abend zählte man bereits 10 Tote und etwa 50 Verwundete. Am Donnerstag vormittag versuchte eine fliegende Streikkolonne in Honea Path in Nordkarolina, die Schliessung einer Fabrik zu erzwingen. Es kam dabei zu lebhaften Schiesserein, in deren Verlauf 6 Streikende getötet wurden.

Auftakt in Genf

Genf, 7. September.

In Genf begannen heute die Völkerbundsverhandlungen mit einer kurzen Ratssitzung am Vormittag. Der Nachmittag war vor allem den „inoffiziellen" Verhandlungen gewidmet, die noch wegen des Eintrittes Sowjetrusslands in den Völkerbund geführt werden müssen. So empfing der französische Aussenminister Barthou den argentinischen Delegierten Cantilo, als er ihm die Gründe angab, weshalb die argentinische Regierung gewisse Bedenken gegen den Eintritt der U.S.S.R. geltend macht. Im Anschluss daran hatte Barthou eine lange Aussprache mit dem polnischen Aussenminister Beck, dem gegenüber er die bei diesen Gesprächen darauf gerichtet, alle Einwände, die seitens gewisser Staaten gegen die Aufnahme Sowjetrusslands geltend gemacht werden, zu widerlegen.

Morgen nachmittag wird eine geschlossene Sitzung des Völkerbundsrats stattfinden, in der man sich mit der gleichen Frage beschäftigen wird.

London rüstet zu einem Kampfsonntag

London, 7. September.

In London werden alle Vorbereitungen getroffen, um sich für den kommenden Sonntag zu rüsten. An diesem Tag wollen die Schwarzhemden Sir Oswald Mosleys in Hydepark eine grosse Kundgebung veranstalten, die wiederum durch eine antifaschistische Demonstration bekämpft werden soll. Der Polizeichef von London, Lord Trenchard, hat infolgedessen seinen Urlaub in Schottland abgebrochen und ist in die Hauptstadt zurückgekehrt, um persönlich die Sicherheitsmassnahmen zu treffen. Lord Trenchard wird am Sonntag über Polizeikräfte in der Stärke von 6 bis 7.000 Mann verfügen.

An den strategisch wichtigsten Punkten werden starke Polizeikontingente zusammengezogen, während die Reserven auf Lastwagen bereitstehen sollen, um jederzeit an den gefährlichsten Stellen eingesetzt zu werden.

Schachts Zwangswirtschaftsplan

Berlin, 7. September.

Der Reichswirtschaftsminister Schacht wird am kommenden Dienstag in einer seiner beiden letzten Reden angekündigten Zwangswirtschaft.-plan veröffentlichen, in dem er sich darum, in Deutschland wieder ein System der Kriegs- und Ersatzwirtschaft einzuführen.

Hetzrede Rosenbergs gegen Sowjetrussland
auf dem Parteitag in Nürnberg

HITLERS MARLENE-ERSATZ

Beim Nürnberger „Kintopp" hatte wieder Leni Riefenstahl, die Unermüdliche, die filmische Oberleitung. Hitlers Marlene-Ersatz musste, wie unser Bild zeigt, auch als mündlicher Propaganda machen.

Berlin, 7. September.

Auf den nationalsozialistischen Parteitag, auf dem sich Reden und Paraden in Nürnberg eingetroffen, um den Parteitag beizuwohnen.

Chefredakteur des „Völkischen Beobachter" und der Aussenpolitiker der nationalsozialistischen Partei, eine Rede über die politischen Ideen der Jugend in der Welt, die in heftigen Angriffen und Beschimpfungen Sowjetrusslands gipfelte.

Rosenberg sprach von der russischen Jugend und erklärte, die Sowjetregierung stelle die Rückkehr zur absoluten Tyrannis dar. „Dieses ist, teil alte technischen Mittel des 20. Jahrhunderts bewaffnet mit einem Dutzenden von Millionen Menschen zu furchtbaren Zwangsarbeiten, um durch ein wirtschaftliches Dumping die sozialen Schwierigkeiten in den anderen Staaten zu vergrössern und die Fackeln der weltrevolutionären Revolution in der ganzen Welt zu entzünden."

Rosenberg betonte, das Sowjetregime habe in diesen letzten Jahren ungeheuer mehr Tote auf dem Gewissen, als der ganze Weltkrieg gekostet habe.

Ueber das faschistische Italien meinte Rosenberg: „Der Nationalsozialismus fühle sich stark genug, um über die Tagesereignisse hinwegzusehen und niemals die Geschichte jener Nationen zu vergessen, die für neue Lebensformen kämpfen."

Einer, der überall dabei sein muss, ist Herr von Papen. Er ist jetzt als „Ehrengast" in Nürnberg eingetroffen, um dem Parteitag beizuwohnen.

Diplomatischer Protest

Berlin, 7. September.

In Berliner diplomatischen Kreisen hat die masslose Hetzrede, die Alfred Rosenberg gegen Sowjetrussland gehalten hat, ausserordentliches Aufsehen und Verwunderung hervorgerufen. Man nimmt an, dass die Sowjet-Botschaft bei der Reichsregierung gegen diese Verunglimpfungen Protest einlegen, wird. Da wird darauf hingewiesen, dass gerade das Dritte Reich keinen Anlass habe, sich über Zwangsarbeiten und Dumping aufzuregen, denn das seien ja in Wahrheit die Methoden des nationalsozialistischen Regimes.

Kampf um New Orleans

New York, 7. September.

Der groteske Kampf, der seit einiger Zeit in New Orleans geführt wird, nimmt seinen Fortgang. Die auf Befehl des Senator Huey Long zu verteidigen, per 3000 Mann Nationalgarden und Infanteristen, Polizeibeamte und Artillerie dort zusammengezogen hat rekrutiert de Stadtverwaltung nunmehr Freiwillige. Diese Detachements sollen als Kommandos Guy Moloneys unterstellt werden, der sich als Söldnerführer in Südamerika einen grossen Namen geworben hat.

Long hat durch das Staatsparlament 36 Gesetze annehmen lassen, durch die die Selbstverwaltung der Stadt vollkommen aufgehoben wird. Vor allen Dingen soll die Gemeinde keine Befugnisse mehr der Polizei mehr ausüben können. Diese Bestimmungen treten mit Mitternacht in Kraft.

Die von Long eingesetzte Untersuchungskommission, die vor der angeblichen Korruption der Stadtverwaltung nachgewiesen werden sollte, hat bisher keine besonderen Erfolge erzielen können.

Erst zahlen, dann liefern !

London, 7. September.

In Bradford tagte heute eine Versammlung der Sektion Garnhändler und Spinnereien des Verbandes und des Bundes der Wollstoffexporteure. Nach eingehenden Debatte über die Frage der Bezahlung der rückständigen deutschen Schulden nahm die in der Versammlung vertretene Kaufmannschaft mit Yorkshire einstimmig folgende Entschliessung an: „Mit Wirkung vom heutigen Tage an werden die Herren der Sektion keine direkte und indirekte Garantieübernahme mehr effektuieren, bis die Liquidation der Schulden dieses Landes nicht geregelt ist."

210   Emigration 1933–1939: Der Antifaschist Roth

289

289 Das Denkmal der Republik (Wien 1, Ring/ Schmerlingplatz) am 13. Februar 1934. Fotografie.

1934 etablierte sich auch in Österreich nach der Ausschaltung des Parlaments ein autoritäres Regime. Anhänger des Ständestaats verhängten zunächst das – von den Sozialisten errichtete – Denkmal der Republik mit Krukkenkreuz-Fahnen der »Vaterländischen Front«; wenige Tage später wurde das Denkmal demontiert: Symbol des Sieges der Regierung Dollfuß über die Arbeiterorganisationen in den »Februarkämpfen«. Am 1. Mai 1934 änderte sie die Verfassung und beseitigte die demokratischen Einrichtungen der Ersten Republik (Mehrparteiensystem, Wahlrecht, u. a.).
Verkündet wurde das Prinzip eines »deutschen, christlichen und autoritären Ständestaats«, in dem die »Vaterländische Front« gleich einer Staatspartei die Rolle aller früheren gesellschaftlichen Interessengruppen übernehmen sollte. Die Außenpolitik von Bundeskanzler Engelbert Dollfuß und vor allem seines Nachfolgers Schuschnigg war von einer Taktik des Ausweichens vor Konflikten mit dem Nationalsozialismus, tatsächlich von einem ständigen Zurückweichen vor ihm geprägt, auch wenn patriotische Wortgewalt dies gelegentlich verdeckte.
Roth unterstützte diesen österreichischen Ständestaat bedingt, weil er konservative Werte vertrat und dem Nationalsozialismus – zumindest dem Anspruch nach – Widerstand entgegensetzte.

290 Dominikus: Und wie die Dollfuß-Oesterreicher aussehen. Einer für viele: Der rasende Ro...th. Unbezeichneter Ausschnitt, 1934.
Ein Beispiel der zynischen Polemik nationalsozialistischer Prägung, das Roth als Verfechter des Ständestaates lächerlich zu machen versuchte, obwohl sich Roth zur Erhaltung Österreichs eher an den Monarchisten orientierte. Extrem antisemitisch eingestellte Zeitschriften versuchten in Rundumschlägen dieser Art alle Gegner ihrer Ideologie zu verunglimpfen. Das argumentative und formale Niveau solcher Tiefschläge zeigt, wie ungehemmt Hetze und Haß verbreitet werden konnten.

Und wie die Dollfuß-Oesterreicher aussehen.

Einer für viele:
Der rasende Ro...th.

1934

Einer von den Schriftstellern, die sich über ihren Hinauswurf aus der deutschen Literatur nicht zu trösten vermögen, ist Herr Joseph Roth. Als Ablagerungsstätte für den seelischen Mist, von dem er überquillt, benützt er das „Neue Tage-Buch" des Herrn Grün-, Blau- oder Schwarzschild — es ist schwer, sich in der gerade zutreffenden Namensfarbe der Herrschaften nicht zu irren —, eines jener Emigrantenblätter, die die heutige deutsche Rassenpolitik deshalb so wütend „bekämpfen", weil sie ihrer eigenen schnurstracks zuwiderläuft. Die Rassenpolitik des Herrn — na, sagen wir Schwarzschild, die natürlich auch an Herrn Roth einen feurigen Verfechter hat, führt mitunter zu ganz köstlichen Erscheinungen — etwa dazu, daß ein Herr S. Krakauer einen Aufsatz — wie betitelt? Nun, so: „Mit europäischen Augen gesehen." Eine etwas kühne Behauptung, aber eben die, die sie alle machen. In ihrem hysterischen Penetrationsdrang haben sie jedes Gefühl für Lächerlichkeit verloren. Auch Herr Roth hat natürlich europäische Augen. Europa ist ja schon lange das Lieblingswort dieser Uebersemiten. Willst du wissen, was europäisch ist, so gehe zu einem Juden. Worauf dieses ganze Gerede und Getue hinausläuft, ist klar: auf eine Art — Semitropa.

Die europäischen Augen des Herrn Roth können vor allem eines nicht sehen, ohne daß ihm gleich rot vor ihnen wird: das Bestehen normaler Beziehungen zwischen Deutschland und Frankreich. Solange sein eigener Weizen blühte, war er für den Pazifismus, freilich für einen, an dem das hochgerüstete Frankreich sich erfreuen konnte. Es war jener Pazifismus, der die Brüder Mann immer wieder zu den Pariser Bankett-Tafeln trieb, während kein „repräsentativer" Franzose der Literatur es sich je einfallen ließ, diese Verbrüderungsreisen zu erwidern. Jetzt, da Herr Roth den Zusammenbruch des Literaturgeschäftes betrauert, ist ihm jeder Verkehr zwischen den beiden Ländern ein Aergernis; er tobt gegen den Kinder-Austausch, auf dessen Fortsetzung auch das Dritte Reich Wert legt; er beschwört die Franzosen, sich in den Dienst seiner alttestamentlichen Rachegefühle zu stellen. Dabei rühmt er die „Generosität des französischen Volkes", als ob er selbst bereits ein Franzose, ein Monsieur Rouge wäre, wobei man doch wieder einmal sagen muß, daß die Franzosen nie etwas in minderem Maße waren als generös — wenigstens nicht gegen andere Völker. Das braucht gar nicht in einem herabsetzenden Sinn gesagt zu werden; es ist einfach eine geschichtliche Feststellung. Daß ein angeblich deutscher Schriftsteller Anlaß zu haben glaubt, den Franzosen gerade diese Eigenschaft zuzusprechen, dazu noch mit einer hämischen Spitze gegen das gemarterte Deutschland, beweist, daß er mit Recht hinausgefeuert wurde.

Herr Roth ist — wie alle seinesgleichen — ungeheuer besorgt um die deutsche Sprache; er meint — wie alle seinesgleichen —, sie wäre verloren, seitdem sie selbst sie nicht mehr betreuen. Ein merkwürdiges Volk, diese Deutschen, die schließlich das Wunderwerke der Sprache schufen, als die Juden noch im Ghetto saßen. Ein merkwürdiges Volk, diese Juden, die plötzlich glauben, ohne sie wäre es mit der Sprache Luthers und Goethes zu Ende.

Besonders das Preußische, das „Borussische", wie er sich ausdrückt, ist diesem Herrn Roth ein Dorn im europäischen Auge. Er streicht dafür, in das semitische Feldgeschrei einstimmend, Oesterreich heraus, das Land, „das deutsch war, als man in der Mark Brandenburg noch jenes Kassubisch sprach..." Aber Herr Roth, möchte ich da sagen, Sie meinen doch gar nicht das deutsche Oesterreich, sondern jenes, das Ihnen näher steht: reden Sie doch offen! Das deutsche Oesterreich ist gewiß ein schönes Land, deswegen brauchen wir aber Preußen aus dem deutschen Sprachkreis nicht gleich wegzustreichen. Wollen Sie auf Kleist verzichten? Oesterreich hat seinen himmlischen Mozart, aber keinen Dichter von der Größe Kleists. Zufällig ist gerade dieser Preuße Kleist der größte deutsche Dramatiker. Wollen Sie auf Kant verzichten? Auf Schopenhauer, der, ein Danziger, die beste, die vollkommenste deutsche Prosa schrieb? Und was sagen Sie zu dem preußischen Junker Liliencron, der einer der allergrößten deutschen Lyriker war? Was zu den Reden und Schriften Bismarcks? Was zu den Brüdern Humboldt und Grimm, zu Gregorovius, zu Mommsen? Ach, Herr Roth, was sind Sie doch für eine jämmerliche Figur! Dieses „borussische Kauderwelsch", das Ihren europäischen Ohren so unerträglich ist, erweist sich als ein recht guter sprachlicher Nährboden für Giganten. Mein Gott, daß in Preußen, in Deutschland oft schlecht geschrieben wird, daß die deutsche Sprache sich nur wenigen herrlich fügt, das brauchen Sie uns zu sagen, das beklagen wir selbst genug. Aber was Sie sagen, ist doch etwas anderes als das, was wir sagen: stellen Sie sich vor, was geschehen wäre, wenn etwa Schopenhauer, der herbste Kritiker deutscher Sprachverderbnis, Ihre Schriften zu Gesicht bekommen hätte! Und nehmen wir gleich Ihre Kollegen, die Herren Stefan Zweig, Alfred Kerr, Lion Feuchtwanger e tutti quanti hinzu: glauben Sie, daß diese ausgeleerte, ausgepumpte, für urteilslose Lesermassen hergestellte Sprache, diese für das Saisongeschäft erzeugte Effektliteratur das Recht hat, sich gegen irgendein anderes schlechtes Deutsch aufzublasen? Ich gebe die ehrenwörtliche Versicherung, daß ich nie ein Buch dieser Literaten wirklich gelesen habe; aber Stichproben kamen mir in der Ihnen so nahe verbundenen Presse fast täglich zu Gesicht, und es genügte immer ein Blick, um die Nichtigkeit dieses eine Zeitlang hochgerühmten Geschreibsels zu erkennen. Die Nichtigkeit, die Fehlerhaftigkeit, die Lächerlichkeit! Herr Werfel war doch einer der „Größten" Ihres Schlages, nicht wahr? Ich fischte einmal aus einem Zeitungsabdruck seines Romans „Die Geschwister von Neapel", der einen so ungeheuren Reklame-Erfolg hatte, folgenden Satz heraus: „Drückten sie nicht all die herrlichen Frauen, denen das geistreiche Wort flüssig von den Lippen klingelte...?" Man wird es mir nicht glauben, wird große Augen machen, aber es ist so: ich schwöre es. Und Sie, Herr Roth, auch einer der Erfolgreichen dieser Literaturperiode, wollen uns sagen, was deutsch sei? Speien Sie nur weiter Ihre Galle bei Schwarzschild aus: Sie gehören zu den Erledigten. Ihre Opposition ist nicht die der Antretenden, noch um Geltung Ringenden, sondern die der Verfrachten. Sie schreit nicht nach einem erst zu Erringenden: sie heult um Verlorenes.

Und darum ist sie hoffnungslos und dem sicheren Tod verfallen. Herr Schwarzschild meint, seine Zeitschrift sei ein Menetekel für das neue Deutschland. Dem Menetekel geht die Orgie voraus, und es gab nie eine wüstere Orgie als die Ihrer Literatur, deren Spuk nun zerblasen ist. Diese Leute haben wie toll darauf losgeschwelgt, sie haben sich ausgelebt. Sie können uns nichts mehr vormachen, ihr Jargon klingt fast schon prähistorisch. Das Dümmste, was sie tun können, ist, den Vorwurf der Barbarei zu erheben. Der schreckt uns nämlich gar nicht, da Barbarei immer noch besser wäre als Verwesung. Vielleicht sind das aber noch die europäischeren Nasen, die den Geruch nicht mehr aushielten. Man hat mir gesagt, daß es auch schon Franzosen gibt, die sich die ihrigen zuzuhalten beginnen.

Dominikus.

Adresse bis 10. Oktober 1934:
bei Hermann Kesten
Villa Ja-Orana
Sur la Colline
Sanary sur mer, Var,
Frankreich

am 14. September 1934.

291 Joseph Roth an die Schwiegereltern Jenny und Siegmund Reichler, Brief vom 14. September 1934. Handschrift. Fragment. S. 1.
Friedl Roths Schwester Erna und ihrem Mann war es 1934 gelungen, für sich und die Eltern Visa zur Reise nach Palästina zu bekommen. Der Entschluß zum Auswandern fiel den Eltern nicht leicht, bedeutete er doch, die geisteskranke Friederike zurückzulassen. In bemerkenswert objektiver Weise befürwortet Roth die Emigration.
Sein Brief lautet:
»Adresse bis 10. Oktober 1934:
bei Hermann Kesten
Villa Ja-Orana
Sur la Colline
Sanary sur mer, Var,
Frankreich
am 14. September 1934.

Liebe Mutter, liebe Eltern, merkt Euch die Adresse, die hier steht und das Datum, bis zu dem sie gültig ist. Mein Freund hat mich eingeladen, wie ich jetzt seit Monaten schon leider überall als Eingeladener leben muß. Wie lange das noch gehen wird, weiß ich nicht. Das ist aber auch nicht das Wichtigste. Wichtiger ist, daß Ihr nach Palästina geht und daß die arme liebe Friedl allein bleibt.

Dieser Brief, den ich jetzt schreibe, ist der schwerste meines Lebens. Denn ich muß mit schwerem Herzen, nach meinem besten Gewissen, Euch, liebe Eltern, raten, das zu tun, was Eure gesunden Kinder Euch raten. Ihr habt in Wien nichts mehr zu suchen. In Palästina werdet Ihr immerhin etwas zu essen haben. Ich kann nicht helfen, weder Euch, noch Friedl, ich bin selbst buchstäblich ein Bettler. Der Eine lädt mich ein, der andere schickt mir von Zeit zu Zeit etwas Geld. Ich bin ein alter Jud' geworden, ohne Haare, ohne Zähne, meine Gesundheit ist schwer angegriffen. Gott hat mich geschlagen und Euch, meine Lieben. Für Euch ist eine Gelegenheit da, an der Seite Eurer gesunden Kinder und Eures Enkelkindes zu leben. Es ist gegen mein heißestes Interesse, aber ich muß Euch raten, Euer Leben zu retten.

Ich kann nicht *entscheiden, ob der Vater allein zuerst vorausfahren soll. Ich kann das von hier aus nicht entscheiden, ob er dazu fähig ist. Ferner mußt Du selbst, liebe Mutter, wissen, ob Du allein noch die Kraft haben wirst, ihm nachzukommen.*

Jedenfalls spüre *ich aus Deinem Brief, daß Du ihn nicht allein fahren lassen möchtest. Du befindest Dich in einem Gewissenskonflikt. Du glaubst, eine plötzliche Gesundung Friedls könnte Dich davon erlösen.*

Nach menschlichem Ermessen kann Friedl nicht plötzlich gesund werden. Und, wenn Gott ein Wunder tut und sie gesund macht, so wird man davon benachrichtigt, und Palästina ist heutzutage auch nicht außerhalb der Welt, und ich lebe vorläufig auch noch.

Liebe Mutter, wenn Dir Dein Herz sagt, daß Du den Vater nicht allein fahren lassen sollst, so fahre mit ihm. Wenn Du fürchtest, Du könntest ihn einer Gefahr aussetzen, so fahre mit ihm. Ohne Rücksicht auf ein Wunder, das mit Friedl passieren kann.

Aber wichtig ist es, das Praktische *zu überlegen. Denke also genau daran, was ich Dir jetzt sage:*

1.) Gesichert *ist Friedls Aufenthalt* nur *bis zum 31. Oktober 1934.*

2.) Ob ich ihn weiterhin sichern kann, weiß ich heute noch nicht.

3.) Was geschieht, wenn ich ihn nicht sichern kann?

4.) Es hat keinen Sinn, alle Tanten mit der Aufsicht zu beauftragen. Wichtig ist, eine einzige Person, aber eine zuverlässige, *zu beauftragen, daß sie mit mir ständig in Verbindung bleibe. Gibt es so eine Person? Es muß nicht gerade eine Tante sein. Kann es ein* Mann *sein? Das wäre mir lieber.*

5.) Ihr sollt, Ihr müßt sogar nach Palästina fahren. Aber, bevor Ihr abreiset, müsset Ihr diese zuverlässige, absolut zuverlässige Person haben und mir nennen. Vielleicht ist es der Mann der Tante Sali? Er scheint mir sehr sympathisch.

6.) Ich muß, auch wenn ich selbstverständlich meine Pflicht gegen Friedl erfülle, so weit ich kann, eine zuverlässige männliche Persönlichkeit in Wien haben, mit der ich korrespondieren kann; nicht Frauen, nicht, vor Allem, mehrere Frauen.

*7.) Sobald diese Person bestimmt ist, könnt Ihr mit ruhigem Gewissen fahren.
[...]«*

Exil in Frankreich

Joseph Roth als Autor im Exil: das hätte trotz der schwierigen Umstände eine Erfolgsstory werden können. Denn er veröffentlichte seine neuen Werke in drei holländischen Verlagen, wozu noch Pressebeiträge sowie Übersetzungen und Lizenzausgaben früherer Titel kamen. Roth war einer der am besten verdienenden Exilautoren, auch wenn seine Einnahmen nicht den Stand der vorhergehenden guten Jahre erreichten.

Aber sein Geldbedarf stieg durch seinen zunehmenden Alkoholismus und die Verpflichtung, für verschiedene andere Menschen zu sorgen: Für die Pflege seiner Frau Friedl hatte Roth aufzukommen, für seinen eigenen kostspieligen Lebensstil und nicht zuletzt für seine Lebensgefährtin Andrea Manga Bell und deren zwei Kinder. All das und die – wie gewohnt – bereits im voraus konsumierten Vorschüsse zwangen Roth zu hektischer Betriebsamkeit. Er schrieb zahlreiche engagiert antifaschistische Artikel für Zeitschriften in Österreich, in der Tschechoslowakei, in Frankreich, den Niederlanden und der Schweiz – ohne jedoch die Intensität jener Jahre, als ihn die »Frankfurter Zeitung« druckte, auch nur annähernd zu erreichen. Die – relative – Höhe von Roths Einkommen lag eben auch am Einholenmüssen der Vorschüsse. Er schrieb so viele Romane, daß der Markt, laut Ansicht seiner Verleger, übersättigt war. Zusätzliche, wenn auch unregelmäßige Einnahmen brachten ihm etliche Übersetzungen seiner Werke.

Freilich wurde Roth beneidet von jenen, die weit geringere Chancen hatten. Für Roth aber war stets zu wenig Geld vorhanden; er lebte zumeist auf doppelten Kredit: mit dem Vorschuß der Verlage und dem Kredit, den ihm Freunde, Kellner, Cafés, Restaurants, Hotels etc. gaben.

292 Andrea Manga Bell. Fotografie: Franz Pfemfert, um 1929.
Andrea Manga Bell (1902–1985) war Redakteurin der Zeitschrift »Gebrauchsgraphik«, als sie 1929 Roth kennenlernte. Sie lebte mit ihm (und ihren beiden Kindern aus erster Ehe) von 1931 bis 1936 zuerst in Berlin, dann in Frankreich zusammen.
Die Beziehung war längere Zeit hindurch glücklich und für Roth stabilisierend. Andrea Manga Bell war ihm eine Partnerin, die auch mitarbeitete. Er nahm sie seinerseits ernst, schrieb anfangs einmal, daß er hoffe, »an dieser Einen gut machen zu können, was ich an vielen gesündigt habe [...]«. Letzten Endes scheiterte die Verbindung, nicht zuletzt an den Spannungen, die durch den ständigen Geldmangel entstanden.

293 Paris VI. Hôtel Foyot, 33, Rue de Tournon. Fotografie: Eugène Atget, 1909.
Das Hôtel Foyot in 33, Rue de Tournon war ab 1927 Roths bevorzugte Pariser Adresse. Es war sein Domizil, bis es im November 1937 abgerissen wurde.

293

294 Paris VI. Boulevard Saint-Germain / Rue de Rennes. Café Aux Deux Magots. Fotografie, 1958.
Im Jahr 1934 hielt sich Roth hier fast täglich auf; erst später blieb er meist im Café Tournon, gegenüber dem Hôtel Foyot.
Einige der Emigranten, die er öfters sah und besonders schätzte, waren:

295 Ludwig Marcuse. Undatierte Fotografie.

296 Annette Kolb. Fotografie: Franz Löwy, 1932.

297 Ernst Weiss. Fotografie, um 1934.

Roth mußte sich erst an die neue Situation gewöhnen: an das Zusammenwohnen mit Frau Manga Bell und ihren Kindern, daran, dies vor Friedls Familie in Wien zu verbergen; die Belastung, alle diese Menschen zu erhalten und ständig unter Hochdruck zu schreiben.

294/295
296/297

Die erste Reise als Emigrant führte Roth nach Salzburg: Ende August 1933 besuchte er Friderike und Stefan Zweig. Auf Empfehlung seines Arztes Dr. Wollheim übersiedelte er jedoch bald nach Rapperswil am Zürcher See. Dort, im Hotel Schwanen, gelang es Roth, wie schon 1932, zügig zu arbeiten. Im Dezember 1933 kehrten er und Andrea Manga Bell nach Paris zurück, mit dem abgeschlossenen Manuskript des Romans »Tarabas« und einigen Erzählungen, die dann 1934, teils nur auf französisch, erschienen. Im Frühjahr 1934, noch in Paris, stellte Roth das Buch »Der Antichrist« fertig.

Aus finanziellen Gründen übersiedelten Roth und Manga Bell im Frühsommer 1934 nach Südfrankreich. Dort war das Leben bedeutend billiger als in Paris. Ab Anfang Juni wohnten sie in Marseille, von Mitte Juli 1934 bis April 1935 in Nizza.

Roth und Manga Bell waren zuerst Gäste Hermann Kestens in dem Appartementhaus, das Kesten und seine Frau Toni den Sommer 1934 über zusammen mit Heinrich Mann und Nelly Kroeger bewohnten. Die gegenseitige Verträglichkeit dürfte auf eine harte Probe gestellt worden sein. Im September nahmen Roth und Manga Bell eine Etagenwohnung im Nachbarhaus (121, Promenade des Anglais); im Februar 1935 zogen sie ins Hôtel Imperator am Boulevard Gambetta, wo Roth zusätzlich ein ruhiges »Arbeitszimmer« mietete.

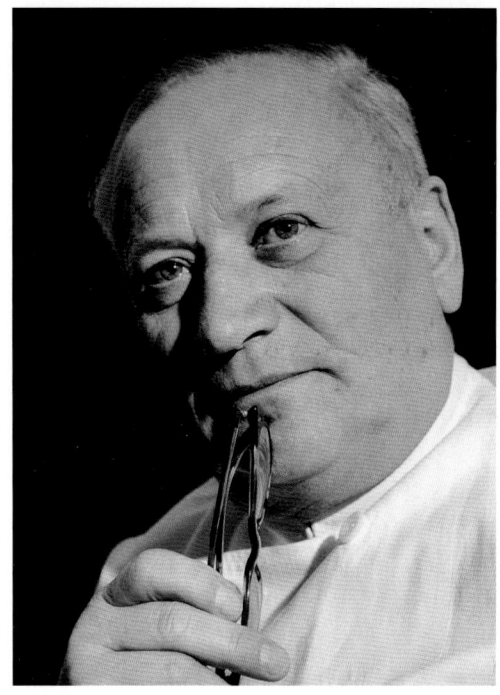

298 Dr. med. Ernst Wollheim. Fotografie: K. & É. Forgács, Budapest, 1966.
Wollheim, ein Herzspezialist, war Friedl und Joseph Roths Arzt in Berlin und traf den Autor später wiederholt im Exil.

299 Nice/Nizza, Frankreich. Promenade des Anglais. Fotografie: Munier. Ansichtskarte von Joseph Roth, Claire Brachvogel, Andrea Manga Bell, Eileen Daly an Ben Huebsch vom 6. Februar 1935. Bildseite.

298
299

In diesen Monaten verfaßte Roth den Roman »Die hundert Tage«, eine Arbeit, die ihm wegen des ungewohnten historischen Sujets und bei den bewegten äußeren Umständen schwerfiel. Doch historische Romane waren gefragt: Auch Heinrich Mann und Hermann Kesten befaßten sich mit der Vergangenheit: jener schrieb einen breit angelegten Roman über den französischen König Henri IV., dieser einen Roman über Ferdinand von Aragon und Isabella von Kastilien.

300 Joseph Roth in Nizza. Fotografie, 1934.

301 Nice / Nizza. Blick auf die place Masséna mit dem Café Monnot. Fotografie, Ende des 19. Jahrhunderts.
Hier trafen sich die Emigranten, denn Nizza war ein Zentrum der aus Deutschland geflohenen Intellektuellen. Zu ihnen zählten neben den Mitbewohnern Roths unter anderen: Schalom Asch, Stefan Zweig, Friderike Maria Zweig, Valeriu Marcu, René Schickele, Annette Kolb, Franz Theodor Csokor, Ferdinand Bruckner, Walter Hasenclever, Franz Werfel.

302 Heinrich Mann. Fotografie, um 1933.

303 Schalom Asch. Fotografie, dreißiger Jahre.

304 Valeriu Marcu mit seiner Tochter Monika. Fotografie als Ansichtskarte, datiert Nice, 18. Mai 1934. Aus dem Besitz von Joseph Roth. Bildseite.

305 René Schickele. Fotografie, um 1933.

306 Franz Theodor Csokor. Fotografie, dreißiger Jahre.

LES LETTRES ALLEMANDES
Une heure avec Joseph Roth
par FRÉDÉRIC LEFÈVRE

L'appartement date le Louis-Philippe. Il est haut perché, à l'écart du bruit. Grande pièce carrée, cheminée massive, meubles raides. De vieux bouquins alignent des dos fauves et dorés, polis par l'usage. Est-on à Paris ? En province ? Ces fleurs curieuses ne sont pas sorties de la boutique d'un fleuriste. « Ce sont des doronics, dit le maître de maison, le docteur Gidon, professeur d'histologie à l'Ecole de Médecine de Caen, ils poussent dans les ruines médiévales. »

Nous sommes chez Mme Blanche Gidon, la traductrice du nouveau roman de Joseph Roth : *La marche de Radetzky*. Au début d'une étude consacrée à cet ouvrage, M. Gabriel Marcel note que Mme Gidon est parvenue, par un véritable tour de force, à rendre l'originalité et la ligne mélodique du style. Ce qui donne, en effet, une place de choix dans la production allemande contemporaine à *La Marche de Radetzky*, c'est son caractère artistique, le constant souci d'écriture et de composition de Roth. *La Marche de Radetzky* est l'histoire du déclin de la monarchie autrichienne vue à travers le destin d'une famille de fonctionnaires d'officiers particulièrement attachés à François-Joseph. Le grand-père, lieutenant d'infanterie, a sauvé l'empereur à la bataille de Solférino. Cet acte vaut à la famille la protection constante du souverain. Les épisodes de la vie des héros permettent à Roth de nous présenter l'Autriche - Hongrie d'avant guerre dans sa complexité sociale, ethnique et géographique.

▲▲▲

Joseph Roth, l'auteur de la *Marche de Radetzky*, tantôt arpente la pièce, tantôt demeure assis, taciturne, emplissant et vidant distraitement son verre de cognac. Au premier abord, il surprend, inquiète même. Il faut du temps pour le déchiffrer. Sa mince personne est mystérieuse. Peu à peu, on s'habitue, on comprend, on se rassure : être complexe, superposition de personnalités presque contradictoires qu'une attitude, un geste, un coup d'œil, un pli du visage mobile, une intonation, révèlent. Ces diverses personnalités sont humaines, très humaines. Ces épaules renvoyées en arrière, cette raideur sont de l'ex-officier de l'armée autrichienne. Comme Joseph Roth aimerait encore porter l'uniforme ! Il s'ingénie à se donner une allure martiale, tout en essayant vainement de friser, entre le pouce et l'index, un brin de moustache blonde,

rêche, taillée trop court. Ce coup d'œil aigu est d'un paysan normand, matois et méfiant. Ce bouillonnement de brutalité soudaine d'un sémite en mal d'absolu balayant d'un coup de poing ce qui le gêne. Cette non moins soudaine mélancolie, voilant l'éclat des yeux bleus légèrement saillants, d'un Russe fataliste, vite découragé, qui se dit : « A quoi bon ? » Ce mutisme, cette expression absente, d'un artiste obsédé d'une image, bercé d'un thème mélodique...

▲▲▲

— Je suis né en 1894 à Svaby, en Volhynie. Ma mère était une juive russe proche encore du ghetto. Mon père, employé au ministère des finances, était un Vien-

(Dessin de Roger Wild.)

discret, tranquille, distingué comme un vieux coin de province, il n'a rien de commun avec le restaurant de ces messieurs du Sénat. C'est Rilke qui m'y avait conduit. Il y est tombé gravement malade. Le pauvre Radiguet aussi. Serai-je le troisième « R » qui finira dans cette maison d'aspect débonnaire ?

— ......

— J'ai été voir Rilke à l'hôtel Foyot quand je suis arrivé à Paris en 1922. Je lui apportais des lettres d'amis de Prague et de Vienne. Un jour que je me rendais chez lui, on me frappe sur l'épaule : « M. Rilke ? » Je me retourne. C'était une dame qui, de dos, m'avait pris pour lui. Il existe une allure autrichienne. Je portais, comme Rilke, un complet bleu, uniforme des civils autrichiens. Je l'aimais beaucoup. Quel poète et quel homme !

nois de bonne trempe, amateur d'art, peintre lui-même, épicurien spirituel, sceptique. Il aimait l'alcool. Je ne l'ai pas connu, il est mort avant que je ne

Durch Übersetzungen und Nachdrucke hoffte Roth, an den Ruhm und die Marktposition, die ihm die Romane »Hiob« und »Radetzkymarsch« gebracht hatten, anknüpfen zu können; oder auch durch Erzählungen die Zeit zu überbrücken, die er brauchte, bis ein Roman geschrieben war.
Ein großes Interview in der wichtigsten französischen Literaturzeitschrift lenkte die Aufmerksamkeit des Publikums auf Roth ebenso wie die kurz darauf erschienene Übersetzung »La marche de Radetzky«.

307 Frédéric Lefèvre: Une heure avec Joseph Roth. [Interview]. In: Les Nouvelles Littéraires, Paris, 2. Juni 1934. (Ausschnitt). Mit einer Porträtzeichnung von Roger Wild, Roth darstellend.
(Der Text ist übersetzt abgedruckt in: Werke, Band 3, S. 1031-1035.)
Roth erfand hemmungslos biographische Details, etwa einen Wiener Finanzbeamten als Vater, oder daß er in Südfrankreich Bootswäscher gewesen sei. Das Interview enthält starke emotionelle Ausbrüche gegen den Nationalsozialismus und nimmt Partei für Österreich, den Katholizismus und das Kaisertum.

308 Frédéric Lefèvre (1899–1949).
Fotografie.
Der Schriftsteller und Chefredakteur der führenden französischen Literaturzeitschrift »Les Nouvelles Littéraires« interviewte Roth nicht nur, er druckte auch wiederholt kürzere Prosastücke Roths ab.

309 Blanche Gidon. Fotografie, um 1934.
Blanche Gidon (1883–1974) war die Übersetzerin vieler deutschsprachiger Schriftsteller, darunter Gottfried Keller, Bruno Frank, Emil Ludwig, René Schickele, später Heinrich Böll. Gidon übersetzte zunächst »Radetzkymarsch« (1934) – während dieser Arbeit mußten sich Autor und Übersetzerin erst zusammenraufen. In der Folge wurde sie für Roth eine verläßliche, verständnisvolle, nicht dominante Freundin. Zu Lebzeiten des Autors übersetzte Blanche Gidon neben Erzählungen auch den Roman »Die hundert Tage«/»Les Cent Jours«, der 1938 im Verlag Grasset erschien.
Sie bewahrte jene Papiere Roths, die Friderike Zweig nach dem Tod des Autors gesammelt hatte, von deren Flucht 1940 bis zum Ende des Krieges auf.

310 Gabriel Marcel (1889–1937). Fotografie.
Der angesehene Philosoph und Lektor im Verlag Plon gab die Serie »Feux Croisés« heraus, in der Übersetzungen Roths erschienen. Die Beziehung Roths zu Marcel war gespannt: Der Verleger hatte die Rechte am »Antichrist« gekauft, aber das Buch nicht fertig übersetzen lassen, Roth also nach dessen Meinung um Erfolg und Einnahmen geprellt.

311 Félix Bertaux (1881–1948), Kritiker der »Nouvelle Revue Française«, Literaturwissenschaftler. Undatierte Fotografie.
Der profunde Kenner der deutschsprachigen Literatur war ein wichtiger Mentor Roths im Pariser Kulturleben der zwanziger Jahre bis ins Exil; er beriet ihn, vermittelte auch beim Streit um die Übersetzung des »Radetzkymarsch«. Roth schätzte auch den Sohn Pierre Bertaux (1907–1986), der ebenfalls Literaturwissenschaftler wurde.

312 Joseph Roth: La marche de Radetzky. Übersetzung ins Französische: Blanche Gidon. Paris: Plon, 1934. Titelseite.
Zu Roths Lebzeiten hatten seine Werke in Übersetzungen Erfolg in England, den Niederlanden und auch in der Tschechoslowakei, nicht so sehr in Frankreich.

Schreiben im Exil:
Brief Joseph Roths an Blanche Gidon

»Eden Hotel
Amsterdam
26. Mai 1936.

Liebe gute Freundin, Sie müssen mir mein Schweigen verzeihen. Ich schäme mich, wenn ich an Ihre große Güte und edle Freundschaft denke, und ich schäme mich selbst, Ihnen zu danken. Es ist sehr erniedrigend für mich, die Art, wie ich hier lebe. Ein Hilfskomitee mußte mir hier etwas Geld borgen, eine kleine Forderung, die Stefan Zweig an einen holländischen Verlag hatte, hat er mir zediert. Wenn ich etwas gesünder bin, kann ich einen Vortrag halten, der mir vielleicht 50-60 Gulden eintragen wird. Ich arbeite inzwischen, um mich zu betäuben. Aber dieses Hotel, das mich nur meines Namens wegen aufgenommen hat, kann ich immer noch nicht ganz bezahlen. Wenn ich einen Teil eines neuen Romans abliefere, kann ich eventuell 800 Gulden bekommen. Aber ich bin ganz erschöpft vom letzten. Die Correcturen im Manuskript habe ich erst gestern unter unsäglichen Qualen fertig gemacht. Der Roman »Stammgast« ist es. Er heißt jetzt: »Beichte eines Mörders«. Er erscheint im August und Sie bekommen in 10 Tagen die Bürstenabzüge. Drei Tage war ich im Bett, mit hochgestreckten Füßen. Ich habe einen Liter Milch pro Tag getrunken, um mich zu entgiften. Die Schwellung ist zurückgegangen. Heute kann ich schon gehen und sitzen, ohne daß die Beine wieder anschwellen. Essen kann ich nicht vertragen, ich gebe es wieder, ich versuche, Reis mit Milch zu essen. Ich trinke auch roten Wein und keinen Schnaps mehr. Ich fürchte, meine Matratzengruft wird in Holland stehen. Frau Manga-Bell mußte ich auch etwas schicken. Ich weiß nicht, was mit ihr werden soll. Sie wird sich vielleicht freuen, wenn Sie ihr schreiben, deshalb sage ich Ihnen die Adresse: Kanton St. Gallen, Jona bei Rapperswil, Schweiz, Villa Grünfels. Die Schulen sind nicht bezahlt. Ich weiß nicht, was mit den Kindern werden soll. Diese Frau, die durch ihre Schwäche 50% meines Unheils verursacht hat, ist doch ein armer Mensch, und ich kann nicht ohne tiefste Betrübnis an sie denken. – Ich kann keine Pläne fassen, – im besten Fall, im allerbesten habe ich noch für 3 Monate zu leben, – aber ich habe ja gar keine Kraft, ein neues Buch anzufangen. Auch ein Brief kostet gewaltige Mühe. Seien Sie deshalb nicht böse, wenn ich nicht schreibe. Offen gesagt: Auch ein Porto ist für mich von Bedeutung. Grüßen Sie herzlich Doktor Gidon. Verzeihen Sie, daß ich deutsch schreibe. Ich küsse Ihre gute freundschaftliche Hand,
Ihr alter   Joseph Roth.«

(Briefe, S. 473-474)

313 Joseph Roth an Blanche Gidon, Rohrpostkarte vom 28. Mai 1938. Adreßseite.

Roths Werke in Exilverlagen

Mit einem Schlag hatte Roth im Februar 1933 seine bisherigen Einnahmequellen verloren, zudem auch noch die Aussicht, daß sich die wachsende Anerkennung der letzten Jahre endlich auch zu einem durchschlagenden finanziellen Erfolg hätte entwickeln können. Doch sah er nach der Regierungsübernahme durch die Nationalsozialisten klar, daß der Kiepenheuer Verlag in seiner bisherigen Form im »Dritten Reich« keine Zukunft haben würde; daß er andere Verlage würde suchen müssen, die seine Werke – unter gänzlich neuen Bedingungen – drucken würden; daß er seine fremdsprachigen Verbindungen würde nützen müssen, um die Einnahmen aus den Auslandserfolgen von »Hiob« und »Radetzkymarsch« maximieren zu können. Seine deutschsprachigen Rechte schienen ihm wenig problematisch; da der Kiepenheuer Verlag sehr bald seinen Pflichten (Druck und Verbreitung der Werke des Autors) nicht mehr würde nachkommen können, würde er frei sein für neue Vertragsabschlüsse. Vorerst aber ließ Roth Hilferufe los, denn das unmittelbare Überleben mußte gesichert werden.

Nach seiner Flucht vor den Nationalsozialisten war Roth zwar gerettet in Paris, aber ohne Einkommen oder Hoffnung auf Geld von seinem deutschen Verlag. Roth wußte jedoch, daß beträchtliche Zahlungen vom amerikanischen Verlag Viking Press anstanden; diese wollte er keinesfalls nach Berlin gesandt sehen. Daher der Aufschrei als Telegramm und etliche warnende Briefe im Frühjahr 1933 an den Leiter der Viking Press, Ben Huebsch, kein Geld nach Deutschland zu überweisen.

Huebsch sandte Roth »Vorschüsse« nach Paris, aber den großen Betrag für die Filmrechte an »Hiob« nach Berlin; er berief sich – konsequent, aber naiv – auf seine Verpflichtungen. Roths Empörung war grenzenlos, da so nicht nur ihm seine Einnahmen vorenthalten wurden, sondern diese auch noch dem feindlichen Staat zugute kamen.

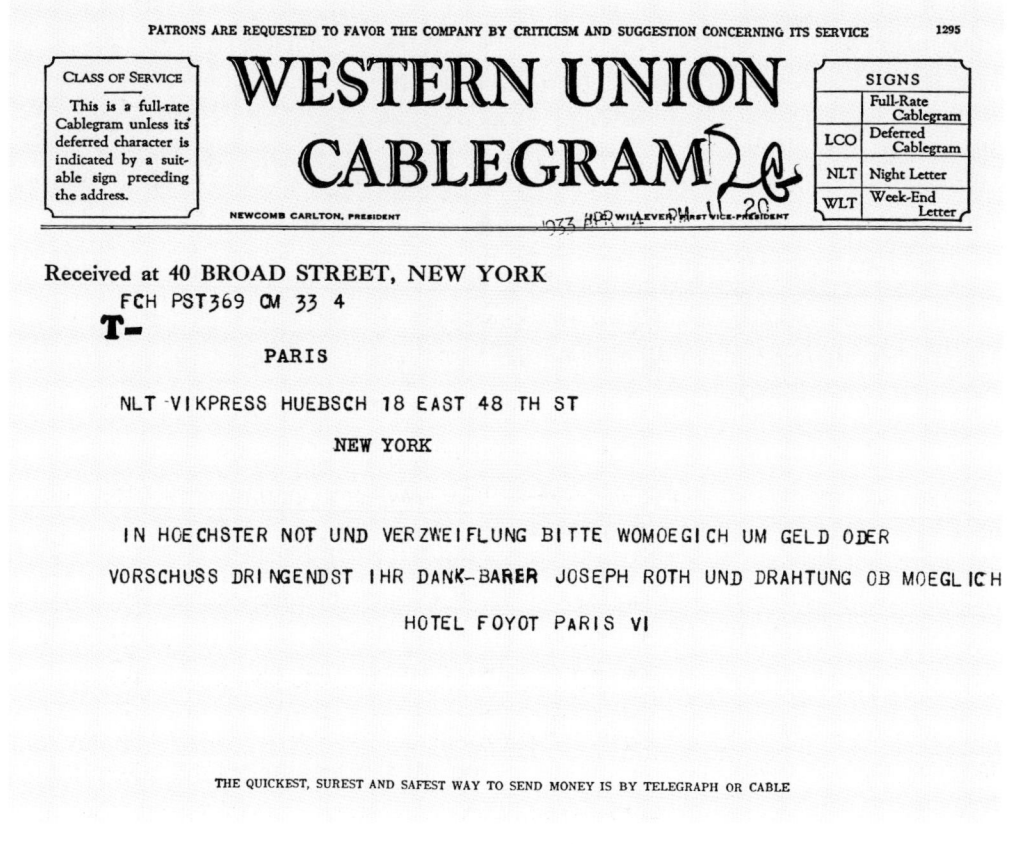

314   Joseph Roth an Ben Huebsch/Viking Press, New York. Telegramm vom 4. April 1933.

Der Kiepenheuer Verlag hatte bis 1933 viele Autoren unter Vertrag, die Gegner des Nationalsozialismus waren. Sie wurden nach der »Machtergreifung« geächtet und verfolgt: aus politischen, ideologischen und rassischen Gründen.

Die Manager des Verlages (sein Namensgeber ausgenommen) reagierten rasch und nützten die gebotenen Möglichkeiten, neue Verlage in Holland zu gründen: Fritz H. Landshoff baute 1933 innerhalb des Verlags Emanuel Querido eine deutschsprachige Abteilung auf (die Hälfte des neuen Verlags gehörte der Uitgevers-Maatschappij Emanuel Queridos, die andere Landshoff). Sein wichtigster Mitarbeiter war Klaus Mann. Hermann Kesten und Walter Landauer riefen 1933 im Rahmen des Verlags Allert de Lange einen deutschsprachigen Exilverlag gleichen Namens ins Leben. In diesen beiden Unternehmen, die freundschaftlich miteinander konkurrierten, wurde bis 1940 der im Umfang größte und einflußreichste Teil der deutschsprachigen Literatur im Exil herausgebracht. Auch Roth publizierte die meisten seiner Werke in diesen Verlagen.

Um Roths Urheberrechte ins Ausland zu transferieren und nicht weiter Geld wie jenes von Huebsch nach Berlin überwiesene zu verlieren, gründeten Landauer und Landshoff in der Schweiz die Firma »Orcovente«. Roths Mißtrauen und seine Eigenwilligkeit machten es nicht leicht, ihm den Sinn des Unternehmens einsichtig und glaubwürdig zu machen.

Roths taktisches Geschick ermöglichte, daß er bei beiden großen holländischen Exilverlagen Verträge erhielt, obwohl Querido anstrebte, Roths Urheberrechte exklusiv zu erhalten. Selbstverständlich sondierte Roth auch andere Erwerbsmöglichkeiten, darunter Verlage und Zeitschriftenprojekte in Österreich und in der Schweiz.

Einflußreiche Publikationsorgane für emigrierte Schriftsteller waren Zeitungen und Zeitschriften, so die anspruchsvolle »Sammlung« im Querido Verlag, Amsterdam, oder »Maß und Wert«, Zürich; »Die neue Weltbühne«, Prag, Zürich, Paris; »Neue Deutsche Blätter«, Wien, Zürich, Paris, Amsterdam; »Das Wort«, Moskau; »Internationale Literatur / Deutsche Blätter«, Moskau.

Beiträge von Roth brachten die in Paris erscheinenden Blätter: »Das Neue Tage-Buch«, »Pariser Tageblatt« (später unter dem Namen »Pariser Tageszeitung«), »Die Zukunft« und »Die Österreichische Post«.

Die Gründung eines Exilverlags verlief nicht problemlos: Weder war es leicht, ein Unternehmen in Deutschland aufzulösen und die Aktiva (Urheberrechte, Buchbestand, Administrations- und Herstellungsmittel) ins Ausland zu bringen – und das gegen den Willen von Aktionären oder Eigentümern oder der nationalsozialistischen, meist intellektuellenfeindlichen und antisemitischen Stellen der öffentlichen Verwaltung; noch war die Aussicht gut, einen deutschsprachigen Verlag mit Gewinn im Ausland zu betreiben – angesichts des kleineren Markts und der teuren Produktionskosten. Etliche wagten den Versuch trotzdem; einige hatten dabei zumindest so weit Erfolg, daß die Literatur verbreitet wurde und einige Autoren überleben konnten.

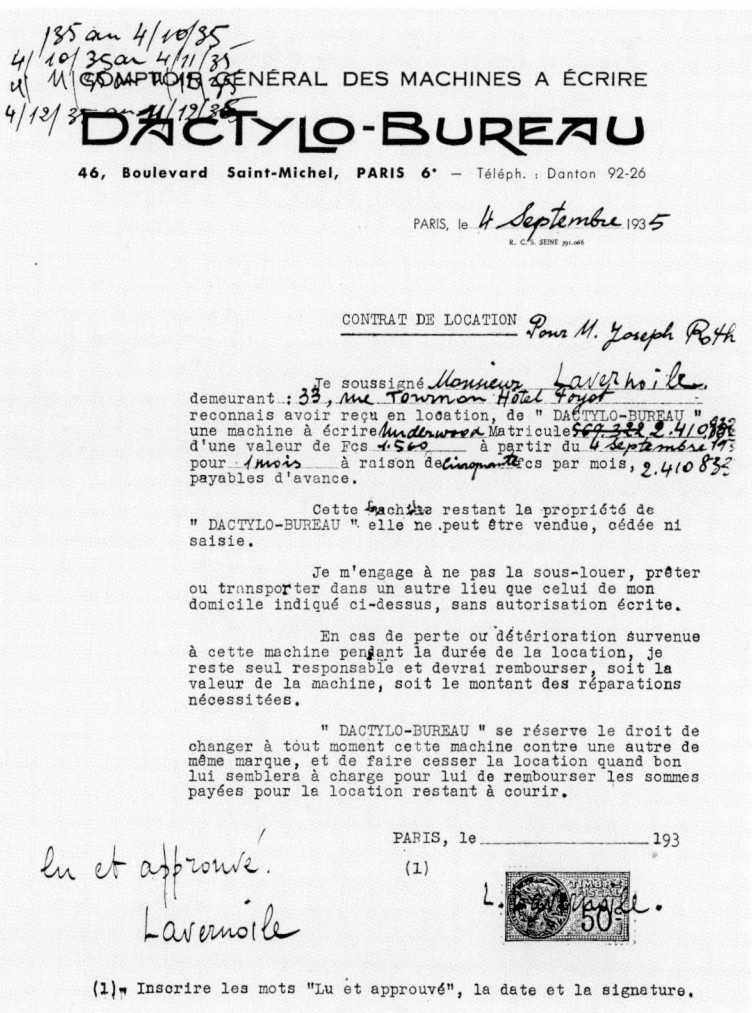

315 Leihbescheinigung für eine Schreibmaschine aus dem »Dactylo-Bureau« von M. Lavenoile für Joseph Roth, 4. September 1935.

Exilverlag Querido

Der holländische Verleger Emanuel Querido (1871–1943) war Jude, Sozialdemokrat und leidenschaftlicher Antifaschist. Daher nahm er das geschäftliche Risiko der Förderung so vieler Schriftsteller der deutschen Emigration in Kauf, obgleich der Erlös aus dem Buchverkauf nur zu oft die Kosten nicht hereinbrachte. Der Verlag wurde nach der Okkupation der Niederlande zerschlagen. Querido und seine Frau wurden verschleppt und in einem Konzentrationslager ermordet.

316 Emanuel Querido. Fotografie, 1936.

Im deutschsprachigen Verlag Querido in Amsterdam veröffentlichten zwischen 1933 und 1940 u. a. Vicki Baum, Bernard von Brentano, Alfred Döblin, Lion Feuchtwanger, Leonhard Frank, Bruno Frank, Thomas Theodor Heine, Georg Kaiser, Hermann Kesten, Joseph Roth, Irmgard Keun, Emil Ludwig, Erika Mann, Carl Sternheim, Heinrich Mann, Klaus Mann, Ernst Weiß, Ludwig Marcuse, Ernst Toller, Robert Neumann, Erich Maria Remarque, Jakob Wassermann, Anna Seghers, Rudolf Olden, Alfred Wolfenstein, Arnold Zweig.

317 Klaus Mann und Fritz H. Landshoff im Grand Hotel, Zandvoort, Holland. Fotografie, 1933.

318-319 Zeitschrift »Die Sammlung«, Jg. 1, Heft Nr. 1/September 1933, Umschlag und Prospekt, S. 2.

Die von Klaus Mann (1906–1949) in den Jahren 1933 bis 1935 im Verlag Querido herausgegebene Zeitschrift verstand sich als offensiv antifaschistische Literaturzeitschrift.
Eine Vielzahl politisch unterschiedlich orientierter emigrierter deutschsprachiger sowie mit ihnen sympathisierender französischer und englischer Autoren kam in ihr zu Wort, darunter Félix Bertaux, Bert Brecht, Max Brod, Ernst Bloch, Jean Cocteau, Alfred Döblin, Ilja Ehrenburg, André Gide, Oskar Maria Graf, Aldous Huxley, Alfred Kantorowicz, Alfred Kerr, Hermann Kesten, Golo Mann, Heinrich Mann, Walter Mehring und Ernst Toller.

Die im ersten Heft angekündigte Mitarbeit von Autoren, die (noch) in Deutschland publizierten (wie Alfred Döblin, Thomas Mann, René Schickele, Stefan Zweig), wurde von den nationalsozialistischen Behörden benützt, auf diese Autoren und ihre Verleger Druck auszuüben; manche gaben Distanzierungserklärungen ab, was zu heftigen Kontroversen über die angemessene Haltung gegenüber in Deutschland verbliebenen Verlagen führte. Ein Dokument der mangelnden Einsicht Zweigs und der instinktsicheren Einschätzung der Lage durch Roth ist dessen Brief an Stefan Zweig vom 7. November 1933, der auf S. 203-205 abgedruckt ist.

Roths grundsätzliche Ablehnung jeder Kooperation mit deutschen Institutionen zeigt auch ein anderes verlegerisches Projekt: Im Sommer 1933 erwog Gottfried Bermann-Fischer, Junior-Leiter des renommierten Berliner S. Fischer Verlags und Schwiegersohn des Gründers, ein Abkommen mit Landshoff zu treffen, die Bücher der emigrierten Autoren bei Querido auch in seinem Verlag, d. h. in Deutschland, zu publizieren. Roth verweigerte die Erlaubnis. Er wußte, daß würdelose Verhandlungen und unannehmbare Konzessionen an die Nationalsozialisten die Folge sein würden, was seiner antifaschistischen Einstellung zutiefst widersprach.

Die erste Nummer der »Sammlung« enthält einen Vorabdruck des ersten Kapitels von Roths »Tarabas«. Die bevorstehende Buchveröffentlichung wird noch unter dem Titel »Der rote Bart« angekündigt. (Stefan Zweig soll, zum Mißfallen des Verlags, als Titel »Der Bart des Juden Manasse« empfohlen haben.)
Der Roman erschien von Januar bis März 1934 als Fortsetzung im »Pariser Tageblatt«.

318/319

320 Joseph Roth. Fotografie, erste Hälfte der dreißiger Jahre.

321 Joseph Roth: Tarabas. Roman, Amsterdam: Querido, 1934. Schutzumschlag.
Im Zentrum der Fabel von Schuld und Sühne steht die während eines Pogroms begangene Untat eines Soldaten. Der Roman, der autobiographische Erzählungen eines Soldaten und Roths Kindheitserinnerungen verwertet, entstand unter den für Roth typischen Bedingungen von Zeitdruck und Geldmangel. Roth richtete an Querido immer weitere Verlangen nach detaillierten Abrechnungen und Geldforderungen. Landshoff ließ sich aber nicht unter Druck setzen, sondern reagierte mit gespielter Strenge: »Was veranlaßte Sie eigentlich, nachdem Sie jahrelang über jeden Vertrag hinaus alles nur irgend auftreibbare Geld von uns erhalten haben, jetzt sich streng wie ein Unteroffizier zu benehmen, weshalb Sie übrigens keinen roten Heller mehr bekommen [...]« (Fritz Landshoff, Querido Verlag an Joseph Roth, Brief vom 27. Juli 1934).

322-323 Joseph Roth: Das falsche Gewicht. Die Geschichte eines Eichmeisters, Amsterdam: Querido, 1937. Schutzumschlag und vordere Werbeklappe; Titelseite mit der handschriftlichen Widmung: »*Dem verehrten und unverändert geliebten Stefan Zweig in wortloser Treue Joseph Roth*«; verkleinert abgebildet.
Die Atmosphäre eines galizischen Städtchens ist in diesem Roman außerordentlich suggestiv verdichtet, weshalb er sehr gute Kritiken erhielt, besonders von den Schriftstellerkollegen. Einer der wenigen, die nicht so begeistert waren, war der Freund und Schriftsteller Józef Wittlin, der später präzisierte: »Freilich, es hat großen poetischen Reiz, aber hat auch alle Schwächen seiner späteren alkoholgetrübten Produktion.« (In: Hermann Kesten [Hrsg.]: Deutsche Literatur im Exil, S. 196)

324 Joseph Roth. Der Leviathan. Amsterdam: Querido, 1940. Schutzumschlag.
Der Verlag Querido besaß die Rechte an Roths Erzählung »Der Leviathan«, die zu Lebzeiten des Autors ab 1934 in verschiedenen Zeitschriften als Teil- oder Gesamtdruck erschien, 1937 auch schon fertig gesetzt war, als Buch aber erst nach 1945 mit dem Impressum 1940 ausgeliefert wurde.

320
321

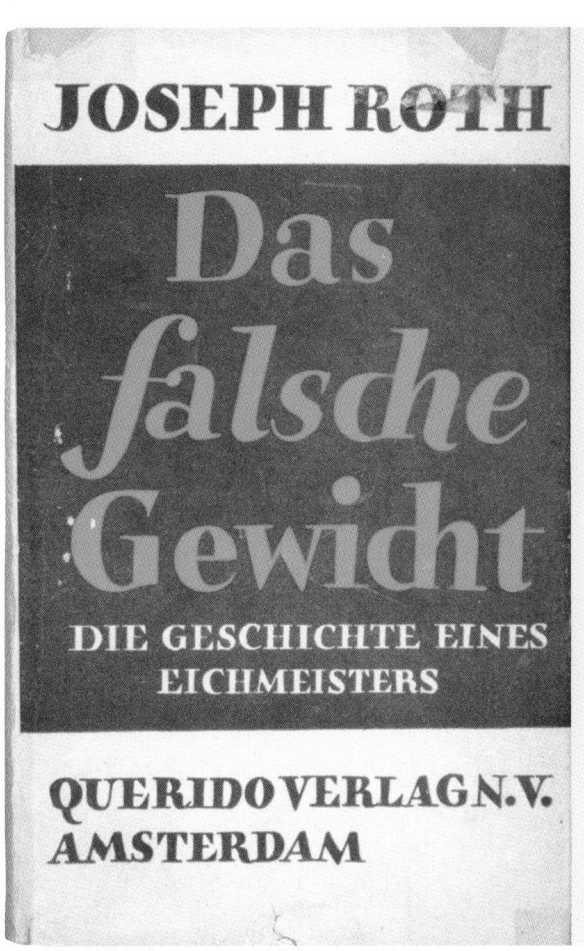

JOSEPH ROTH
DAS FALSCHE
GEWICHT
DIE GESCHICHTE
EINES EICHMEISTERS
Broschiert: Gulden 2.50
In Leinen: Gulden 3.50

Diese bezaubernde Geschichte, reich an singulären Figuren und erfüllt von Liebe und der Sucht nach Liebe, handelt von der tiefen und verdammten Leidenschaft eines ewig Unbefriedigten. Der Untergang eines Gerechten, der Tod eines tiefen Herzens, die Frage nach dem Sinn des Lebens, sie werden in brennenden Farben und unvergeßlichen Bildern heraufbeschworen. Der Eichmeister Anselm Eibenschütz gab den fröhlichen Soldatenstand für seine Frau auf. Er gibt seine Frau, die ihn mit seinem Schreiber Nowak betrügt für eine Zigeunerin auf. Die Zigeunerin gibt ihn für einen Maronibrater auf. Die Frau und der „Säugling Nowak" sterben an der Cholera. Der Eichmeister, der unter den kleinen landläufigen Betrügern eines podolischen Grenzstädtchens die Gerechtigkeit repräsentiert, wird vom größten Halunken erschlagen. Aber zuvor nahm der Gerechte dem Schuft seine Geliebte und zerschlug sein Geschäft.

„Wer regiert eigentlich die Welt?", so fragt einer der Menschen dieser großen und berauschenden Geschichte.

322
323/324

Niederlande, Belgien

Roth hielt sich immer wieder in Amsterdam auf, um die Verhandlungen mit seinen Verlegern persönlich zu führen (Dezember 1933, Mai 1935, März bis Juli und September/November 1936 sowie September 1937), gelegentlich auch auf der Flucht vor drückenden Pariser Verhältnissen. Dabei wohnte er in dem kleinen, schmuddligen Hotel Eden und nach dessen Auflösung 1937 im City Hotel desselben Besitzers, Antonius Blansjaar, mit dem ihn eine gegenseitige Sympathie verband.

325 Amsterdam, Niederlande. Hotel Eden, Rückseite. Ansicht von der Ostseite des Damrak. Undatierte Fotografie, dreißiger Jahre.

326 Amsterdam. Rembrandtsplein 46. City Hotel. Fotografie: S. van Dijn, dreißiger Jahre.

325
326

327 Amsterdam. Café Reynders, Leidseplein. Fotografie, 1947.
Das von Künstlern häufig besuchte Lokal besaß die von Roth geschätzte Atmosphäre.

328 Roth und Stefan Zweig in Ostende, Belgien. Fotografie, 1936.
Zweig war wohlhabend und mitfühlend genug, zahlreiche Emigranten in Notsituationen zu unterstützen. Auch Roth half er mehrfach. Zudem hoffte er, ihn vom Alkohol abbringen zu können. Zweig hielt viel von Roths schriftstellerischem Feingefühl, ja, er akzeptierte sogar, daß dieser seine Texte kritisierte und Verbesserungsvorschläge machte. Er fand daher, daß gemeinsam zu wohnen und zu arbeiten für beide förderlich sein würde. Auch glaubte Zweig, Roth trösten zu müssen, da die Verbindung Roths mit Andrea Manga Bell mittlerweile in die Brüche gegangen war. Zweig lud Roth im Juli 1936 nach Ostende ein, wo die gezeigte Fotografie entstand. Wie Roth an Blanche Gidon schrieb, sorgte Zweig für ihn und war »rührend zu mir, wie ein Bruder«.

327

328

Exilverlag Allert de Lange

Mit dem Inhaber des Verlags, Gerard de Lange, verbanden Roth Gemeinsamkeiten der Haltung und der Lebensführung: de Lange war Offizier gewesen und sprach gern und gründlich dem Alkohol zu. Aufgrund der gegenseitigen Sympathie gewährte de Lange einige Male hohe Vorschüsse und Terminaufschub – eine Großzügigkeit, die Roth vorausgesehen hatte, so daß er das Angebot Emanuel Queridos, alle seine Werke zu verlegen, ablehnte. Doch de Lange starb schon 1935, von Roth als »Typus des chevaleresken Offiziers«, der »auch ein chevaleresker Verleger« gewesen sei, betrauert. Der neue Geschäftsführer van Alphen, von Roth »der Knoten« genannt, verhielt sich weit zugeknöpfter. Die geschäftlichen Kontakte im einzelnen fanden mit den für die deutsche Abteilung zuständigen Mitarbeitern Hermann Kesten und Walter Landauer statt, beide aus ihrer Zeit beim Kiepenheuer Verlag bestens mit Roths Eigenheiten vertraut.

Das persönliche Freundschaftsverhältnis, in dem sich Roth mit Kesten und Landauer befand, hinderte ihn nicht daran, auch hier auf das entschiedenste um bestmögliche finanzielle Bedingungen zu verhandeln. Mißmutig sagte René Schickele dazu: »*Für uns Autoren von de Lange ist Roth der reine Staubsauger. [...] Was bleibt für uns?*« (René Schickele: Werke, Band 3, Köln: Kiepenheuer & Witsch, 1961, S. 1221).

Allerdings blieb Landauer oft hart und brachte in die Verhandlungen die Drohung ein, selbst bei Manuskriptvorlage eine Zeitlang keinen Vertrag mehr mit Roth zu machen. Roth seinerseits scheute nicht davor zurück, die beiden Verlage Querido und de Lange (und später auch den dritten Verlag, De Gemeenschap) gegeneinander auszuspielen, stieß

aber dabei gelegentlich auf das Hindernis der Freundschaft zwischen seinen Verhandlungspartnern Kesten, Landauer und Landshoff.
So schrieb Roth am 13. Mai 1934 an Fritz Landshoff: »[...] werde ich zerrieben von der Spannung, die zwischen Ihrer beider Freundschaft und Ihrer beider Geschäftskonkurrenz besteht. Ich weiß nicht mehr, vor wem von Ihnen beiden was Geschäftsgeheimnis bleiben soll, und ich überlasse es Ihnen, darüber zu entscheiden.« (Joseph Roth an Fritz Landshoff, Brief vom 13. Mai 1934).
Zwischen 1933 und 1940 wurden im Verlag de Lange u. a. Werke folgender Autoren publiziert: Schalom Asch, Georg Bernhard, Franz Blei, Bert Brecht, Bernard von Brentano, Max Brod, Ferdinand Bruckner, Franz Theodor Csokor, Sigmund Freud, Georg Hermann, Ödön von Horváth, Henry William Katz, Gina Kaus, Hermann Kesten, Irmgard Keun, Egon Erwin Kisch, Annette Kolb, Siegfried Kracauer, Valeriu Marcu, Hans Natonek, Alfred Neumann, Theodor Plievier, Alfred Polgar, Joseph Roth, René Schickele, Adrienne Thomas, B. Traven, Karl Tschuppik, Veit Valentin, Józef Wittlin, Theodor Wolff, Stefan Zweig.

329 Jahrbuch 1934/1935, Amsterdam: de Lange, 1934. Umschlag, Vorder- und Rückseite.
Ein wichtiges Mittel zur Werbung war das »Jahrbuch 1934/1935«, das Beispiele vieler Autoren des Verlags brachte.
Der Beitrag Roths mit dem Titel »Die Stätte des Friedens« ist ein Abdruck aus dem Buch »Der Antichrist«, für dessen angeblich bereits vorliegende zweite Auflage auf der Rückseite geworben wird.

330 René Heidemann: Gerard de Lange. Zeichnung, 1935.

331 Walter Landauer. Fotografie, dreißiger Jahre.
Leiter der deutschsprachigen Abteilung des Verlags de Lange war Walter Landauer (1902 bis 1945), früherer Mitarbeiter der Verlage Die Schmiede und Kiepenheuer.

330/331

332

332 Hermann Kesten. Fotografie: Riwkin, Stockholm, 1934.
Hermann Kesten (geb. 1900) war von 1934 bis 1940, als er vor den Nationalsozialisten flüchtete, Lektor des Verlags de Lange in Amsterdam. In Amerika half er mit großem Engagement unter Hintanstellung der eigenen Arbeit im »Emergency Rescue Committee« vielen gefährdeten Schriftstellerkollegen, aus Europa zu entkommen.
Nach dem Krieg nach Europa zurückgekehrt, gab Kesten einige Sammlungen zum Thema Exil heraus sowie neben einer umfangreichen Briefauswahl auch die ersten beiden Werkausgaben Joseph Roths.

333-334 Joseph Roth: [Stationschef Fallmerayer]. Handschrift, S. 20 und S. 21. Geringfügig verkleinert abgebildet.
Diese Handschrift entspricht mit ihren Korrekturen dem Kapitel I bis XII der bekannten Textform. Das abschließende Kapitel XIII ist jedoch wesentlich sensationeller gestaltet als der nüchterne Satz, der schließlich an diese Stelle zu stehen kam.
Der Schluß der Erzählung lautete in dieser früheren Fassung:

»XIII.

In dieser Nacht packte er das Nötigste in einen Koffer. Um sechs Uhr morgens ging sein Zug nach Wien.

Er hinterließ einen Brief. Er bat die Herrin dieses Hauses um Entschuldigung, daß er ihr Geld verbraucht habe, um in einer Stunde zu verschwinden, in der er überflüssig und ein schreckliches Hindernis geworden wäre.

Er fuhr nach Wien. Er beschloß, einen Tag im Hotel Imperial zu bleiben, um sich, wie man zu sagen pflegt, ›zu sammeln‹, bevor er seinen Vetter Heinrich aufsuchen wollte.

Am Nachmittag kaufte er ein Abendblatt. Sein gleichgültiges Auge überflog die politischen Nachrichten. Unter dem sogenannten ›Vermischten‹ fand er folgende Nachricht:

›Die nach Monte Carlo seit einem Jahr aus Rußland geflüchtete Gräfin Anja Walewska hat in Monte Carlo Selbstmord begangen. Sie stürzte sich des Morgens, um die Zeit, in der der Expreßzug aus Marseille eintreffen sollte, auf die Schienen und wurde von diesem überfahren. Eine halbe Stunde später fand man auf dem Geleise ihre zerfetzte Leiche.‹

›Zahlen‹ – sagte Fallmerayer ganz ruhig

[Handwritten manuscript page, largely illegible. Page is a draft on Hotel Restaurant Foyot, Paris letterhead.]

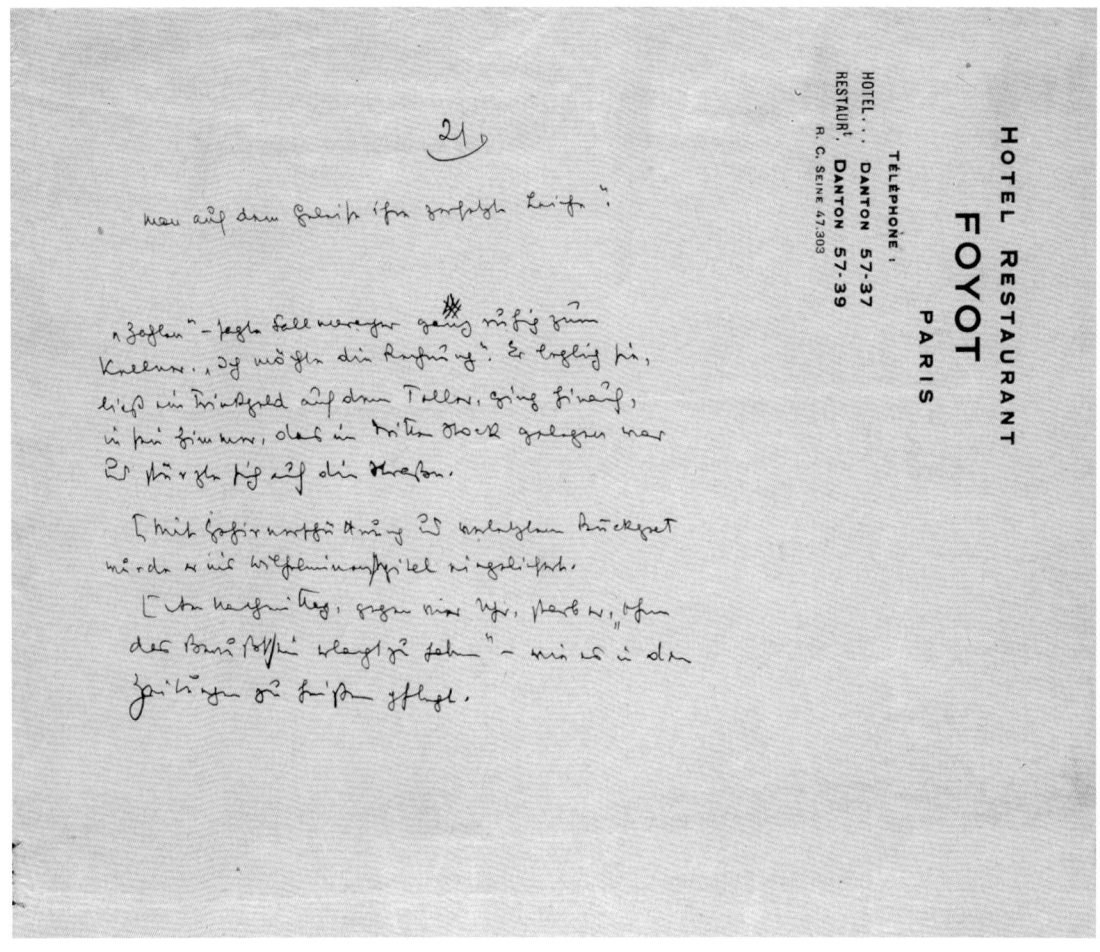

334

zum Kellner. ›Ich möchte die Rechnung‹. Er beglich sie, ließ ein Trinkgeld auf dem Teller, ging hinauf, in sein Zimmer, das im dritten Stock gelegen war. Er stürzte sich auf die Straße.

Mit Gehirnerschütterung und verletztem Rückgrat wurde er ins Wilhelminenspital eingeliefert.

Am Nachmittag, gegen vier Uhr, starb er, ›ohne das Bewußtsein erlangt zu haben‹ – wie es in den Zeitungen zu heißen pflegt.«

Roth verwarf diesen Schluß und schrieb statt dessen:

»Hierauf reiste Fallmerayer ab; man hat nie mehr etwas von ihm gehört.«

Es erscheint typisch für Roths Arbeitsweise, den Text zu straffen statt auszubauen; die ursprüngliche längere Fassung hätte, obwohl die gesamte Handschrift intensiv redigiert ist, noch weiter sprachlich und der Logik halber überarbeitet werden müssen. Anderseits ist das kurze Kapitel XIII. ein dramaturgisch packenderer Schluß als der dramatische Doppelselbstmord, gespiegelt durch die Nüchternheit von Pressemitteilungen.

Roth schenkte das aus dem Jahr 1933 stammende Manuskript im August 1935 der Theateragentin Betty Stern. Diese gab es ein oder zwei Jahre später der Schauspielerin Marlene Dietrich – möglicherweise auf Ersuchen Roths, der die Dietrich bitten wollte, ihm ein Engagement in Hollywood zu verschaffen. So unerwartet der Versuch Roths, der im »Antichrist« das moderne Medium Film verdammte, anmuten mag, so war doch auch für ihn die Filmmetropole ein anzustrebendes Emigrationsziel. Der Film stellte die einzige lukrative Einkommensquelle dar. Roths erhaltene Exposés, die er gemeinsam mit Leo Mittler verfaßte, sind zum Teil bunte Anhäufungen von historischen Habsburg-Reminiszenzen, teils aktuelle Darstellungen jüdischen Schicksals (auf der Flucht vor Verfolgung); knüpfen also mittelbar an seine Romanerfolge an.

335 Joseph Roth. Fotografie, um 1934.

336 Novellen deutscher Dichter der Gegenwart. Hrsg.: Hermann Kesten. Amsterdam: de Lange, 1933. Titelseite.
Als erstes Werk des neuen Exilverlags erschien 1933 die von Kesten herausgegebene Anthologie »Novellen deutscher Dichter der Gegenwart« (ursprünglich war der ironische Titel »Der Scheiterhaufen« vorgesehen); Roth steuerte die Erzählung »Stationschef Fallmerayer« bei – das erste erzählende Werk, das er im Exil vollendete.

337 Joseph Roth: Der Antichrist. Handschrift. Blatt 6, Beginn des Kapitels »Eine Gewalt hat sich zwischen uns und die Gnade der Vernunft gestellt«. Text ohne das Motto von Max Picard. Originalformat.

Im Jahr 1934 erschien bei Allert de Lange »Der Antichrist«. Das Thema diees Essays, Zivilisationskritik, war Joseph Roth ein besonderes Anliegen. Während seiner Vorstudien hatte Roth den Titel »Die Juden und ihre Antisemiten« vorgesehen. Das bezeugt die Angriffslust des Autors gegenüber seiner Meinung nach charakterlosen Juden (z. B. solchen, die auch eine Kooperation mit den Nationalsozialisten nicht scheuten).

Vordergründig hatte Roth jedoch die Technik im Visier, in seiner Sicht das eigentliche Medium, mit Hilfe dessen der Mensch sich Eingriffe in den Lauf der Schöpfung anmaße. Und sei es mit den besten Absichten – denn gerade durch aufklärerische und zivilisatorische Aktivitäten verletze der Mensch die gottgewollte Ordnung. Die Konsequenzen, die den so ausgelösten Prozessen immanent seien, reichten bis in metaphysische Dimensionen.

Diese metaphysische Orientierung, der apokalyptische Ton widersprachen der aktuellen Tendenz, die auf die Bekämpfung des Faschismus mit rationalen und politischen Mitteln gerichtet war. Dadurch erklärt sich, daß dieser suggestive Text, der mit Szenen, Sprach-, Bild- und Bedeutungsassoziationen in der Tradition von Karl Kraus' »Die letzten Tage der Menschheit« ein halluzinatorisches Weltuntergangspanorama evoziert, den Freunden und Kritikern nicht nur unzeitgemäß, sondern qualitativ schlecht erschien.

Roth hingegen, den bei anderen seiner Werke oft Zweifel plagten, ob sie wohl gelungen seien, äußerte sich nach der Fertigstellung des Manuskripts von »Der Antichrist« positiv: »Endlich, zum ersten Mal in meinem Leben, bin ich mit einem Buch zufrieden. [...] Ich bin ganz am Ende meiner Kraft, aber sehr glücklich.« (Briefe, S. 320).

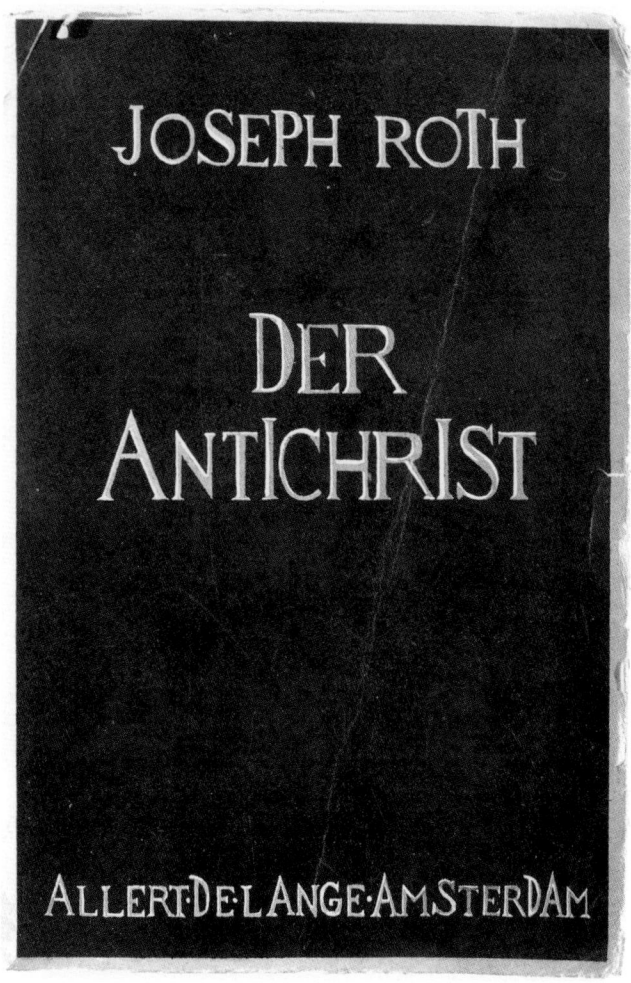

338 Joseph Roth: Der Antichrist, Amsterdam: de Lange, 1934. Umschlag der broschierten Ausgabe.

339 Max Picard. Undatierte Fotografie aus dem Besitz von Joseph Roth.
Das 1930 veröffentlichte »Menschengesicht« des Schweizer Kulturkritikers (1888–1965), den Roth schon von der »Frankfurter Zeitung« kannte, übte auf Roths »Antichrist« genauso Einfluß aus wie Stefan Zweigs im Entstehen begriffener Roman »Triumph und Tragik des Erasmus von Rotterdam«.

340

Die Genugtuung Roths über die Vollendung des »Antichrist« hielt nicht lange an; bald meinte er, auch dieses Buch, wie »Tarabas«, zu hastig geschrieben zu haben. In den Niederlanden zumindest war gerade »Der Antichrist«, nicht zuletzt wegen seines weltanschaulichen Ernstes, ein großer Verkaufserfolg: 6 000 Stück wurden abgesetzt (üblicherweise galten 2 500 verkaufte Exemplare bei Emigrantenproduktionen schon als gutes Ergebnis).

340 Joseph Roth: Die hundert Tage. Roman, Amsterdam: Allert de Lange, 1935. Buchumschlag nach einem Entwurf von P. L. Urban. Historische Romane waren Mode geworden nach dem gegenwartsbezogenen Trend der frühen zwanziger Jahre. Die Tradition setzte sich im Exil ungebrochen fort und verstärkte sich durch die Hoffnung auf Publikums- und Verkaufserfolge. Der Roman »Die hundert Tage« behandelt frei das Thema der Herrschaft und des charakterlichen Abstiegs Napoleons zwischen seiner Rückkehr aus Elba und der Niederlage bei Waterloo.

341 Johan Winkler: Joseph Roth bezoekt Amsterdam. In: Avondblad, 8. Mai 1935, Ausschnitt. Mit handschriftlichen Zusätzen von Roth: »Herzlich Dein alter JR« »Het Volk/ Winkler Hakelveld 15.«.
Das Interview erschien anläßlich der Veröffentlichung von »Die hundert Tage«. Es basiert auf einem Pressegespräch mit Roth, zu dem Walter Landauer niederländische Journalisten ins Hotel Eden eingeladen hatte. Roth betonte mehrfach, freiwillig aus Deutschland weggegangen zu sein, hob seine katholischen Sympathien hervor und räsonierte über die verhängnisvolle Dominanz der Technik.

AVONDBLAD — VIERDE BLAD

KUNST EN LETTEREN

Joseph Roth bezoekt Amsterdam

Een „emigrant uit solidariteit"

De uwen lijden, doch de katholieke priesters niet minder

In 't kleine, echt-Amsterdamse Eden-hotel zitten we tegenover Joseph Roth, den Oostenrijker, den schrijver van „Tarabas", van „Der Anti-Christ" en van „Die hundert Tage", dat tegen het eind van de zomer zal verschijnen. Dat bij Allert de Lange zal verschijnen. In Amsterdam, in Holland. Want Joseph Roth behoort tot die Duits-schrijvende auteurs, wier werken niet meer in Duitsland het licht zien, doch in Zwitserland of Nederland.

— Waarom? vragen we — eigenlijk ten overvloede — den man die tegenover ons zit.

Joseph Roth draait wat aan 't glas dat voor hem staat, kijkt dan over de tafeltjes wachtende, lezende, etende mensen heen naar 't uitzicht op het Damrak en zegt:

— Emigrant in de letterlijke zin van het woord ben ik niet. Ik ben immers Oostenrijker. En sinds 1922 woon ik al in Frankrijk. Maar wèl ben ik emigrant in de letterkundige zin van het woord. Mijn boeken worden niet meer in Duitsland uitgegeven. En zelfs al zou dat kunnen, dan zou ik het niet willen. Een letterkundig emigrant dus. Iemand, die vrijwillig is weggegaan. Iemand, die geen lust heeft om te schrijven voor uitgevers van een land, waar de vrijheid van den letterkundige tot het verleden behoort. Iemand, die solidair is...

Er is, als bij elk vraaggesprek, aanvankelijk dat tastend verkennen tussen ondervrager en ondervraagde. Zit de ondervrager hier alleen maar plichtmatig? vraagt zich de ondervraagde allicht af.

— Wees gerust, zeggen we hardop, als raadden we Joseph Roth's gedachten. Wees gerust, we hebben niet voor we naar u toe gingen, even snel nagekeken wie u eigenlijk bent, wat u geschreven hebt. We kènden u, door uw werk reeds lang. „Die Flucht ohne Ende", „Zipper und sein Vater", uw journalistieke werk indertijd voor de Frankfurter Zeitung, later dat prachtige boek over 't oude Oostenrijk, „Radetzky-mars"...

Joseph Roth knikt. Geeft zich gewonnen. Glimlacht: „Sehr verbunden".

Zijn nieuwe boek

Dan: „Waarom ik in Holland ben? Bespreking met mijn uitgever. Over mijn nieuwe boek, „Die hundert Tage", de honderd dagen van Napoleon's leven, tussen de terugkeer van Elba en de nederlaag van Waterlo. Tja, ook ik heb dus een historische roman geschreven. Waarom ik me tot die stof aangetrokken gevoelde? Omdat ik er de ondergang van een groot mens in kan beschrijven. De tragiek van een dictator, die hoe groot ook — en Napoleon was tenminste een gróót dictator, t o c h te zijner tijd aan de wetten moet gehoorzamen, waaraan àlle mensen moeten gehoorzamen. De ondergang van een mens, die zich vermeet om God te willen zijn...

We vragen tastend:

— Een parallel dus met......

Joseph Roth weert af:

— Een parallel, goed, maar dan een parallel met àlle mensen die te groot willen zijn. Een parallel met de geschiedenis van thans? Das überlasse ich dem Leser......

Verleden jaar, tegenover een Frans journalist, heeft Joseph Roth, Jood van afkomst, zijn katholicisme beleden. Als ik monnik was, zou ik pas het volledige geluk kennen, heeft hij toen verklaard. Ik geloof, zeide hij, dat u mij nog eens in een monnikspij zult zien, zoals den Fransen schrijver Huysmans, dien ik bewonder.

Wij maken op die verklaringen van toen een toespeling. Roth bevestigt ze, herhaalt ze.

— Naar een klooster? Ja...... 't kan komen, 't kan ook niet komen. Ik zei u reeds, waarom ik Duitsland de rug toekeerde. Weet wel, niet alleen de uwen lijden daar, doch de katholieke priesters niet minder. Men hóórt daar niet zoveel van, omdat zij zwijgen. En ik zelf? Als ik van het klooster sprak, dan was 't ook daarom, omdat ik niets liever

JOSEPH ROTH.

mens heeft opgelegd. Niet eens bewust. Onbewust. Wat „viel schöner" is.

— En dan, formuleert Roth zijn gedachten, het Hollandse landschap. Het is alsof ook dáárop Rembrandt en Spinoza hun stempel gedrukt hebben. Stempel van edele maat. Wonderlijk hoe gij Hollanders maat weet te houden tussen cultuur en natuur. Uw cultuur doet de natuur geen geweld aan. Neem uw bloembollenvelden. Zij zijn gemáákt, ze zijn eigenlijk onnatuurlijk en toch zijn ze met de natuur vergroeid, doen haar geen geweld aan...

En dan neemt het gesprek die meer persoonlijke wending, waarbij des interviewers notitieboekje in de jaszak verdwijnt, het potlood opgeborgen wordt. Totdat we ons bezinnen op de krant die wacht.

— Ik hoop, Herr Roth, dat ons interview er iets toe zal bijdragen om uw lezerskring in Holland als 't kan nog te vergroten......

En Joseph Roth buigt charmant bij 't uitgeleide-doen:

— Zeer verplicht, sehr verbunden......

J. W.

„De Eeuwige Droom"

Met „De Eeuwige Droom" (die nu in de Uitkijk loopt) heeft dr. Fanck waarschijnlijk zijn loop-

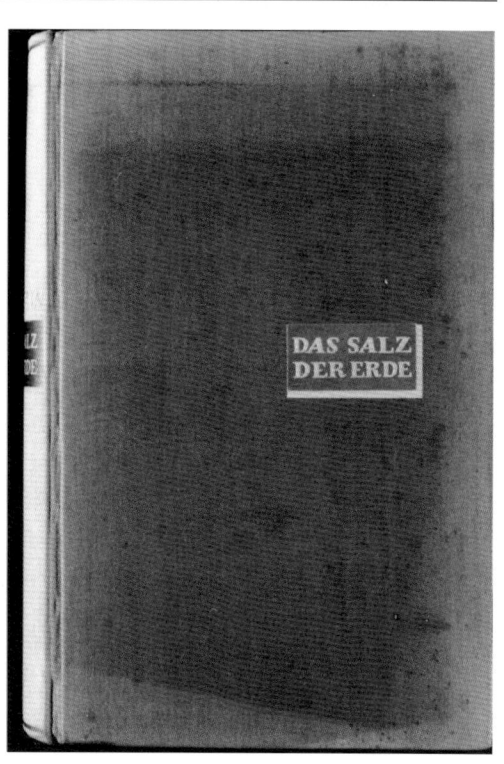

342 / 343
345

342 Joseph Roth: Beichte eines Mörders, erzählt in einer Nacht, Amsterdam: de Lange, 1936. Umschlag der broschierten Ausgabe nach einem Entwurf von H. Friedlaender.
Pessimistisch im Grundton ist Roths zweiter im Exil entstandener Roman. Ein Mann meint, im Affekt zwei Menschen ermordet zu haben, seinen Halbbruder und seine Geliebte. Es stellt sich jedoch heraus: Die Attackierten sind nicht tot, der Mörder ist kein Mörder. Der als Agent tätige Held kommt aus allen Affären heil heraus. Das durchkreuzt ironisch die Moral der Geschichte.

343 Józef Wittlin: Das Salz der Erde. Amsterdam: de Lange, 1937. Übersetzung von Isidor Berman, Vorwort von Joseph Roth. Einband nach einem Entwurf von H. Friedlaender.
Berman übersetzte auch vier Romane Roths ins Polnische.

344 Vertrag zwischen dem Verlag Allert de Lange und Joseph Roth über »Die Legende vom heiligen Trinker«, 27. April 1939.
Der Vertrag löst einen früheren über die Biographie Georges Clemenceaus ab; dieses Werk ist Fragment geblieben.

345 Joseph Roth: Die Legende vom heiligen Trinker, Amsterdam: de Lange, 1939. Einband nach einem Entwurf von Lajos von Horváth.
Die Fabel vom naiven Andreas, der in den Tag hinein lebt und trinkt, wurde alsbald mit Roths eigener Trunksucht assoziiert. Die Erzählung entstand Anfang 1939 und erschien postum im Herbst desselben Jahres. In einem etwas hintergründigem Märchenton gehalten, schließt sie mit dem Wunsch – auch er wurde auf das Schicksal des Autors bezogen:
»Gebe Gott uns allen, uns Trinkern, einen so leichten und schönen Tod.«

c. v. ALLERT DE LANGE
DEUTSCHE VERLAGSABTEILUNG

Fernsprecher 40292-41292
Postgiro No. 4110
Giro Amsterdam L 606
Bank-Konto: Amsterdamsche Bank
Damrak - Amsterdam

AMSTERDAM-C, den 27. April 1939.
DAMRAK 62

Herrn Joseph Roth
18 Rue de Tournon
PARIS

Einschreiben

Sehr geehrter Herr Roth,

Wir bestätigen mit Ihnen folgendes Abkommen geschlossen zu haben:

Sie übertragen uns die deutschen Buchrechte Ihrer Erzählung
"Die Legende des heiligen Trinkers".
Sie erhalten eine Beteiligung von 10% vom gebundenen Ladenpreis
für die ersten 2.000 Exemplare, nach Verkauf von 2.000 Exemplaren
erhalten Sie 12½% vom gebundenen Ladenpreis.

A conto dieser Beteiligung ist ein Vorschuss von hfl. 225.-- gezahlt
worden (hfl. 150.-- als Anzahlung auf das Clemenceau-Buch, das wir
auf die Legende verrechnen dürfen, und weitere hfl. 75.--, die Ihnen
bei Unterschrift dieses Abkommens ausgezahlt werden.)

Wir verpflichten uns, mit Ihnen zweimal im Jahre abzurechnen und
zwar am 1.2. und am 1.8.
Gleichzeitig mit der Abrechnung erfolgen eventuelle Auszahlungen.

Sie übergeben uns gleichzeitig die Uebersetzungsrechte in fremde Sprachen
und die Weltfilmrechte. Von allen Eingängen aus etwaigen Abschlüssen
erhalten Sie 85% und wir 15%. Ihr Anteil wird Ihnen sofort nach
Eingang ausgezahlt.

Hingegen bleiben die Abdrucksrechte in allen Sprachen (Vorabdrucks-
und Nachdrucksrechte) sowohl in deutscher Sprache als auch in Ueber-
setzungen Ihnen reserviert.

Unser Abkommen vom 8. Februar 1939 über Clemenceau ist damit erloschen,
d.h. Sie verfügen über sämtliche Rechte, die wir an diesem Buch erworben
haben.

Wir bitten Sie, auf beiliegender Kopie Ihr Einverständnis zu
diesem Abkommen zu bestätigen.

Mit ergebener Hochachtung,
C.V.ALLERT DE LANGE

T 4-39-2000

Exilverlag De Gemeenschap

Roths letzte Romane, »Die Geschichte von der 1002. Nacht« und »Die Kapuzinergruft«, erschienen in diesem kleinen niederländischen Verlag. Roth hatte den Verlagsdirektor Cornelis Vos und den offensiv katholischen Journalisten und Schriftsteller Anton van Duinkerken (Pseudonym für Willem Asselbergs) anläßlich der Pressepräsentation der holländischen Ausgabe des »Antichrist« im Mai 1935 kennengelernt.

Duinkerken bezweifelte Roths Aussagen, er sei tief religiös, katholisch, weder ein jüdischer Emigrant noch seien seine Bücher in Deutschland verboten, zunächst nicht. Später soll er, ohne dem Schriftsteller deshalb seine Zuneigung zu entziehen, Roths Religiosität als die »eines gläubigen, aber kirchenscheuen Kutschers« bezeichnet haben. Roth seinerseits reagierte sehr positiv auf Duinkerkens militante Religiosität: Er übersetzte des Niederländers Gedicht »Jawohl, mein Herr, ich bin ein Katholik« und veröffentlichte es 1937 in der Wiener Zeitschrift »Der Christliche Ständestaat«.

346 Cornelis Johannes Vos in seinem Arbeitszimmer. Fotografie, vermutlich dreißiger Jahre.
C. Vos (1891–1955) war Direktor und literarischer Leiter des Verlags De Gemeenschap. Der Sitz des Verlags war in Bilthoven, Niederlande.

347 Joseph Roth: Glauben und Fortschritt. In: De Gemeenschap, Bilthoven, Jg. 12 (1936), Nr. 12 vom Dezember 1936, S. 593.
Roth hielt diesen eng der Aussage des »Antichrist« verwandten Vortrag auf Einladung des Verlags Allert de Lange am 12. Juni 1936 in dessen Buchhandlung in Amsterdam. Die Zeitschrift »De Gemeenschap« (im gleichnamigen Verlag) übernahm später den Abdruck.

346
347 Roth hatte bereits im Oktober 1936 das Urheberrecht am Roman »Die Geschichte von der 1002. Nacht« samt allen Nebenrechten dem Verlag De Gemeenschap gegen Vorauszahlungen verkauft. Im Februar 1937 wurde der Vertrag zugunsten Roths verändert. Im Oktober 1937 hatte er die Honorare für diesen Roman bereits verbraucht, ja sogar einen Vor-

schuß für den nächsten Roman (»Die Kapuzinergruft«) bezogen, ohne das endgültige Manuskript der »Geschichte von der 1002. Nacht« abgeliefert zu haben. (Roths Erklärungen lauteten: Sein Sekretär habe nur eine »Rohfassung« abgeliefert, er müsse Änderungen aufgrund von Studien in der Österreichischen Nationalbibliothek machen und Sachliches korrigieren.) Zwar wurde das Buch Anfang 1937 gesetzt, mehrfach korrigiert und schließlich gedruckt, aber dann auf Roths eigenes Verlangen nicht ausgeliefert. Von dieser ersten Druckfassung sind bisher nur Korrekturfahnen [Abb. Nr. 350] und einzelne ausgedruckte und gebundene Werbe-Exemplare bekannt geworden.

Roth setzte seinen Wunsch an den Verlag durch, zuerst »Die Kapuzinergruft« zu veröffentlichen, die er unter dem Eindruck des Einmarschs deutscher Truppen in Österreich mit einem aktuellen Schluß versehen hatte. Die »Geschichte von der 1002. Nacht« redigierte er so stark, daß der Roman neu gesetzt werden mußte. Diese zweite Fassung erschien erst nach Roths Tod, Ende 1939.

348 Joseph Roth mit Freunden und Bekannten in einem Amsterdamer Café. Fotografie: Wiel van der Randen, um 1936.
Die abgebildeten Personen sind, von links nach rechts: Joseph Roth, Frans Hannema, Charles Nypels, Charles Roelofsz, Joop Sjollema, Maurits Mok.
Dem Künstlerkreis, der sich im Amsterdamer Café Reynders traf, gehörten außerdem der Kunstkritiker Hannema, der Grafiker Nypels, die Maler Roelofsz und Sjollema sowie der Schriftsteller Mok an. Einige von ihnen waren Mitarbeiter des Verlags und der Zeitschrift »De Gemeenschap«.

- 1 -

Erstes Kapitel. ** (Schah-in-Schah)

Im Frühling des Jahres 18XX begann der ~~pharao~~

der heilige, erhabene und grosse Monarch, der unumschränkte Herrscher und Kaiser aller Staaten von Persien

~~A~~, ein ~~XXX~~ Unbehagen zu fühlen, wie er es noch niemals gekannt hatte. ~~Bis zu diesem Zeitpunkt~~ *Zeit seines Lebens* war er ~~nämlich~~ von einem rüstigen Gleichmut erfüllt gewesen, von einer sicheren Lebenskraft und von einem ~~heiteren~~, ~~sogar~~ leichtsinnigen Glauben an die ~~ewige~~ Beständigkeit ~~seines Reiches und~~ seiner Macht. ~~Er war~~ ~~ein mittelmässiger Herrscher und~~ Obwohl er sich ~~selb~~ ~~sehr gerne für~~ für einen bedeutenden Erben seiner grossen Vorfahren hielt, dennoch ~~war er~~ geneigt, *war er* jenen Ereignissen keine Bedeutung zuzumessen, die ihm vielleicht Gelegenheit hätten geben können, seine Tugenden zu beweisen. Es war ihm, im Gegenteil, ~~sehr~~ angenehm, die sogenannten historischen Gelegenheiten zu *versäumen* ~~verpassen, zum grössten Verdruss seiner Würdenträger~~.

unterschätzen, damit er sie

~~Er war ein bequemer Herr. Auch~~ Es fiel ihm leichter, aus der rühmlichen Vergangenheit seiner Vorfahren ~~eine~~ kindliche Zuversicht zu beziehen, als seiner *Stern* ~~eigenen Kraft~~ zu vertrauen. ~~Und weshalb auch?~~ Er liebte das Leben im allgemeinen; sein eigenes ~~Leben im be-~~ ~~sonderen~~ im besonderen. Er hatte recht, alles in allem; *nämlich* ~~und trotzdem~~ es war ein angenehmes Leben. Es war das Leben ~~eines kleinen Monarchen~~ *des grossen* Schah-in-Schah.

Weshalb ~~aber~~ empfand er ~~jetzt~~ ~~gerade~~ ein *gerade* seltsames Unbehagen? Weshalb versetzte ihn ~~just~~ dieser Frühling *des Jahres 18XX* in eine solch unerklärliche Unruhe? – Es war ein gewöhnlicher Frühling, wenn man ihn mit den anderen, vorhergegangenen, verglich. Im Februar *Teheran;* ~~xxxx~~ duftete der Flieder in ~~Konstantinopel; und~~ An- *von Schiras* fang März begannen ~~bereits~~ die Rosen zu duften. In den Büschen des weiten ~~kaiserlichen~~ Parks flöteten die Nachtigallen, wie jedes Jahr. Das Heulen der herrenlosen ~~Konstantinopeler~~ Hunde in den Vollmondnäch-

1002 Nacht
Ramon José Roth

349

349 Joseph Roth: Die Geschichte von der 1002. Nacht. Typoskript. S. 1. Verkleinert.
Dieses Typoskript mit handschriftlichen Korrekturen ist die frühere von zwei Niederschriften zur ersten Druckfassung des Romans, in die Roth Informationen einarbeitete, die ihm der Wiener Verleger Ernst Peter Tal recherchiert hatte. Noch ist die Handlung im Jahr 1844 angesiedelt; später wird sie in die Regierungszeit Kaiser Franz Josephs gerückt.

350 Joseph Roth: Die Geschichte von der 1002. Nacht. Roman, Bilthoven: De Gemeenschap, [1937]. Erste Textseite der Korrekturfahnen der ersten, ausführlichen Fassung.
Das Wien der Gründerzeit ist der Schauplatz turbulenter Ereignisse um einen Besuch des Schahs von Persien. Eine Intrige zur Erfüllung der frivolen Wünsche des Potentaten stellt alle Beteiligten zunächst zufrieden. Langfristig gesehen offenbart sich jedoch sein Geschenk an die Geliebte einer Nacht als eine Büchse der Pandora, die den in die »persische Geschichte« verstrickten Personen nach Wechselfällen des Glücks Kriminalität und Tod bringt.

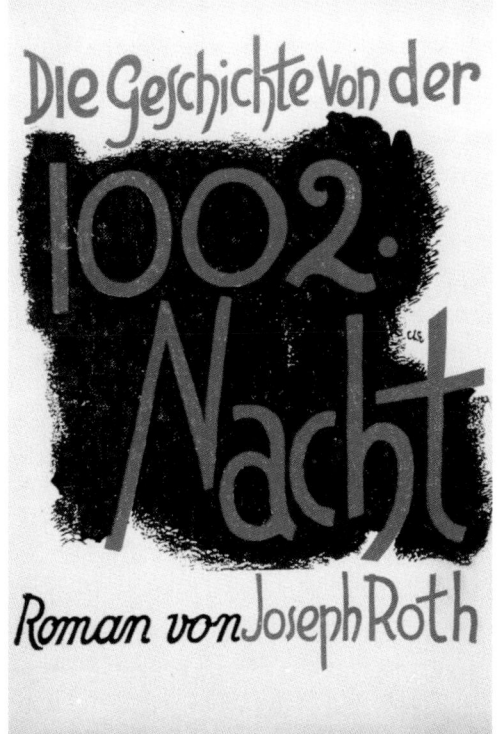

351 Joseph Roth: Die Geschichte von der 1002. Nacht. Roman, Bilthoven: De Gemeenschap, 1939. Einband nach einem Entwurf von Charles Eyck.

Roth legte offenbar Wert auf einen nicht kitschigen, nur mit Schrift gestalteten, nicht illustrierten Schutzumschlag. Der Verlag schrieb ihm dazu, wohl mit einem gewissen Bedauern:
»Wir haben einen sehr guten, sehr seriösen, zwar nicht konservativen aber doch intelligenten Zeichner einen Umschlag zeichnen lassen ohne Frauen, ohne Perlen, ohne Pferden, ohne Shahs und Eunuchen, nur Buchstaben.«
(De Gemeenschap / C. Vos an Joseph Roth, Brief vom 12. März 1937; originale Schreibweise. In: De Gemeenschap, S. 72)

352 Joseph Roth: Die Kapuzinergruft. Roman, Bilthoven: De Gemeenschap, 1938. Einband.

Thematisch schließt dieser Roman an den 1932 erschienenen »Radetzkymarsch« an. Verfasser und Verleger hofften wohl, auch an den Verkaufserfolg anzuschließen. Der nostalgische Aspekt wurde 1938 noch durch den der Aktualität überlagert, hatte doch Österreich durch den soeben erfolgten Anschluß an das Deutsche Reich als Staat zu existieren aufgehört. Roth setzte sein Epos Altösterreichs und der Familie Trotta, das er bis zum Krieg 1914/1918 erzählt hatte, nunmehr bis 1938 fort. Die Hauptfigur, Franz Ferdinand Trotta, bestimmt von den Parametern der »alten Welt«, steht der Nachkriegswelt hoffnungslos fremd gegenüber. Er verkörpert die Unintegrierbarkeit einfachen menschlichen Verhaltens angesichts der veränderten sozialen und politischen Gegebenheiten.

Roths Arbeitsbedingungen brachten es immer wieder mit sich, daß er Materialien und Texte, die für ein bestimmtes Projekt gedacht waren, aus Zeitmangel in andere Vorhaben einbauen mußte. In »Die Kapuzinergruft« sind Textteile eingeflossen, die Roth für ein Projekt mit den Arbeitstiteln »Der Mann ohne Paß«, »Ein Mensch sucht Österreich«, »Ein Mann sucht sein Vaterland«, »Der Kelch des Lebens« vorbereitet hatte und über das er auch schon mit De Gemeenschap verhandelt hatte.

Mit dem Argument, Landauer habe aus Gründen der Aktualität zugesagt, den Vertrieb kostenlos zu übernehmen, bewog Roth den Verlag, »Die Kapuzinergruft« der schon so weit fortgeschrittenen Produktion der »Geschichte von der 1002. Nacht« vorzuziehen.

Diese Kaprizen Roths, eine doppelte Produktion ohne Einnahmen und seine hohen Vorschüsse brachten den kleinen Verlag De Gemeenschap an den Rand des Ruins. Die Korrespondenz, anfangs voll persönlicher Wärme, schlug in Mißstimmung um, wie sie z. B. in Briefen des Verlags vom 13. Juni und vom 10. September 1938 (unterzeichnet bloß von einer Schreibkraft) anklingt:

»Dies ist das Xste Mal dass Sie Ihre Versprechungen nicht halten.« Und: *»Wir haben bis jetzt mit Ihnen fast ausschliesslich Schwierigkeiten gehabt.«* (Originale Schreibweise. In: De Gemeenschap, S. 147 und 161)

Agentur Barthold Fles

353 Mies Blomsma: Joseph Roth. Zeichnung, 1938. Signiert: »Mies Blomsma. Parijs Nov. '38«. Zuerst veröffentlicht in: De Gemeenschap, Bilthoven, Jg. 15 (1939), Nr. 6 vom Juni 1939, S. 303.

Barthold Fles (1902–1991), Literaturagent in New York, betreute deutschsprachige Autoren von Querido und de Lange.
Roth war für seine Verleger, aber auch für seine Agenten ein schwieriger Partner. Nachdem er bisher mit allen Agenten unzufrieden gewesen war (Roth selbst verkaufte allerdings Urheberrechte an seinen Werken wie Abdruck-, Übersetzungs- oder Filmrechte oft, wie Stefan Zweig sagte, »nach sechs Seiten«), fand er 1936 in Fles einen Vertreter für den englischsprachigen Markt, dem er vertraute. Nicht zuletzt wohl, weil Fles immer wieder bereit war, Vorschußzahlungen für Optionen zu leisten. Aber auch Fles mußte meist warten, bis er die zugesagten Texte auch wirklich erhielt. Die Zusammenarbeit betraf vier Bücher, von denen sich jedoch nur eines plazieren ließ (»Beichte eines Mörders« erschien 1938 in London, nicht aber in den USA).
Es ist fraglich, ob Fles dabei finanziell auf seine Rechnung kam. In Briefen formulierte er witzig wie: »*Muß man dann immer postwendend Geld senden, um überhaupt mit Ihnen verkehren zu können?*« (Barthold Fles an Joseph Roth, Brief vom 30. Mai 1938. In: Interbellum, S. 218) Roth war zu dieser Zeit zu keiner gelassenen Reaktion mehr fähig – teils trotzig, teils in Panik schrieb er zurück:

354 Joseph Roth an Barthold Fles, Brief vom 8. Juni 1938. Handschrift. *Der Text lautet:*
»*18. Rue de Tournon*
Paris VI. 8. Juni 1938
Lieber Herr Fles,
in der Tat kann ich nicht schreiben, ohne Geld.
Ich habe kein Porto.
   Alles Gute, Ihr
      Joseph Roth.
Ich habe keine Lust mehr. Verhelfen Sie mir sofort nach Amerika! Statt mir sentimentale Briefe zu schreiben.«

353
354

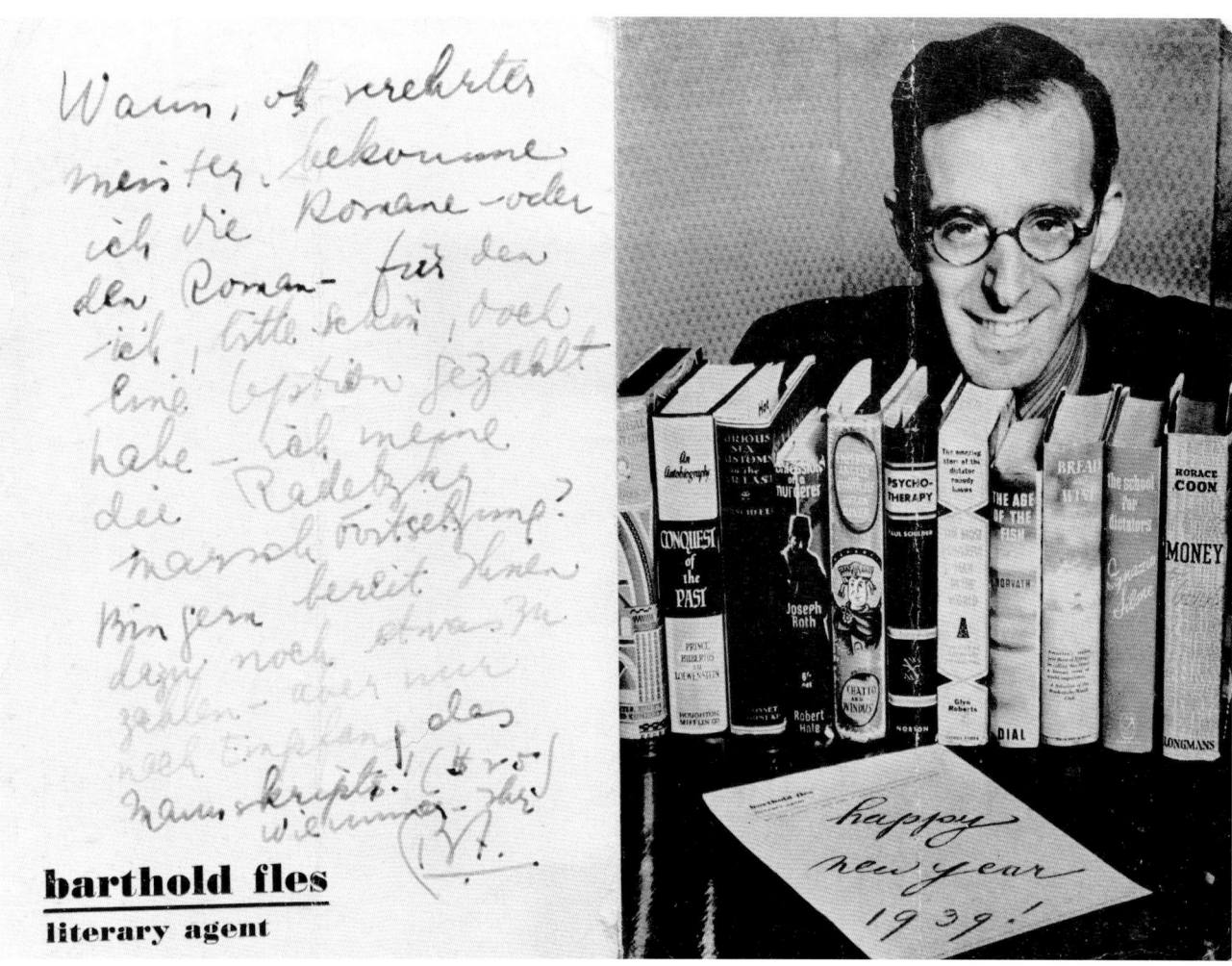

355   Roths Wunsch, nach Amerika fahren zu können, wäre fast erfüllt worden: In einem Brief vom 21. Januar 1939 lud ihn Dorothy Thompson im Namen von »The P.E.N.-Club. American Center« ein, am »World Congress of Writers« im Rahmen der New Yorker Weltausstellung im Mai 1939 teilzunehmen. Roth sagte im Februar zu; er ermahnte Fles:
»[...] ich hoffe, daß Sie mich am Schiff erwarten werden. Trachten Sie schon heute möglichst viel Reklame für meine Ankunft zu machen.« *(Joseph Roth an Barthold Fles, Brief vom 8. Februar 1939)*
Weshalb Roth schließlich nicht fuhr, ist nicht geklärt; fehlte ihm das nötige Geld für die Überfahrt, oder war seine Krankheit schon zu weit fortgeschritten?

355 Barthold Fles: Grußkarte mit Brief an Joseph Roth zum Jahresbeginn 1939.
Der Text lautet:
»*Wann, oh verehrter Meister, bekomme ich die Romane oder den Roman – für den ich, bitte schön, doch eine Option gezahlt habe – ich meine die Radetzky Marsch Fortsetzung? Bin gern bereit Ihnen dazu noch etwas zu zahlen – aber nur nach Empfang des Manuskripts! ($ 25).*
Wie immer – Ihr
B. F.«

Reise nach Polen und Österreich

Um seiner finanziellen Misere beizukommen, unternahm Roth 1937 zwei Dinge, die er als erniedrigend und äußerst beschwerlich empfand: Er bat eine offizielle Hilfsorganisation, ihn zu unterstützen, und er unternahm eine Lese- und Vortragstournee durch Polen.

Die monatlichen Zuwendungen (scholarship award), die Roth ab März 1938 vom American Guild for German Cultural Freedom erhielt, betrugen US $ 30; im Frühjahr 1939 bekam er außerdem monatliche Zuschüsse aus dem von Stefan Zweig gestifteten »Jeremias-Fonds«.
Viele Emigranten mußten angesichts der eingeschränkten Arbeitsmöglichkeiten die Hilfe von Vereinigungen in Anspruch nehmen, die Geld für ihre Unterstützung sammelten. Gleichzeitig halfen sie einander auch mit Gutachten und Empfehlungen.

356-357 Joseph Roth an die American Guild for German Cultural Freedom, Brief vom 31. Mai 1937. S. 1-2 (S. 2 als Ausschnitt). Verkleinert abgebildet.
In seiner Antwort auf den Fragebogen der Guild faßte Roth seine literarischen und politischen Aktivitäten zusammen. Bei Punkt I.e verschwieg Roth sein Judentum und daß seine Bücher im »Dritten Reich« von den ersten Beschlagnahmungen an verboten waren. Der Artikel »Ich verzichte« erschien im »Prager Mittag« vom 6. September 1933. Der in Punkt III.e genannte Plan einer Publikation im Bastei-Verlag, Wien, wurde nicht realisiert.

356
357

358 Joseph Roth. Fotografie, dreißiger Jahre. In: Pariser Tageszeitung, Paris, Nr. 1008 vom 28./29. Mai 1939, S. 1.

359 Irmgard Keun. Fotografie, um 1932.
Irmgard Keun (1909–1982), eine erfolgreiche junge Schriftstellerin, emigrierte 1935 aus Deutschland. Sie lernte Roth im Sommer 1936 in Ostende kennen und lebte mit ihm von 1936 bis 1938 in Paris zusammen. Sie begleitete ihn auf seinen Reisen nach Polen, Österreich, Belgien und Holland.

Wegen der zu erwartenden Honorare ließ sich Roth vom polnischen PEN-Club zu einer Vortragsreise einladen. Von Dezember 1936 bis Mitte März 1937 war er mit Irmgard Keun u. a. in Warschau, Wilna, Lemberg. Wie oft und wo überall er Vorträge hielt (er tat es sehr ungern), ist noch nicht vollständig bekannt. Roth gab auch hier Interviews für Zeitungen, in denen er den Nationalsozialismus angriff und zugleich die monarchistische Idee emphatisch lobte.
Auch diesmal traf Roth zahlreiche Verwandte und Freunde in Polen, wollte aber seine Geburtsstadt Brody nicht besuchen. Es ist bemerkenswert, daß sich Roth in den vertrauten jüdischen Kreisen in Polen sofort wohler fühlte. Irmgard Keun berichtete, daß er dort mit Appetit aß und weniger trank.

360 Aniela Pawlikowska: Helene Szajnocha-Schenk. Öl auf Leinwand [?], um 1936.
Auch bei diesem Aufenthalt in Lemberg/ Lwów legte Roth Wert auf ein Zusammentreffen mit Paula Grübel, ebenso mit Frau Szajnocha-Schenk, die mit Irmgard Keun in Kontakt zu bringen ihm wichtig war.

361 Joseph Roth an Blanche Gidon, Ansichtskarte vom 28. Februar 1937. Bildseite.
Aufdruck auf der Bildseite: »Hotel Europejski Warszawa«.

362 Vertrag zwischen Joseph Roth und dem Verlag Hajnt über eine jiddische Übersetzung des Romans »Die Geschichte von der 1002. Nacht«. Warschau, 10. März 1937.
Wichtiger als die Vorträge in Polen waren Roth Verhandlungen wegen der Übersetzungen seiner Romane und Erzählungen. Obwohl er üblicherweise die Zweitrechte pauschal an Verlage oder Agenturen verkaufte,

hatte er sich für diese Reise die Vollmacht zu eigenen Verhandlungen ausbedungen. Roth schloß den hier gezeigten Vertrag über den Roman »Die Geschichte von der 1002. Nacht« ab. So erschien dieser Roman zuerst in einer polnischen Übersetzung und obendrein in der ersten, längeren Fassung.

360
361
362

Warschau, den 10. März 1937.

Herrn Joseph Roth

dzt. Lwów. Hotel Europejski.

Sehr geehrter Herr Roth!

Sie haben bei Ablieferung Ihres Manuskriptes zwecks Uebersetzung ins Jüdische von uns Zloty 400.- /Vierhundert/ zu erhalten und bei Drucklegung Ihres Werkes weitere Zloty 400.- /Vierhundert/.

Mit voller Achtung

363 Wien 1. »Sirk-Ecke« mit Hotel Bristol. Ecke Kärntner Straße / Kärntnerring. Fotografie, 1931.

Auf der Rückreise von Polen machten Roth und Irmgard Keun in Wien Station, wo sie im Hotel Bristol wohnten. Auch hier hielt Roth seinen Vortrag. Teile daraus druckte die Zeitschrift »Der Christliche Ständestaat« in der Ausgabe vom 28. März 1937 unter dem Titel »Der Aberglaube an den Fortschritt«.

Auch hier war ihm Bekannte zu treffen so wichtig, wie Artikel oder Werke bei Zeitungen und Verlagen unterzubringen. Roth hatte 1936 eine Agentur, die »Wiener Manuskriptvermittlung« von Ilse Scholley, beauftragt, eine Reihe seiner Artikel bei deutschsprachigen Zeitungen im Raum Österreich, in den Nachfolgestaaten der Monarchie, in der Schweiz und in Skandinavien zu vertreiben, ferner Buchrechte ins Ausland zu vergeben. Sie arbeitete für ihn auch nach der Besetzung Österreichs von Prag aus. Andererseits ließ er aber auch Texte durch Hertha Paulis »Österreichische Korrespondenz« anbieten.

Roth war sehr geschickt im Verkauf von Artikeln. Es gelang ihm, etliche mehrfach oder mit nur geringen Varianten bei verschiedenen Zeitungen und Zeitschriften unterzubringen. Entgegen seinen Klagen war die Zahl von Abdrucken seiner Artikel in Österreich nach 1934 nicht wesentlich zurückgegangen.

364 Joseph Roth: Alba, der Schnell-Läufer. In: Der Wiener Tag, 4. Oktober 1936, S. 19.
Roths Belegexemplar mit dem Stempel von Hertha Paulis Presseagentur »Österreichische Korrespondenz«. Der Erstdruck des Artikels in der »Frankfurter Zeitung« trug den Titel »Alba-Alba, der Schnell-Läufer«.
Die thematische Palette der Aufsätze, die Roth in den Nachfolgestaaten der Monarchie publizieren konnte, war so breit wie in den zwanziger Jahren. Was er hingegen in den Zeitschriften der Emigration in Frankreich, der Schweiz und Holland unterbrachte, war auf Politik, auf gesellschaftliche Beobachtungen oder Erfahrungsberichte über das Exil, auf Rezensionen, Würdigungen von Autoren und Nachrufe beschränkt.

Sonntag, 4. Oktober 1936 — DER WIENER TAG — 19

zehn Jahren Krieg und die Zelte gehören bereits zur Aussicht, ich kann mir die Gegend gar nicht mehr ohne Belagerungszelte vorstellen..."

Eine Nurse kommt und fragt: „Pardon Madame, haben Sie den allerkleinsten Astmanaz nicht gesehen? Er liegt nicht in seinem Bettchen, ich kann ihn nicht finden..."
„Das sind die Folgen!" schreit Kassandra. „Gewiß ist er über die Brüstung gestürzt! Immer habe ich das Zeichen des Unglücks auf der Stirn dieses Knaben gesehen... immer habe ich euch gesagt..." Während sie spricht kommt ein ganz kleiner Knabe im Hemdchen herbeigelaufen. „Wo warst du denn?" fragt die Nurse. „Wir haben dich gesucht, du dummer Bub." Astmanaz sagt der Nurse etwas ins Ohr. „So, ja, dann ist es ja in Ordnung, aber du mußt es nächstens vorher sagen..."

Die Dame, die eine der neunundvierzig Stiefschwestern der Kassandra ist, und Mile heißt, schaut mit herzlos markiertem Takt in die Sterne. Kassandra sieht finster und unzufrieden aus... Die Situation ist nicht angenehm, denkt der Herr, er will etwas Gutes tun, ablenken, vergessen machen, und sagt daher, um von etwas ganz Frischem zu sprechen: „Findest du nicht Kassy, daß Helena schlecht aussieht?"

„Ja", sagt Kassandra, „sie wird mild. Erinnert ihr euch schon als Paris sie herbrachte, sagte ich, sie sei schlechtrassig und würde schnell altern. Ich habe es ihr sofort angesehen, auch, daß sie dumm ist."

„Ja", lacht Mile, „sie ist furchtbar dumm, irgendjemand machte sich einmal den Spaß ihr einzureden, der Krieg sei ihretwegen ausgebrochen — und sie glaubt es wirklich — sie schickte sofort ihre Photos an alle ausländischen Zeitungen mit einem Dementi: sie wisse von nichts... Und wie stolz sie dann war, als die ,Optische Illustrierte' ihr Bild auf der Titelseite brachte mit der Legende: Krieg wegen schönster Frau der Welt!"

„Du", sagt der Herr, der kein gebürtiger Trojaner ist, sondern nur durch die Verlobung zur Familie gehört, „warum ist eigentlich dieser Krieg ausgebrochen..?"

Mile: „Das weiß heute niemand mehr, wahrscheinlich wußte es nie jemand..."

Kassandra: „Ich wußte es, ich habe damals gleich gesagt..."

Mile: „Ich bitte dich Kassandra, du warst damals elf!" Kassandra macht ein abwesendes Gesicht und geht.

Der Herr: „Arme Kassy!"
„Du mußt es ihr sagen."
„Ja, werde es ihr morgen sagen."
„Gong auf, dann können wir nach einer südlichen Wartezeit heiraten, es ist so langweilig sich verstecken zu müssen. Wie lang glaubst du sollen wir warten?"

Der Herr: „Ein Jahr, mindestens ein Jahr. Sie muß sich doch daran gewöhnen können. Sie ist ja kindlich, sie hat mich gern."

Mile seufzt: Die Männer sind recht dumm...

Es ist indessen fast hell geworden, Kinder auf dem Dache wollen nicht mehr schlafen, der kleinste Astmanaz kommt gelaufen und schreit: „Tante, Tante, was steht dort?"
Mile: „Dort steht gar nichts!"
„Aber ja, Tante — dort steht etwas Großes — dort beim Baum..."
Mile: „Das war immer dort!"
Astmanaz: „Aber nein, das ist neu, schau doch, das ist ja ein großer Hund!"
„Dort steht wirklich etwas!" sagt der Herr. „Ich werde den Feldstecher holen..!" Er schraubt und sagt: „Das ist ja ein Pferd!" Mile: „Laß mich auch schauen. Ich sehe gar nichts!"
Der Herr: „Du hältst ihn falsch!"
Mile: „Ja! — jetzt sehe ich — ein Pferd! Und wie hübsch gemacht — primitiv! Man muß es gleich holen lassen!"

Kassandra geht indessen in der Nähe herum, und der Herr ruft sie so freundlich wie man eben zu einer Frau ist, die man demnächst etwas recht Böses tun will. „Schau", sagt er, „siehst du das Pferd? Ist es nicht hübsch? Findest du nicht, daß man es schnell hereinholen lassen soll, bevor das Volk es ruiniert?"

„Wir brauchen keine fremden Pferde!" sagt Kassandra. „Wie kommt es überhaupt dort hin? Der es dort hat steh'n lassen, wird es gewiß wieder abholen, es wird nur Komplikationen geben, wenn man es nimmt. Es ist besser, sich nicht darum zu kümmern. Und je länger ich es ansehe, desto häßlicher kommt es mir vor. Es schaut schrecklich aus. Es ist viel zu groß, es kann nur Verderben und Unglück bringen. Sicher wäre es das beste, es schnell zu vernichten..!"

„Das hast du aber, weiß Gott, nur aus Bosheit, weil du gehört hast, daß es mir so gefällt! Du weißt doch, wie lang ich mir schon etwas Dekoratives zum Aufstellen für den Garten wünsche. Das Pferd wäre so geeignet — es könnte in der Mitte der Lilien steh'n — da würde es aussehn wie von Maillol!"

Kassandra: „Maillol? Du hast wohl nie etwas von Maillol geseh'n? Es würde aussehn wie ein Denkmal, es würde den Geschmack aller Vorübergehenden verderben, würde..."

Der Herr fragt: „Ich bitte dich, ich bitte dich, sei still — das ist alles schon so dumm; verstehst du mich nicht, daß du dich blamierst mit deiner ewigen Unglücksprophezeierei..!"

Kassandra sieht ihn an und wird ganz blaß. „Das hätte ich nie von dir gedacht!" sagt sie, setzt sich irgendwo in einen Winkel und weint. Der Herr merkt es nicht — oder will es nicht merken.

„Nun", sagt Mile, „ist es nicht unmöglich?"
„Ja!" sagt der Herr und beschließt fest zu werden wie Don Juan. „Sie ist unmöglich!"
Mile: „Und das Pferd werden wir dann gleich holen lassen — es ist wirklich sehr schön! So wuchtig! Wir werden es im Garten aufstellen und Pfeifenstrauch um seine Füße pflanzen! In zwei Jahren wird es bis zu den Flanken geklettert sein und rosa Blüten tragen: in fünf Jahren können wir ein ganz rosa blühendes Pferd haben!"

Der Herr: „In fünf Jahren..."

Mile: „Ja! — So lange braucht der Pfeifenstrauch nicht, bis er das Pferd ordentlich überwachsen hat — es ist doch furchtbar groß!"

Der Herr: „Es können Zwischenfälle eintreten..."

Mile: „Pfeifenstrauch ist nicht heikel!"

Der Herr: „Aber wir sind heikel — vertragen manches nicht — irgend etwas kann passieren — immerhin haben wir Krieg — leben in einer Art Belagerungszustand — vieles kann sich ändern..."

Mile: „Du sprichst schon genau wie die Kassandra. Du hast angefangen! Was sollte sich denn ändern? Wenn uns der Krieg bis heute nicht geschadet hat, wird er uns auch nicht mehr schaden — man gewöhnt sich. Alles wird immer so weiter geh'n — die Griechen haben ihr Lager und wir haben unsere Stadt. Wir sind gesund und jung und die Häuser sind gut gebaut. Sobald Kassandra uns vergessen hat werden wir beginnen uns einzurichten — und solide muß alles sein für die Dauer. Wir wollen das originellste Haus in Troja haben, alles persönlich und außerdem einen Pferd im Garten. Es wird eine Erinnerung sein an diesen Morgen. Schau! Jetzt geht die Sonne auf — wie das Pferd leuchtet — wie Gold! Das muß ein gutes Zeichen sein!"

Der Herr: „Ich habe zu viel von schlechten Zeichen sprechen gehört, daß es mich fast erschreckt, von guten Zeichen zu hören..."

Mile: „Du mußt eben erst wieder lernen optimistisch zu sein — denke doch, mit diesem Morgen beginnt eine neue Zeit für dich und mich — kannst du nicht mehr an Glück glauben..?"

Indessen ist die Stadt erwacht, Menschen geh'n durch die Straßen, und vor den Mauern arbeitet bereits eine Kolonne daran, das Pferd auf Rollen zu heben, um es in den Palast des Priamus zu fahren.

ALBA, der Schnell-Läufer
von JOSEPH ROTH

Jedes Jahr im Herbst kam in unsere kleine Stadt ein Fremder namens Alba-Alba. Große, rotrote, mit Blaustift geschriebene Plakate kündigten ihn an und sein ungewöhnliches Vorhaben: er würde in einer Stunde eines bestimmten Sonntagnachmittags auf den Ringplatz unserer Stadt laufen, ohne Pause; für den Fall eines regnerischen Wetters sollte sein Lauf an einem der nächsten Sonntage stattfinden; und alle Welt wurde gebeten, Alba-Alba zuzusehen. Ich erinnere mich noch, daß er jemals nötig gehabt hätte, seinen Lauf zu verschieben. Der Herbst hatte damals seine schönen Launen. Seine Tage reihten sich aneinander, wie goldene, wehmütige, immer kleiner werdende Perlen. Es regnete, glaube ich, niemals. Der goldene Herbst ging eines Tages, wenn es genug hatte, ganz einfach unter den weichen Silber des ersten Schnees. Der Läufer namens Alba-Alba gehörte zu seinen frühen wunderbaren Eigenschaften, wie das filbrige Nebel am Morgen und wie die schwarzen Scharen der Raben, die sich in den letzten Tagen des Oktober in den kahlgewordenen Kronen der Bäume krächzend niederließen.

So gingen wir denn eines Sonntagnachmittags um drei Uhr hin, um den großen Läufer Alba-Alba zu sehen. Wir säumten die Ränder unseres Ringplatzes. Und der Läufer erschien. Er trug ein blutrotes Badekostüm aus Samt und blutrote Sandalen aus weichem Leder an den Füßen, um seine Hüften war ein breiter giftgrüner Gürtel geschlungen; und an dem Gürtel hingen goldene Schellen. Und wenn der Läufer Alba-Alba in der Mitte des Ringplatzes auftrat, noch auf beiden Füßen stehend, aber schon beide Füße gespreizt wie eine Art von Schwingen, auf denen man gehn und die dennoch schweben, als wäre das Sandale die andere gesetzt, als wäre das Stehen bereits ein Laufen. So klingelten leise die Schellen am Gürtel: wurden nicht bewegt und klingelten trotzdem; wie ungebuldige Pferde, die eine Peitsche spüren, obwohl sie noch nicht getroffen hat. Wir hatten den Läufer Alba-Alba bereits oftmals gesehen. Und dennoch waren wir. ins zum ersten Male, gebannt und sogar erschüttert. Dieser Mann wollte sechzehnmal um unseren Ringplatz laufen, ohne Pause. Er trug ein Badekostüm, ein blutrotes, und blutrote Sandalen. In der Rechten hielt er eine Peitsche. Zu der Rechten hielt er eine Peitsche. In der Rechten hielt er eine Peitsche. Zu welchem Gegenstand? Hatte er die Absicht, sich selbst anzufeuern? Wollte er sich selbst jagen, war er ein eigenes Pferd? Bevor er noch zu laufen angefangen hatte, war er unserer Bewunderung schon sicher. Er hielt eine kurze Ansprache. Es wäre keineswegs leicht, zu laufen, meinte er, und er wäre der einzige Läufer der Welt, der auf der großen Ausstellung in Paris eine Prämie bekommen hätte. Es deutete dabei mit dem Peitschenstiel auf seine linke Brust, wo in der Tat die Prämie zu sehen war: ein runder goldener Dukaten an einer grünen Seidenschnur auf dem blutroten Trikot. Und ohne unsere Zustimmung abzuwarten, und wie es gewohnt, daß man Worte die Tat zu folgen habe, setzte er sich unmittelbar in Trab, die Peitsche in der Rechten schwingend, als hätte er Hindernisse aus dem Wege zu jagen. In wenigen Sekunden hatte er den Bord des Bürgersteiges erreicht. An seinem Gürtel die Schellen klingelten nicht mehr zehn Schritten. Dazwischen knallte immer wieder seine Peitsche. Es hatte den Anschein, als schlüge er sich selbst und als liefe er seinem eigenen Körper voraus. Von Zeit zu Zeit stieß er im Laufen ein breites, erlöstes und befreitendes „Hah!" aus. Es war wie das Wiehern eines Menschen, das er zu seinem Pferd gemacht hat. Auch nicht er dabei mit dem Kopfe wie eine große, wildes Roß, und es war, als würde er nicht nur sich selbst kutschieren, sondern sich selbst reiten. Zusehends verwandelte sich sein Trab in Galopp. Immer häufiger ich immer schneller wurde sein Lauf, und immer kürzer wurden die Zeitabstände, in denen er auftauchte. Noch hatten wir, die wir an einem Platze standen, das Echo seiner Schellengeklingels, seines Peitschenknalls und seiner wilden Rufe in dem linken Ohr, und schon hörte man seine Schritte von der rechten Seite herankommen. Mit jeder Sekunde, die verging, schien der Umfang des Platzes zu verringern, denn wir bisnun für einen recht großen gehalten hatten; er war, es schien, jagten einander die Räume und die Seiten und die Sekunden hindurch, und schon vernahmen wir in dem Geklingel der Läuferschellen jenes der winterlichen Schlitten, und, obwohl die Sonne noch ganz golden wärmte, hörten wir die kristalline Kühle des Schnees. Während Alba-Alba lief, wurde sein blutrotes Gewand immer röter, bei unseren Augen, und die im schwarzen leinnahe verwandelte es sich in ein Schwarzes; und als die zweihundertsechzehnte Runde vollendet war, schien es uns als sei die zweihundertste vorüber. Immer dichter wurde das Geklingel, Schließlich hätte man meinen können, es regnete Schellen. Und da es spät im Jahre war und schon der Sonne nach dem Westen entgegenrollte, war es, trotz der Geschwindigkeit, mit wie sein Schatten im Laufe der zwei Stunden wuchs und wuchs, und am Ende der vierzehnten Runde ungefähr bedeckte er im Vorüberhüschen die ganze Breite des Platzes, vom Vordrang des Bürgersteiges bis zur Mitte, wo die Markthallen begannen. Also merkten wir erst an seines Schattens allein, wie lange Alba-Alba schon lief. Denn obwohl seine immer wieder erneut auftauchende Erscheinung keine Abwechslung bedeutete, war es sich nicht zu, als müßte sie schließlich eine Überraschung bringen, und die Spannung, wie wir diese erwarteten, ließ uns vergessen, wie eintönig eigentlich die Zeit verrann.

Endlich blieb Alba-Alba stehen. Es war, als hätte er sich einen Ruck gegeben, wie ein andere etwa, wenn sie zu laufen anfangen wollen. Es war, als müßte er gegen einen harten gestoßen sein, gegen eine unsichtbare Wand, und als nähme er alle Kraft im Rücken zusammen, um nicht lächerlich hinzufallen. Der Schweiß rann ihm von allen Seiten wie im Regen. Seine breite Nase bebte, sein Mund war offen, man sah die Zunge und die Zähne und den Gaumen, und der Orden an dem grünen Bändchen, der Orden von der Pariser Weltausstellung, hob und senkte sich über der Brust sehr schnell und sehr heftig. Alle hielten den Atem an, wie wenn sie den Tod des Läufers erwarteten. Er aber breitete die Arme aus, reckte den Kopf; hob sich auf die Zehenspitzen, erinnerte einen Augenblick an einen in der Luft Gekreuzigten, atmete tief und sank wieder auf die Sohlen, gleichzeitig die Arme fallen lassend. Die Sonne lag schon tief im Westen, hinter den spitzen Dächern der Markthalle. Über uns allen strich der Schauer des Abends. Da streckte Alba-Alba die rechte Hand aus, ohne ein Wort zu sagen. Es wurde dunkel. Da ging die braune rote Laterne auf. Man hörte plötzlich Münzen klirren, und sonst war es still wie in einer Kirche. Man hätte Orgelklang erwarten mögen. Der Läufer Alba-Alba im roten Gewand zog aus dem grünen Gürtel ein roseidenes Tuch, legte die ausgestreckten Münzen hinein, hielt es an zwei Zipfeln und sammelte weiter. Jeder von den Zuschauern gab ihm etwas und entfernte sich sofort. Auf einmal war es leer, und der finstere Abend kam, und Alba-Alba war auch verschwunden. Alle Laternen brannten. Und der Marktplatz sah aus wie an allen anderen gewöhnlichen Abenden.

Der ersparte Liebesbriefsteller
Von Achille Campanile

Mein Freund Ambrogio hatte eine besondere Vorliebe für das weibliche Geschlecht, aber eine ebenso große Abneigung gegen jede Art Korrespondenz, im besonderen aber gegen eine Liebeskorrespondenz. Die Frauen der vordem bekannten, daß man ihnen seine Liebe schwarz auf weiß gebe — und so war mein guter Freund Ambrogio ein in wunderbares Auskunftsmittel verfallen. Er nahm sich zwei Freundinnen statt einer, und das war nicht nur weit amüsanter, sondern hatte auch noch einen anderen unbezahlbaren Vorteil für Ambrogio. Er entschloß sich nämlich dazu, die beiden Frauen mit einander korrespondieren zu lassen. Wenn er nämlich von Nr. 1 einen Brief erhielt: „Geliebter! Ich habe die ganze Nacht an Dich gedacht, und in die Sterne geblickt. Was machst Du? Denkst Du manchmal an mich? Liebst Du mich noch ein bißchen? Erzähle mir alles usw..." so antwortete der gute Ambrogio nicht, sondern steckte den Brief in ein Kuvert und adressierte ihn an die Freundin Nr. 2. Am nächsten Morgen kam auch schon Marinas Antwort: „Geliebter Schatz! Ich habe Deinen gestrigen Brief erhalten. Wie glücklich macht es mich, daß Du die ganze Nacht die Sterne betrachtet und dabei an mich gedacht hast! Du denkst unaussetzt an Dich! Du fragst mich ob ich Dich, über mein Leben! Du weißt ja, ich lebe nur für Dich! Mein erster Gedanke usw..."

Diesen Brief steckte Ambrogio in ein neues Kuvert und adressierte ihn an Margerita, welche natürlich überzeugt war, die Antwort ihres geliebten Freundes zu empfangen. Sie schrieb natürlich sofort wieder, und so blieb es Ambrogio nichts anderes zu tun, als die Briefe zu übersetzen, die die beiden Frauen miteinander wechselten. Es

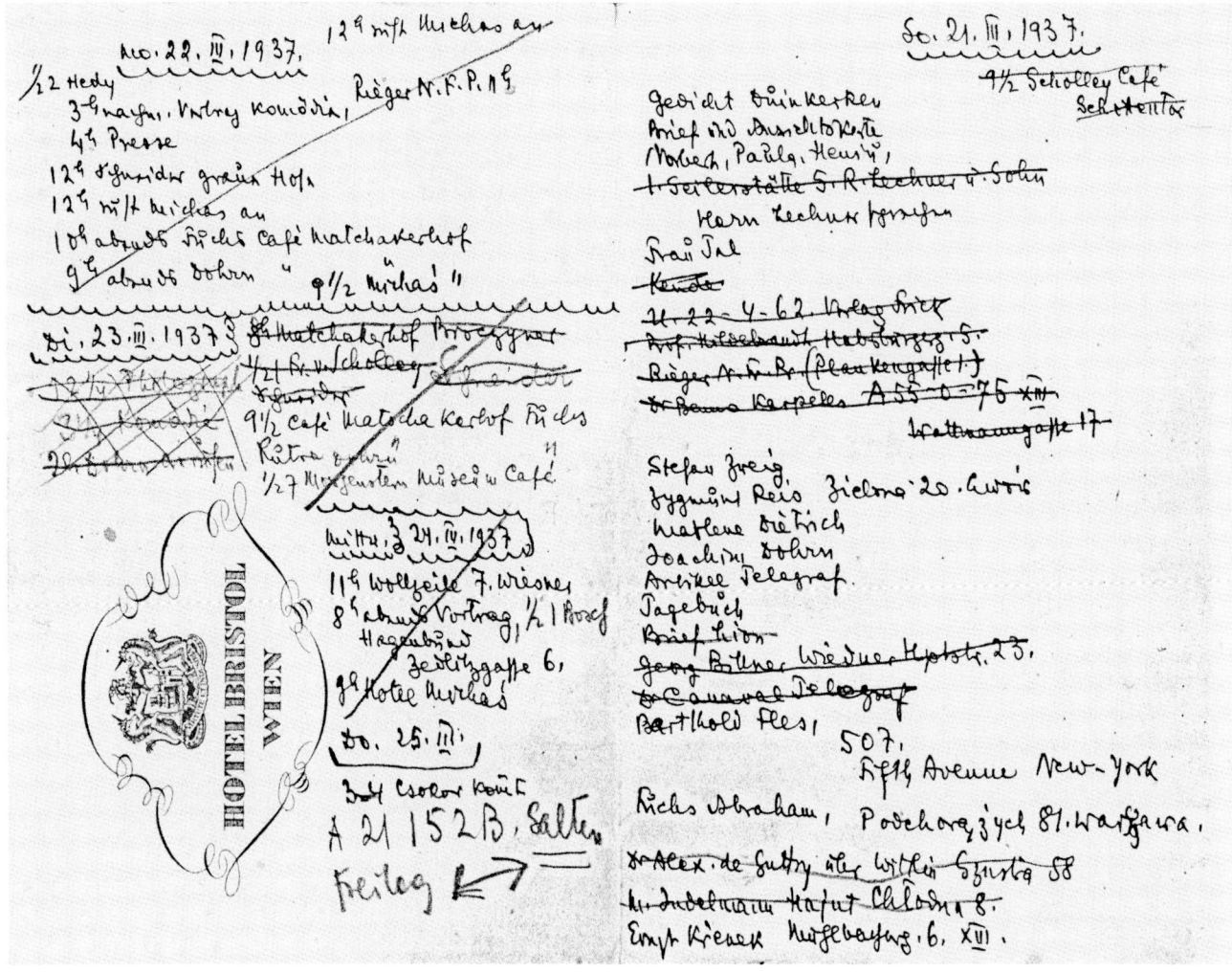

365 Nur wenige von Roths Notizzetteln sind erhalten. Einer aus Wien vom März 1937 zeigt seine vielseitigen Agenden.

365 Joseph Roth: Notizzettel zum 21. bis 25. März 1937 auf Briefpapier des Hotels Bristol Wien. Geringfügig verkleinert abgebildet.
Der Text lautet in chronologischer Folge, rechte Seite vor linker Seite:

»So[nntag]. 21. III. 1937.
    9 ½ [Ilse] Scholley Café Schottentor
Gedicht Duinkerken
Brief und Ansichtskarte
Norbert, Paula, Heniu [Grübel]
I. Seilerstätte 5. R. Lechner u. Sohn
    Herrn Lechner sprechen
Frau [Lucy] Tal
[Josef] Kende
U.22-4-62 Verlag Frick
Prof. Hildebrandt Habsburgerg. 5
[Erwin] Rieger N[eue]. Fr[eie]. Pr[esse]. (Plankengasse 1.)
Dr Benno Karpeles A 55-0-75 XIII Wattmanngasse 17
Stefan Zweig
Zygmund Reis. Zielona 20. Lwów
Marlene Dietrich
Joachim Dohrn
Artikel Telegraf
Tagebuch
Brief Lion
Georg Bittner Wiedner Hauptstr. 23.
Dr Canaval Telegraf

Barthold Fles, 507, Fifth Avenue New-York
Fuchs Abraham, Podchoraszych 81 Warszawa.
Dr. Alex. de Guttry über Wittlin Szustra 58
M. Judelmann Hajnt Chlodna 8.
Ernst Krenek Mühlbacherg. 6. XIII.
                     12^h ruft Michas an
   Mo[ntag]. 22. III. 1937.
½ 2 Hedy [Pompan]
     [Erwin] Rieger N[eue]. F[reie]. P[resse]. 11^h
3^h nachm. Verlag Komödie,
4^h Presse
12^h Schneider graue Hose
12^h ruft Michas an
10^h abends Fuchs Café Mat[s]chakerhof
9^h abends Dohrn   "   "
9 ½ Michas
Di. 23. III. 1937
              9^h Mat[s]chakerhof Broczyner
12¼ Photograph   ½ 1 Fr. v. Scholley
                       Schneider
                       Schneider
3¼ Komödie   9½ Café Matscha-
2^h Dohrn anrufen   kerhof Fuchs
                   Rutra Dohrn
          ½7 Morgenstern Museum Café
Mittw. 24. III. 1937.
11^h Wollzeile 7. Wiesner
8^h abends Vortrag, ½1 Bosch
     Hagenbund
         Zedlitzgasse 6
9^h Hotel Michas
Do. 25. III.
3-4 Csokor kommt
A 21 1 52 B. Salten
Freitag«
[Unter- und Durchstreichungen blieben in der Transkription unberücksichtigt.]
Roth reservierte etliche Termine für Journalisten, Verleger, Vertriebsfirmen, Buchhändler, mit denen er vermutlich Geschäftliches, Bücher und Artikel betreffend, besprach; für Verwandte wie den Neffen Michas oder für alte Freunde wie den Schulkollegen Broczyner; für einige Autoren; und für Personen der politischen Szene (Dohrn, Wiesner, Hildebrandt). Die Interessen, die Roth bei den politischen Gesprächen leiteten, lagen auf mehreren Ebenen: Einmal wollte er publizistischen Einfluß ausüben; zum anderen konspirative Aktivitäten zur Rettung Österreichs (vor dem Nationalsozialismus) durch eine Stärkung der monarchistischen Kräfte unterstützen.

366 Friedrich v. Wiesner spricht bei einer Kundgebung der Legitimisten im »Eisernen Ring« zusammen mit dem »Reichsbund der Österreicher« in den Sophiensälen, Wien, am 11. Jänner 1938. Fotografie.
Wiesner (1871–1951) war Diplomat und nach 1918 einflußreicher Leiter der Monarchisten in Österreich.

Engagement für Habsburg – Engagement für Österreich

Roths Legitimismus muß aus zwei Blickwinkeln gesehen werden. Zunächst insgesamt als rückwärtsgewandte Idealisierung der österreichisch-ungarischen Monarchie, die Roth seit Ende der zwanziger Jahre unter dem Eindruck der politischen Ereignisse in Österreich und Deutschland entwickelte. Dazu kam noch eine Mythisierung der Person Kaiser Franz Josephs I., die Roth schließlich auf Otto von Habsburg übertrug, den ältesten Sohn und somit »legitimen« Nachfolger des letzten Kaisers. In ihm wollte Roth die Fortführung der alten, einem strengen Ehrenkodex verpflichteten Traditionen der Staats- und Umgangsformen sehen.

Konfrontiert mit der raschen Ausbreitung des Faschismus und dem Zerfall überkommener Strukturen suchte Roth Zuflucht in »verbrieften« Werten und sah deshalb im monarchischen Katholizismus der Habsburger eine mögliche Gegenposition. So ist auch Roths eigener »Katholizismus« nicht von Rom, sondern von der »Apostolischen Majestät des Kaisers« inspiriert. Sich selbst stilisierte Roth als chevaleresken, idealtypischen – daher katholischen – Untertanen. Seine eigene jüdische Herkunft und Erziehung, die seine intellektuelle Basis ausmachten und sein Denken bestimmten, stellte Roth allerdings kaum je in Abrede.

367 Joseph Roth. Fotografie, 1938.

368 Otto von Habsburg in Uniform. Fotografie, dreißiger Jahre.
Der junge Thronprätendent (geb. 1912) tat alles, um sich mit der Aura des vergangenen Staates zu umgeben, was nicht alle Zeitgenossen überzeugte: Franz Carl Weiskopf etwa hat die Monarchisten spöttisch als »Wachsfigurenkabinett im Café de Tournon« bezeichnet.

369 Joseph Roth: In der Kapuzinergruft. In: Wiener Sonn- und Montags-Zeitung, Wien, Nr. 21 vom 27. Mai 1935, S. 8.

Den politischen Artikeln Roths, die gegen den Nationalsozialismus gerichtet waren, standen politisch gemeinte, tatsächlich aber vorwiegend kulturhistorische zur Seite. In ihnen versuchte Roth die Vergangenheit der

Seite 8 — Montag — „Wiener Sonn- und Montags-Zeitung" — 27. Mai 1935 — Nr. 21

PHÖNIX LEBENS-VERSICHERUNGS-GESELLSCHAFT

Joseph Roth: In der Kapuzinergruft

Joseph Roth, der berühmte Autor des österreichischen Romans „Radetzkymarsch", hat sich, von Granada kommend, wo er ständig lebt, in Wien aufgehalten, um das Grab Kaiser Franz Josephs zu besuchen. Er hat den überwältigenden Eindruck vor dem Sarg Franz Josephs in folgenden unvergleichlichen Zeilen festgehalten:

Hier schläft mein alter Kaiser, Seine k. k. Apostolische Majestät, Franz Joseph der Erste. Er schläft in einem einfachen Sarg, der noch einfacher und schmaler und anspruchsloser ist als das Bett, in dem er Zeit seines Lebens im Schloß zu Schönbrunn zu schlafen gewohnt war, und die Majestät, die ihn Zeit seines Lebens umglänzt und er dargestellt hatte, verbündet sich mit der Majestät des Todes, des Kaisers aller Kaiser. . . .

Als man ihn begrub, den Kaiser Franz Joseph, stand ich, einer der zahllosen Soldaten seiner Armee, ein namenloses Glied des Spaliers, das wir damals bildeten, knapp vor der Kapuzinergruft, um seinen hohen Leichnam zu begrüßen. Es war Herbst, ein dunkelgrauer Regen regnete auf unsere Felduniformen, auf die blanken bläulichen Läufe und auf die braunen polierten Schäfte unserer Gewehre, auf die Kappen und auf die Gesichter und auf die frischgewichsten Stiefel, und die weinenden Frauen und Männer in Zivil hinter unsern Rücken und auf die umflorten Laternen. Es regnete sacht und eindringlich und unaufhörlich — und nie im Leben werde ich diesen Regen vergessen. Ich habe viele Arten von Regen gesehen, Regen im Krieg und Regen im Frieden, Regen vor dem Feind, Regen auf dem Vormarsch, Regen auf dem Rückzug; jener Regen aber vor der Kapuzinergruft, an dem Tage, an dem man den Kaiser begrub, scheint mir ein ganz besonderer Regen gewesen zu sein, gewissermaßen ein Regen, den der Himmel selbst aufbewahrt hatte, bis zu der Stunde, in der Franz Joseph der Erste begraben wurde. Es war, als würfe der Himmel Wasser auf ein Grab; wie Menschen, die einen Leichnam bestatten, Schollen auf Schollen auf den Toten zu werfen pflegen. Es war — so schien es mir — ein ganz besonderer Regen. Nie mehr habe ich später seinesgleichen gesehen. Es regnete nicht vom Himmel her, es weinte von ihm hernieder. Und damals, an jenem Tage, empfand ich zum erstenmal (und zum einzigenmal) die Wahrheit der so oft und billig mißbrauchten Metapher: der Himmel weint. Mein Herz, gewißlich kleiner als der Himmel, weinte damals noch heftiger als er; und nicht einmal das k. u. k. Dienstreglement, das damals meine Empfindungen regelte, dämpfte und unterdrückte, konnte mich hindern, zu weinen.

Ich stand reglos, in der „Habt Acht"-Stellung. Aber mein Herz war schwer, und meine Augen, befehlsgemäß und soldatisch dem Konduke zugewandt, füllten sich mit Tränen, so, daß ich zwar blickte, aber gar nichts sah. — Wem weinte ich damals nach? — Gewiß dem Kaiser Franz Joseph: Aber auch mir selbst, meiner eigenen Kindheit, meiner eigenen Jugend. Und, obwohl ich in jener Stunde wußte, daß ich bald, bald für den toten Kaiser und für seinen Nachfolger zu sterben befohlen und bestimmt war, und, obwohl ich damals noch so jung war, schien es mir, daß es beinahe unschicklich sei, später zu sterben als der Kaiser, dessen Glanz meine Jugend erleuchtet und dessen Leid meine Jugend düstert hatten. Damals fühlte ich, daß ich ein Oesterreicher bin: ein alter Oesterreicher. Alle Kaiser von Oesterreich waren meine Kaiser gewesen. Alle Kaiser von Oesterreich, die noch kommen könnten, werden meine Kaiser sein. Aber das Fürwort: „mein", auf den Kaiser Franz Joseph angewandt, bekommt eine besondere Bedeutung: es wird, gewissermaßen, der adjektivischen Steigerung fähig, es wird „meiner", als mein. Alle österreichischen Kaiser sind meine Kaiser, aber Kaiser Franz Joseph I. ist mein besonderer Kaiser, der Kaiser meiner Kindheit und meiner Jugend.

Deshalb pilgere ich, wenn ich das Glück habe, nach Oesterreich heimkehren zu können, in die Kapuzinergruft, und, während der brave Führer mein Herz erfreut (indem er in altem kaiser- und königlichem Deutsch die Relativsätze mit einem „was" einleitet, statt mit einem „der" oder „die"), halte ich folgende stumme Ansprache an meinen alten Kaiser Franz Joseph:

„Lieber Kaiser! Ich habe Dir gedient, ich habe Dich begraben, ich habe einmal, vielleicht im Uebermut, versucht, Dich zu gestalten — aber Du, mein Kaiser, überlebst. Im Tode noch aber bist du stärker als ich. Vergib mir meinen Uebermut! Alle österreichischen Kaiser liebe ich: jenen, der Dir gefolgt ist und alle, die Dir noch folgen werden. Aber Dich, mein Kaiser Franz Joseph, suche ich auf, weil Du meine Kindheit und meine Jugend bist. Ich grüße Dich, Kaiser meiner Kindheit! Ich habe Dich begraben: für mich bist Du niemals gestorben.

Dein Joseph Roth."

Erfahrungen eines alten Klinikers

Von Hofrat Professor Dr. Carl v. Noorden

Wir entnehmen den hochinteressanten Ausführungen Professor Noordens in der „Wiener Medizinischen Wochenschrift" nachstehende Einzelheiten:

Die kurzen Bemerkungen, die ich in Form bunt zusammengewürfelter Aphorismen in diesem Beitrage vorbringe, beziehen sich vorzugsweise auf Fragen, welche während meiner seinerzeitigen Tätigkeit am Allgemeinen Krankenhause (beginnend am 1. Oktober 1906) eine Rolle spielten, zum Teil aber auch auf Fragen, die erst während meiner zweiten Wiener Amtstätigkeit, seit 5¾ Jahren, in den Vordergrund traten. Es ist eine kleine Auswahl.

1. Verängstigung

Wie oft werden Kranke durch unvorsichtige und unbestimmte ärztliche Aeußerungen verängstigt! Auch Kranke mit ganz unbedeutenden und unbedenklichen Störungen betrifft dies. Wochen, Monate und Jahre kann es belastend nachwirken. Der Arzt habe Angst vor der Angst des Patienten, die er, der Arzt selbst, erzeugte und dann nicht mehr bannen kann!

2. Alter der Psychotherapie

Richtige psychische Beurteilung und machtvolle psychische Heilkraft gab es uralange, bevor die neuzeitlichen Worte Psychoanalyse und Psychotherapie aus jedermanns Munde triefen.

3. Neuzeitliche Psychoanalyse und Psychotherapie

Ich halte es für sehr wahrscheinlich, daß die neuzeitlichen Formen der Psychoanalyse, gleichgültig, mit welchem Methodennamen sie bezeichnet sind, bereits nach wenigen Jahrzehnten als eine der ganz großen Narrheiten des an Narrheiten so reichen 20. Jahrhunderts beurteilt werden.

Gleiches gilt von der auf Psychoanalyse fußenden subhypnotischen Diagnostik und Therapie.

4. Nachgiebigkeit und Güte

Die besten therapeutischen Absichten und Pläne werden oft durch Nachgiebigkeit der Aerzte und Kompromisse entwertet. „Nachgiebigkeit" der Aerzte wird von den Patienten oft als „Güte" gewertet. Im ärztlichen Berufe sind die beiden Begriffe nicht zwangsläufig miteinander verknüpft. Auch strengste und unangenehmste Vorschriften können in „Güte" erteilt werden. Nachgiebigkeit aus Güte, wenn sie zum Lockern notwendig erachteter Maßnahmen führt, ist immer ein Fehler. Wie oft habe ich bei Konsilien Aerzten, die zu nachgiebig waren und dadurch den Erfolg verpaßten, gesagt: „Landgraf werde hart".

5. Als-Ob-Therapie

Schein-Verordnungen „ut aliquid fieri videatur" sind überlebt. Oft züchten sie Hysterie (= „Flucht in die Krankheit"). Die „Als-Ob-Therapie" ist nur erlaubt, so lange Zweifel bestehen, ob eine unheilbare Krankheit, zum Beispiel Magenkarzinom, vorliegt oder eine heilbare Krankheit, zum Beispiel ein chronischer Magenkatarrh. Dann wird man so handeln müssen, als ob das letztere bestehe. Bei Zweifeln zwischen gut und böse gebührt dem Optimismus der Vortritt.

6. Irrtümer

Es gibt Aerzte, die wirklich glauben, sie hätten sich niemals diagnostisch und therapeutisch geirrt und sie hätten nie durch unzweckmäßige Ratschläge oder Versäumnisse einen Menschen geschädigt oder gar getötet.

7. Ueberschätzung der diagnostischen Lösung

Es gab und gibt zahlreiche, funktionelle und planmäßige Behandlung erfordernde Störungen, die ernste Beschwerden bringen (Herz, Magen, Darm u. a.), denen aber keine anatomisch oder histologisch faßbare Veränderung zugrunde liegt, und die man nicht mit klarverständlichen Namen aus dem systematischen Krankheitsregister bezeichnen kann; jetzt unter umweltbedingtem Einfluß starker seelischer Belastung häufiger als früher.

Wie man sie auch nennen will, man hüte sich vor den Worten „nervös", neurasthenisch, hysterisch, psychogen usw. So richtig die Namen auch sein mögen, sie gelten nicht als Beruhigungen; viel häufiger schaffen sie langdauernde, unberechtigte und quälende Minderwertigkeitsgefühle.

Vor langen Jahren quälten mich die Töchter des an funktionellen Darmstörungen erkrankten Vaters, der schnellen Schrittes völliger Gesundheit sich näherte, um die „Diagnose". Als ich sagte, es gäbe keinen diagnostischen Namen für das Leiden, bekam ich heftige Vorwürfe zu hören. Ich erwiderte: „Sie scheinen es vorzuziehen, daß der Vater mit Diagnose stirbt als ohne Diagnose gesundet. Ich garantiere Ihnen das Gesundwerden". Natürlich neue Vorwürfe! Der Mann lebte noch 25 Jahre in voller Rüstigkeit.

8. Allgemeines über Diätetik

Die diätetische Kunst hat sich im Laufe der letzten vier Jahrzehnte zu einer Macht entwickelt, deren Tragweite leider nur einem kleinen Teil der Aerzte geläufig ist. Der erste planmäßige diätetische klinische Unterricht ward von mir an der Wiener 1. Med. Klinik erteilt. Dazu gehörte auch theoretischer und praktischer sehr gründlicher Unterricht über Kochkunst. Leider wurde dieses Vorbild nur hie und da nachgeahmt. Wenn planmäßiger Unterricht über alle wichtigen Ernährungsfragen bei Gesunden und Kranken, über Wesen, Wirkart, Machtfülle der diätetischen Verpflegung und der Kochkunst nebst praktischer Uebungen nicht zwangsläufige Teilstücke der Ausbildung von Studierenden, Aerzten, Krankenschwestern werden, wird die Volksgesundheit und werden Ansehen sowie therapeutische Leistungsfähigkeit der Aerzte bedroht.

Die diätetische Küche soll für den Kranken, nicht gegen ihn die Speisen bereiten. Die Kostbüchlein für diese oder jene Krankheitsgruppe, so brauchbare Kochrezepte und mancherlei Ratschläge sie auch brachten, noch mehr die sogenannten Diätblocks haben häufiger wie eine Eselsbrücke als zu wahrer Aufklärung und Belehrung sich ausgewirkt.

Diätetische Kunst fordert ein großes Maß psychologischen Verstehens. Dies müssen Arzt und Diätassistentinnen stark berücksichtigen. Letztere als Verbindungsoffizier zwischen Krankenabteilung und Küche müssen darauf nachdrücklich geschult werden.

Aerzte, die keine Feinschmecker sind und denen es ganz egal ist, was sie essen, können nie gute Diätetiker sein. Für den Arzt ist es wichtiger, über kritisch würdigenden Geschmackssinn zu verfügen, als ein guter Musiker zu sein.

Aerztekammer gegen Zahnarzt Dr. Epstein

Wie wir erfahren, hat die Wiener Aerztekammer gegen den bekannten Wiener Zahnarzt Dr. Heinrich Schirnding-Epstein das ehrenärztliche Verfahren eingeleitet. Die Person des Zahnarztes Dr. Schirnding-Epstein ist vor kurzem in einem Sensationsprozeß, in dessen Mittelpunkt der Obmann der gastgewerblichen Gehilfenkrankenkasse Martin Schäffler gestanden ist, wiederholt erwähnt worden.

In diesem Prozeß wurde behauptet, daß der Zahnarzt Dr. Epstein die beiden Angeklagten Martin Schäffler und Anton Schmidt wiederholt mit Geschenken bedacht habe. Die beiden wurden auch verurteilt, während Dr. Epstein bei dieser Schöffengerichtsverhandlung als Zeuge einvernommen wurde. Die Zahnarzt strengte gegen Martin Schäffler auch eine Ehrenbeleidigungsklage an, in der Schäffler zu einer Geldstrafe verurteilt wurde, allerdings wurde in der Begründung hervorgehoben, daß beim Beweisverfahren durchgeführt wurde und daß der Inhalt des Strafaktes aus dem Schöffengerichtsprozeß schwer belastende Momente gegen Dr. Schirnding-Epstein enthalte.

Diese Feststellungen des Gerichtes führten zu dem Ergebnis, daß Dr. Epstein aus der wirtschaftlichen Organisation der Aerzte austrat. Jetzt hat aber auch die Aerztekammer die Angelegenheit aufgegriffen und wird demnächst das Urteil über die Rolle Dr. Epsteins in der Affäre Schäffler fällen.

Dr. Heinrich Epstein wurde vor einigen Jahren von einem Grafen Schirnding adoptiert. Seither führt er den Doppelnamen Schirnding-Epstein.

REIT- und SPRINGKURSE

RASUMOFSKY-TATTERSALL, III., Rasumofskygasse 27 Tel. U-17-0-13

DAS NEUE TAGE-BUCH
Herausgeber: Leopold Schwarzschild

5. Jahrgang, Heft 49 — PARIS-AMSTERDAM — 4. Dezember 1937

Schachts Demission
Eine Epidemie unter Diplomaten

Leopold Schwarzschild: **Die Episode der Lord-Amateure**

Valeriu Marcu: **Siebenhundert Seiten...**

Joseph Roth: **Grillparzer**

J. P. Mayer: **Der deutsche Charakter**

Habsburger-Monarchie zu evozieren. Häufig ging er, was die Idealisierung der politischen und sozialen Verhältnisse bis 1918 betraf, zu weit in der Harmonisierung, etwa wenn er die Ungleichbehandlung der nicht deutschsprachigen Völker durch die zentrale Regierung leugnete. Prinzipiell wollte Roth zur Besinnung auf die ideellen Grundsätze anregen, die er in der alten Staatsform sah, verglichen mit dem europäischen Mächteverhältnis und der nationalsozialistischen Barbarei nach 1933. Wiederholt zog Roth Schriftsteller des 19. und 20. Jahrhunderts heran, um die »alte Welt« zu beschreiben. Er zitierte z. B. Franz Grillparzer (1791–1872) oder etwa den Emigranten Emil Alphons Rheinhardt (1889 bis 1945) als Zeugen einer »österreichischen Tradition«. Kaiser Franz Joseph I. stilisierte der Schriftsteller immer mehr zur symbolischen Herrschergestalt und dichtete sein früheres Verhältnis zu ihm, das eines gewöhnlichen Untertanen, zu einem ganz persönlichen, patriarchalischen um:
»*Er war mein Kaiser.*«
(zitiert in: Benno Reifenberg: *Lichte Schatten*, Frankfurt/Main: Societäts Verlag, 1953, S.213)

370 Das Neue Tage-Buch. Paris, Amsterdam, Jg. 5, Heft 49 vom 4. Dezember 1937, Umschlag.
Das Heft enthält den Grillparzer-Essay.

Steenockerzeel, am 2o. August 1938.

Sehr geehrter Herr Roth !

Seine Majestät der Kaiser haben mich beauftragt, Ihnen für Ihre erneute Versicherung der Treue und Anhänglichkeit ebenso wie für die Übersendung Ihres Essays über Grillparzer Allerhöchstseinen besten Dank auszusprechen. Seine Majestät haben Ihre Ausführungen, in welchen Sie gleichzeitig den Typus des österreichischen Menschen gezeichnet haben, mit Interesse gelesen. Im Vertrauen auf Gott und auf Seine unendliche Gerechtigkeit sind Seine Majestät überzeugt, dass es aller Gewalt zum Trotz nicht gelingen wird, den wahren österreichischen Volkscharakter auszumerzen, sondern dass der Tag nicht ausbleiben wird, an dem echtes Österreichertum sich wiederum durchringt und an dem unser Vaterland zu alter Grösse ersteht.

Im Allerhöchsten Auftrage :

Franz Graf Trautmansdorff

371 Franz Graf Trautmansdorff an Joseph Roth, Brief vom 20. August 1938. Verkleinert abgebildet.
Der Brief übermittelt den Dank Otto von Habsburgs für die Loyalität zu Österreich, die Roth im Aufsatz über Grillparzer bewiesen habe, und beschwört – eine stehende Formel in Briefen aus Steenockerzeel – die Wiederkehr der alten Größe des »Vaterlandes«.

Die Wirklichkeit ließ für Roths Idee eines habsburgischen Regenten keinen Raum. Nach der Unterredung zwischen Hitler und Schuschnigg in Berchtesgaden (12. Februar 1938), bei der der österreichische Kanzler wichtige Konzessionen zugunsten der österreichischen Nationalsozialisten machte, und nach Hitlers Reichstagsrede vom 20. Februar sprach Schuschnigg am 24. Februar 1938 im Rundfunk. Er appellierte an den Patriotismus der Österreicher, nun ihr Vaterland in Vertrauen auf Gott zu »festigen und zu sichern«. Roth kommentierte die Rede des sonst von ihm mäßig geschätzten Kanzlers in einem Beitrag in der österreichischen Zeitschrift »Der Christliche Ständestaat«, verglich sie mit Ciceros Catilinarischen Reden. Dennoch hielt er die Sache offenbar für verloren: Er reiste am 24. Februar 1938 von Paris nach Wien, um im Namen der Legitimisten Schuschnigg zur Machtübergabe zu bewegen und um damit die Rückkehr Otto von Habsburgs und die Einsetzung einer Regierung unter seiner Leitung zu erreichen. In seiner Mission gelangte Roth bis zum Wiener Polizeipräsidenten Michael Skubl; dieser riet ihm, das Land schleunigst wieder zu verlassen. Roth fuhr nach Paris zurück, drei Tage vor dem Einmarsch der deutschen Truppen am 12. März 1938.

372

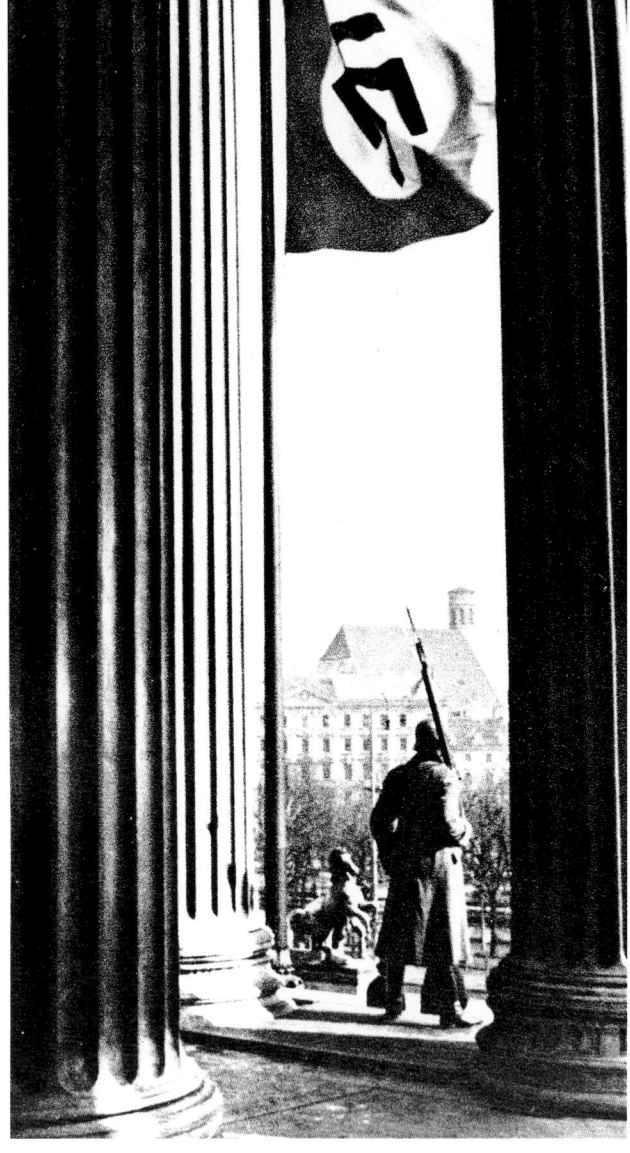

373

372 Michael Skubl (1877–1964, Schriftsteller, 1933–1938 Polizeipräsident). Fotografie, 1933.

373 »Unter starkem Schutz«. Deutsche Besetzung Österreichs, 1938. Fotografie.

Nach dem »Anschluß« schrieb Roth seinen berühmten »Brief an einen Statthalter« und veröffentlichte ihn im »Neuen Tage-Buch« am 26. März 1938. Darin forderte er Schuschniggs Nachfolger, »Reichsstatthalter« Seyß-Inquart, auf, ihn aus dem Verband des Heeres zu streichen: Er sei nicht gewillt, die nunmehr behauptete Kontinuität von der k.u.k. Armee über Österreichs Bundesheer bis zur deutschen Wehrmacht und somit eine Gleichsetzung dieser »Vaterländer« zu akzeptieren.

**COMITÉ CENTRAL D'ASSISTANCE
AUX ÉMIGRANTS JUIFS**

Affilié à l'Association pour l'Emigration
H I C E M

Adresse télégraphique : COMASMIGRA
Téléphone : DIDEROT 17-30 M/S/5861

PARIS (12°), LE 28 Février 1939
5, RUE DE LA DURANCE

Re: Léopold GOLDNER, Nitra.
Jessenského ul. 8.
Slovensko C.S.R.

Monsieur
Joseph ROTH
18, rue de Tournon
PARIS 6e

Monsieur,

En réponse à votre lettre concernant le susnommé, nous avons l'honneur de vous faire savoir que nous avons transmis celle-ci pour décision à la Direction de la HICEM.

Nous venons de recevoir la réponse suivante:

"Nous avons bien reçu votre lettre du 3.ct. concernant le susnommé et sa femme. Malheureusement nous devons vous dire que nous n'avons pu prendre, jusqu'à ce jour, une décision favorable pour ce couple, étant donné qu'actuellement les possibilités d'émigration sont extrêmement réduites et que nous ne voyons aucune solution pour le couple GOLDNER.

Veuillez agréer, Monsieur, avec nos regrets, nos salutations distinguées.

Le Directeur :

Nach der Besetzung Österreichs und der Tschechoslowakei (die sudentendeutschen Gebiete im September 1938, das restliche tschechische Gebiet im März 1939) durch das »Dritte Reich« strömte eine neuerliche Flüchtlingswelle nach Frankreich. Die »alteingesessenen« Emigranten versuchten zu helfen: mit Rat bei den Formalitäten, die den Aufenthalt der Emigranten in Frankreich sichern sollten, durch Bittgesuche und Geldsammlungen.
Auch Roth setzte sich trotz seines zunehmend schlechten gesundheitlichen Zustands immer wieder für die Flüchtlinge ein. Er hatte eine relativ gesicherte Aufenthaltserlaubnis und nützte, brieflich und in direktem Gespräch, seine Kontakte zu Personen des öffentlichen Lebens in Frankreich.
Von seinen Erfahrungen dabei berichtete Roth z. B. im Aufsatz »Die Kinder der Verbannten«, der in der Pariser Exilzeitschrift »Die Zukunft« am 12. Oktober 1938 erschien.

374 Comité Central d'Assistance aux Émigrants Juifs/HICEM an Joseph Roth, Brief vom 28. Februar 1939.
Das Ansuchen Roths für ein Ehepaar aus dem slowakischen Nitra um Hilfe bei der Auswanderung wurde abgewiesen mit dem Hinweis auf die geringen Möglichkeiten zur Unterbringung von Emigranten in Gastländern.

Abschiede

»*Ich werde ja doch daran krepieren, an diesem Gemansch von Hirn, Hand, Bettel, Vorschuß, gewissenloses Garantieren für Wechsel, die mein Kopf nicht sicher einlösen kann – – und alles vergebens, ohne Leser, ohne den Glauben, der von außen kommt, Echo auf den innern. Ich spüre, wie ich mich immer wieder gewaltsam, moralisch und physisch regenerieren muß, zwei Monate ist Gesundheit da, dann wüstestes Befinden, Angst und Irrsinn, Beklemmung, Herzweh, Finsternis. Zwei, drei wichtige Katastrophen, innere, der Tod eines Nahen, und man ist erledigt.*«
(Joseph Roth an Stefan Zweig, Brief vom 18. August 1937. Briefe, S. 506)

Walter Rode, Jakob Wassermann, Werner Hegemann, Stefan Großmann, Magnus Hirschfeld, Hellmut von Gerlach, Hermann Wendel, Karl Tschuppik, Ödön von Horváth, Ernst Toller waren Freunde, deren vielleicht vorzeitiger Tod im Exil Roth erschütterte.

375 Karl Tschuppik. Fotografie, um 1933.

376 Ödön von Horváth. Fotografie, 1938.

377 Joseph Roth: Ödön von Horváths Tod. In: Pariser Tageszeitung, Paris, vom 3. Juni 1938. Ausschnitt. (Werke, Band 3, S. 812-813)

375
377/376

378 Reklamekarte des Hôtel Foyot, Paris. Aus Roths Besitz.

Nicht nur von Menschen galt es Abschied zu nehmen, auch von der vertrauten Umgebung: Roths Hotel verschwand ebenfalls. Im November 1937 wurde es wegen Baufälligkeit abgerissen. Der letzte Gast, der darin wohnte, soll Roth gewesen sein. Fürs erste übersiedelte er danach in das nahe Hôtel Paris-Dinard. Roth schrieb dazu in einem autobiographischen Feuilleton:

»Gegenüber dem Bistro, in dem ich den ganzen Tag sitze, wird jetzt ein altes Haus abgerissen, ein Hotel, in dem ich sechzehn Jahre gewohnt habe – die Zeit meiner Reisen ausgenommen. Vorgestern abend stand noch eine Mauer da, die rückwärtige, und erwartete ihre letzte Nacht. Die drei anderen Mauern lagen schon, in Schutt verwandelt, auf dem halb umzäunten Platz. [...]
An der einzigen Wand erkannte ich noch die Tapete meines Zimmers, eine himmelblaue, zart goldgeäderte. Gestern schon zog man ein Gerüst, auf dem zwei Arbeiter standen, vor der Wand hoch. Mit Pickeln und Steinhammern schlug man auf die Tapete ein, auf meine Wand; und dann, da sie schon betäubt und brüchig war, banden die Männer Stricke um die Mauer – die Mauer am Schafott. Das Gerüst ging mit den Arbeitern nieder. An beiden Rändern der Mauer hingen die Strickenden herunter. Jeder der beiden Männer zog an je einem Strickende. Und mit Gepolter stürzte die Mauer ein. Eine weiße dichte Wolke aus Kalk und Mörtel verhüllte das Ganze. Aus ihr traten jetzt weiß bestaubt, gewaltigen Müllern ähnlich, die Steine mahlen, die zwei Männer. Sie kamen mir geradewegs entgegen, wie jeden Tag, ein paarmal am Tage. Sie kennen mich, seitdem ich hier sitze. Der jüngere deutete mit dem Daumen über die Schulter rückwärts und sagte: ›Jetzt ist sie weg, Ihre Tapete!‹ Ich lud beide ein, mit mir zu trinken, als hätten sie mir eine Wand aufgebaut. Wir scherzten über die Tapete, die Mauern, meine teuren Jahre. [...]
Jetzt sitze ich gegenüber dem leeren Platz und höre die Stunden rinnen. Man verliert eine Heimat nach der anderen, sage ich mir. Hier sitze ich am Wanderstab. Die Füße sind wund, das Herz ist müde, die Augen sind trocken. Das Elend hockt sich neben mich, wird immer sanfter und größer, der Schmerz bleibt stehen, wird gewaltig und gütig, der Schrecken schmettert heran und kann nicht mehr schrecken. Und dies ist eben das Trostlose.«

(Joseph Roth: »Rast angesichts der Zerstörung« [Auszüge]. In: Werke, Band 3, S. 813 und 814)

379 Paris. Hotel Paris-Dinard. Rechnung für Joseph Roth über die Tage vom 15. bis 21. November 1937.

Paris, Café Tournon

380 Paris VI. 18, Rue de Tournon. Das ehemalige Hôtel de la Poste mit dem Café Tournon. Fotografie: Brita Eckert, 1978.
Ab April 1938, nach der Wien-Reise, wohnte Roth wieder in der Rue de Tournon, und zwar im Hôtel de la Poste, gegenüber dem früheren Foyot.

Keineswegs späte Seßhaftigkeit, sondern Hinfälligkeit kennzeichnen die letzten Monate von Roths Leben, der, erst vierundvierzigjährig, seine Briefe seit Jahren kokett-schicksalsergeben mit »armer alter Jud« unterschrieb. Er residierte im Café des Hotels; hier besuchten ihn regelmäßig Freunde und Bekannte.

»Er hat sich immer einsam gefühlt und war der geselligste Mensch. In den meisten großen Städten Europas war sein Kaffeehaustisch eine Tafelrunde und ein Stammtisch. Seine Freunde in aller Herren Länder waren Legion, Freunde von jeder Sorte, Poeten und Journalisten, Verleger und reiche Leute, Schmarotzer und Stammgäste, katholische Priester und Kommunisten, Herzoginnen und Schauspielerinnen, Hilfesuchende und Leser, Narren und Unglückliche.
Eine ganze Gesellschaft saß an seinem Tisch, und Roth studierte und unterhielt sie, trinkend und plaudernd und rauchend, noch in den müßigsten Stunden beschwingt, ein ausgezeichneter Erzähler, geistreich und nobel, ein flinker Beobachter, scharfäugig, hellhörig, immer der Mittelpunkt, anziehend und anzüglich, und in guten und lange auch in schlechten Zeiten die Tafelrunde bewirtend. […]
Solchen Kaffeehausfreunden und auch Intimeren erzählte Roth gerne und amüsant aus seinem Leben, Dichtung und Wahrheit. So machte er aus seinem Leben eine hundertfache Legende und, spottend der Polizeispleenpedanterie und Menschenzählungsgrundlagen und amtlichen Fragebogen, mischte er seine Fabeln, so willkürlich und vergnügt, daß jeder seiner Freunde andere Details und Anekdoten aus Roths Leben zu berichten weiß.«
(Hermann Kesten: »Der Mensch Joseph Roth«. In: Hermann Linden [Hrsg.]: Joseph Roth, S. 16-17)

380

381   Joseph Roth mit Wilhelm Zils und Soma Morgenstern im Café Tournon, Paris. Fotografie, 1938.

382   Joseph Bornstein (1899–1952; Pseudonym: Erich Andermann), Journalist, Schriftsteller. Fotografie, Ende der zwanziger Jahre.
Redakteur des »Tage-Buch« und, ab 1933 in der Emigration, des »Neuen Tage-Buch« in Paris, in dem Roth eine große Zahl seiner Artikel zwischen 1933 und 1939 veröffentlichte. Bornstein zählt mit Hedi Davis, Paula Grübel, Friderike Zweig und Blanche Gidon zu den Personen, die Roths Manuskripte und Briefe nach seinem Tod sammelten, aufbewahrten und so vor der Vernichtung retteten.

381
382

383-385 Bil Spira (Willy Freier): Drei Zeichnungen von Joseph Roth. Paris, 1939.   *383/384 385*

383 Signiert »bil 39«.

384 Bezeichnet: »Roth mit Freund Klaus D[ohrn]«, signiert »bil 39«.
Klaus Dohrn war Mitherausgeber der Wiener Zeitschrift »Der christliche Ständestaat«.

385 Bezeichnet von Roth: »Joseph Roth wie er leibt und trinkt«. 1939, signiert »bil 39«.

386 Joseph Roth. Fotografie, um 1938.

387 Empfangsschein für die Überweisung einer Stipendium-Rate der American Guild for German Cultural Freedom, Paris, 12. November 1938.
Die Überweisung ging an die Adresse »Neues Tage-Buch«, da Hedy Pompans Wiener Adresse, mit der Roths Antrag an die Guild bezeichnet war, nicht mehr aktuell war (sie konnte nach England flüchten) und die Absender die neue Pariser Hoteladresse Roths nach dem Abbruch des Foyot noch nicht kannten.

388 Friderike Zweig. Fotografie, vierziger Jahre.
*Die enge, freundschaftliche Beziehung Roths zu Friderike Zweig setzte sich in Paris fort. Frau Zweig half Roth u. a., indem sie für ihn verschiedene Erledigungen – etwa anläßlich von Zahlungen der »Guild« – übernahm.
Im Frühjahr 1939 las Roth vor einer Gesellschaft in Friderike Zweigs Wohnung aus der noch unveröffentlichten »Legende vom heiligen Trinker«.*

386
387

389 Joseph Gottfarstein. Fotografie: Anton Peternel, 1970.
Der jiddische Journalist und Talmudist war Roth besonders vertraut. Roth hatte ihm – was damals selten geschah – nach dem ersten Gespräch das »Du« angeboten, wohl in der Erkenntnis einer geistigen Verwandtschaft: Dem ehrlichen, weisen, offenen – und eben selbst aus dem Ostjudentum stammenden – Gottfarstein brauchte er weder mit gespieltem Katholizismus noch mit scheinbarer Distanz zum Judentum zu kommen. Die beiden verband vor diesem gemeinsamen Hintergrund eine von Roths Drang zum Gespräch und Gottfarsteins Tiefe bestimmte Intensität des Gedankenaustauschs. Sie sahen einander seit 1934 meist nächtens; oft ließ Roth den Freund holen, so dringend war ihm das Reden, das gegen Traurigkeit und Angst wirkte – die Grundstimmungen des Exils.

390 Soma Morgenstern. Fotografie: Trude Fleischmann, vierziger Jahre.
Morgenstern, Wiener Feuilletonkorrespondent der »Frankfurter Zeitung«, ging 1938 ins Exil. In Paris wohnte auch er im Hôtel de la Poste und war Roth – den er schon lange aus Wien kannte – Gesprächspartner und diskrete Hilfe, da Roths Gesundheit immer mehr schwand.

388 / 389
390

391 Mies Blomsma: Joseph Roth. Zeichnung, 1938. Signiert: »Mies Blomsma. Parijs Nov. '38«. Bezeichnet von Joseph Roth: »*Das bin ich wirklich; böse, besoffen, aber gescheit. Joseph Roth*«.

Tod

392 Paris XV. Rue de Sèvres. Hôpital Necker. Fotografie, um 1890.

Roths Gesundheit hatte sich seit Herbst 1938, als er vermutlich einen Herzinfarkt erlitt, zunehmend verschlechtert; der ungehemmte Alkoholgenuß, ohne den er nicht schreiben konnte, und die Lasten des Lebens und der Politik schwächten ihn. Am Vormittag des 23. Mai brach er im Café Tournon zusammen und wurde in das Hôpital Necker gebracht, wo er – nach vier Tagen ohne adäquate medizinische Betreuung – am 27. Mai 1939 starb.

Das Begräbnis fand am 30. Mai 1939 auf dem Cimetière Thiais statt. Eine große Zahl von Trauernden war anwesend – höchst unterschiedlich in ihrer Auffassung, wie die Trauerfeierlichkeit zu begehen sei, alle jedoch in echter Trauer. Für die Legitimisten legte Graf Trauttmannsdorff einen Kranz mit der Aufschrift »Otto« auf schwarzgelber Schleife nieder und hielt eine Ansprache, in der er den »treuen Kämpfer der Monarchie« hervorhob und die das Mißfallen der Linken erregte. Demonstrativ rief der Kommunist Egon Erwin Kisch mit lauter Stimme: »Im Namen deiner Kollegen vom SDS«. Nicht zuletzt waren die jüdischen Anwesenden schockiert, daß ein katholischer Geistlicher die Einsegnung des von ihnen nach wie vor als Juden angesehenen Roth vornahm.

Stefan Fingal:
Legende vom Heiligen Trinker

»Am 27. Mai waren es zehn Jahre, daß wir Joseph Roth verloren. Die letzten Worte, die er zu mir sprach, waren: ›Hüte Dich vor diesen Leuten, es sind böse Menschen‹. Dann, mit der Anstrengung eines Verzweifelten, der ahnte, daß er niemals wieder das Licht des Lebens sehen würde, empfing er einen nach dem anderen dieser bösen Menschen, flehte sie an, etwas für ihn zu tun, ihn von diesem schrecklichen Hospital fortzunehmen. Es wäre ein Leichtes gewesen, aber sie taten es nicht. Man hatte ihn aufgegeben. Er war unbequem geworden, es hatte sich herumgesprochen, daß er an hoher Stelle in Ungnade gefallen war. Die hohe Stelle war auch bei ihm in Ungnade gefallen. Joseph Roth stand vor einer Umkehr. So verreckte der Dichter, von dem Stefan Zweig in seinem Nachruf wenige Wochen später in London sagte: ›Wenn überhaupt etwas von unserer Literatur übrig bleibt, so ist es der ,Hiob' von Joseph Roth ...‹
[...]
Ich kann nicht sagen, ob Joseph Roth hätte gerettet werden können. Aber ich weiß, daß eine feine Dame, als er ins Hospital Necker eingeliefert wurde, angab, Joseph Roth habe einen Herzanfall erlitten. Warum sagte das die feine Dame? Weil es ihr peinlich war, zu sagen, daß es sich um einen Fall von Delirium tremens handelte. Sonst hätte man ihn in eine Trinkerheilstätte gebracht. Im Hospital gab es nicht einmal Kissen mit Rücklehne. Man ließ ihn liegen, und als er fort wollte, band man ihn fest. Joseph Roth, mit Riemen festgeschnallt in einem Armenleute-Hospital! Eine leichte, mehr zufällige Erkältung ging in eine Bronchitis über, die Bronchitis in eine Lungenentzündung.
[...]
Als wir ihn auf dem Friedhof von Thiais begruben, da kamen so viele seiner Freunde, und sie kamen aus allen Lagern, Kommunisten und Monarchisten, daß man beschloß, keine Reden zu halten. Man wollte die Einigkeit in der Pariser Emigration, die nur in Joseph Roths Person verkörpert war, nicht stören, wenigstens nicht am offenen Grabe. Als ein Monokelgespenst einen Kranz mit schwarzgelber Schleife ins Grab gleiten ließ und dazu einige Worte mehr hauchte als flüsterte, antwortete Egon Erwin Kisch wütend, indem er, schon wesentlich lauter, den roten Nelkenstrauß dem Kämpfer gegen den Faschismus Joseph Roth ins Grab nachschleuderte.
Sie haben einen Juden mit Litaneien und Kreuz begraben. Joseph Roth war nie getauft. Wir, seine engeren Freunde, wußten es. In den letzten Jahren neigte er zum Mystizismus, besuchte mit Katholiken Kirchen, aber wenn die Messe der österreichischen Kolonie in der Kapelle der Rue Latour-Maubourg gelesen wurde, stahl er sich heimlich fort, zum nächsten Bistro, wo er trank. Joseph Roth hat seinen aristokratischen Freunden und deren schlecht getauftem Anhang oft erzählt, er sei Christ. Der Beweis, daß er es nicht war, ist sehr leicht erbracht, Joseph Roth befand sich zeitlebens in Verlegenheit wegen seiner Papiere. Ein Original-Taufschein hätte für ihn gar oft manches schwierige Problem gelöst. Er besaß ihn nicht.
Allein, verzeihe mir, wer kann, in dem zwiefachen Sakrileg der Beerdigung eines Juden durch katholische Priester lag etwas ungemein Sinnvolles, fast möchte ich sagen Versöhnliches. Es war, als würde damit der Zwiespalt in seinem Wesen ausgelöscht. Wenige Tage vor seinem Tode hatte er mir den Bürstenabzug der ›Legende vom Heiligen Trinker‹ gegeben. Ich hatte nicht die Zeit gefunden, diese so ungemein tiefe und von einer solch schweren Todessüße erfüllte Erzählung zu lesen. Als ich es später tat, wußte ich, es war nichts Böses geschehen. Dieser Priester des Bacchus war in der tiefsten Zelle seines Wesens wieder Heide geworden. Nur wenigen sagte er es.
[...]
Der traurige Held der Trinkerlegende sinkt tot zu Füßen der heiligen Therese hin, und das Buch schließt mit den Worten: ›Gebe Gott uns allen Trinkern einen so leichten Tod.‹
Es war ihm nicht beschieden. Er starb an einem Wendepunkt seines Daseins, im Begriff, zur Ideenwelt seiner Jugend zurückzukehren. Es war zu spät. Ein mit Lederriemen ans Sterbebett gefesselter Prometheus, so hauchte er seine Feuerseele aus.«

(Stefan Fingal: Legende vom Heiligen Trinker. Gedenkblatt zum 10. Todestag von Joseph Roth. In: Aufbau, 24. Juni 1949, S. 9)

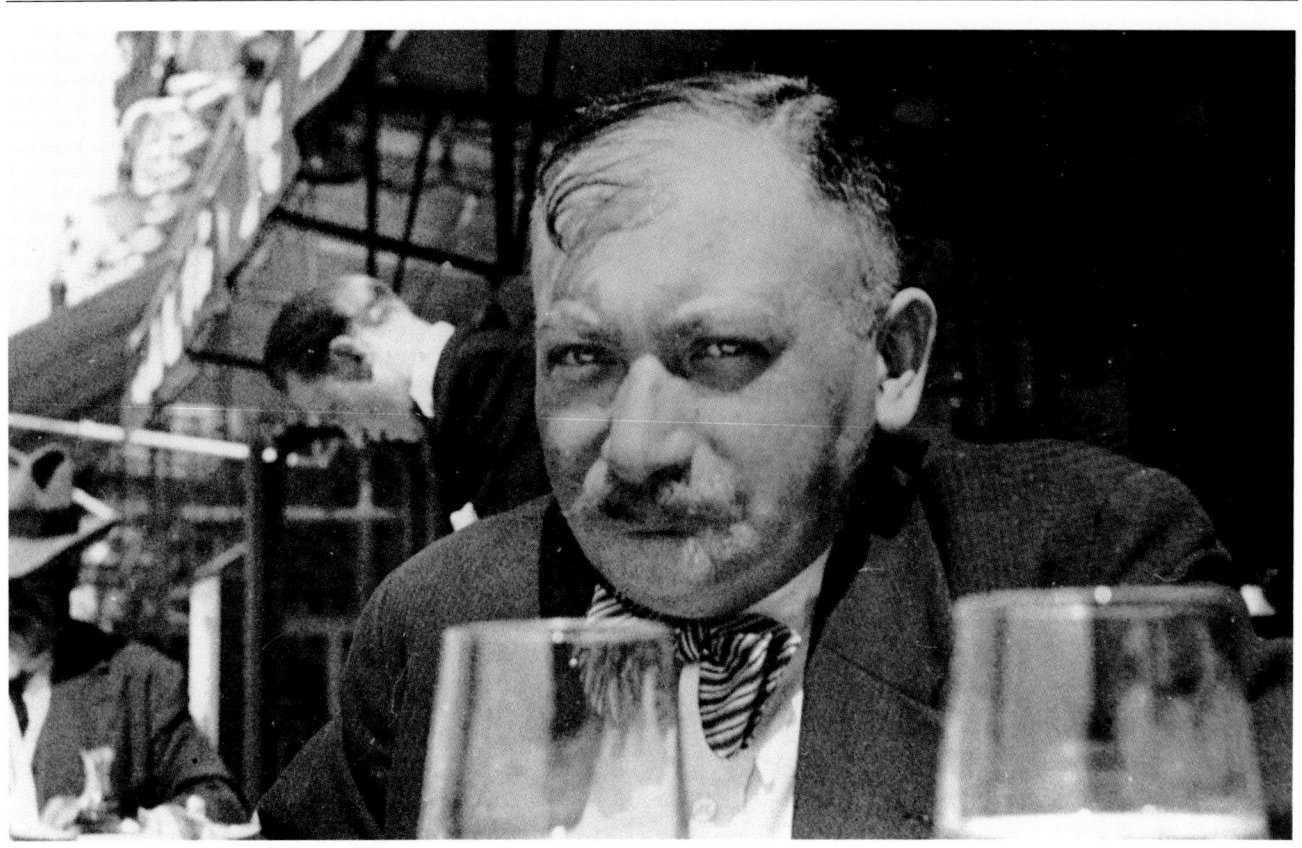

393 Joseph Roth in Ostende. Fotografie, 1936.

Dank

Folgende Archive und Sammlungen haben Bildvorlagen für die genannten Abbildungen zur Verfügung gestellt, als Originaldokument oder als Reproduktion. Ihnen und ihren MitarbeiterInnen danken die Autoren und der Verlag herzlich:

Amsterdam:
Ronald Bos:
   35, 117
Gemeentearchief Amsterdam:
   325, 326, 327
Berlin:
Bildarchiv Preußischer Kulturbesitz:
   97, 112, 113, 280
Deutsche Kinemathek:
   108
Casparius / Stiftung Deutsche Kinemathek:
   109
Deutsche Kinemathek, Marlene Dietrich Collection:
   333, 334
Freie Universität Berlin, Institut für Geschichte der Medizin/Dokumentation:
   153
Märkisches Museum:
   173
Ullstein Bilderdienst:
   102, 110, 111, 116, 118, 119, 120, 121, 122, 123, 181, 211, 213, 214, 231, 233, 237, 238, 282, 295, 298, 302, 359, 382
Brüssel:
Jan G. Reifenberg
   184
Den Haag:
Nederlands Letterkundig Museum en Documentatiecentrum:
   134, 346, 347, 353, 391
Frankfurt/Main:
Deutsche Bibliothek, Deutsches Exilarchiv 1933-1945:
   311, 312, 330, 352, 356, 357, 383, 384, 385, 387
Brita Eckert:
   380
Wolfgang Haut:
   179
Institut für Stadtgeschichte:
   175, 177, 178
Stadt- und Universitätsbibliothek:
   167, 240, 322

Fredonia, N. Y.:
State University College at Fredonia, Reed Library:
   243, 275, 276
Klagenfurt:
Anton Peternel:
   168, 321, 389
Köln:
Verlag Kiepenheuer & Witsch:
   3, 26, 33, 92, 100, 230, 245, 247, 252, 254, 256, 260, 273, 292, 309, 381
Leipzig:
Deutsche Bibliothek:
   106, 107, 268
Kiepenheuer Verlag:
   257, 258, 272
London:
Williams Verlag:
   393
Wiener Library:
   222
Marbach/Neckar:
Deutsches Literaturarchiv:
   101, 103, 104, 105, 157, 163, 169, 170, 176, 180, 253, 261, 263, 264, 290, 300, 337, 345
München:
Stadtbibliothek, Handschriftensammlung:
   255, 296, 317
New York:
Leo Baeck Institute, Joseph Roth Collection, Joseph Roth/Bornstein Collection:
   19, 23, 36, 37, 38, 39, 54, 55, 56, 64, 67, 77, 80, 89, 114, 115, 125, 128, 129, 133, 134, 136, 138, 139, 140, 141, 142, 143, 144, 145, 146, 147, 148, 149, 150, 151, 152, 156, 158, 168, 171, 172, 174, 183, 186, 187, 188, 189, 190, 191, 192, 193, 195, 197, 198, 200, 201, 206, 207, 208, 209, 210, 212, 227, 229, 234, 235, 251, 269, 270, 271, 274, 279, 304, 307, 313, 315, 320, 331, 339, 341, 344, 348, 355, 361, 362, 364, 365, 371, 374, 378, 379
YIVO Institute for Jewish Research:
   5, 42, 44, 221, 225
Paris:
Bibliothèque Historique de la Ville de Paris:
   185, 293
Roger-Viollet – Documentation photographique:
   194, 196, 202, 219, 226, 236, 239, 244, 246, 294, 301, 303, 308, 310, 392

Princeton, N. J.:
Princeton University, Firestone Library:
  265
Salzburg:
Salzburger Literaturarchiv:
  242
Washington, D. C.:
Library of Congress, Manuscript Division,
  Ben Huebsch Collection:
  299, 314, 328
Wesseling-Berzdorf:
Clemens Schülgens:
  40
Wien:
Antiquariat Wolfdietrich Hassfurther:
  354
Dokumentationsarchiv des österreichischen
  Widerstandes:
  287
Dokumentationsstelle für neuere österreichische Literatur:
  22, 24, 25, 28, 30, 45, 53, 95, 96, 124,
  126, 132, 137, 154, 155, 164, 165, 166,
  182, 216, 220, 223, 224, 241, 248, 249,
  250, 259, 262, 277, 286, 291, 297, 305,
  306, 316, 318, 319, 323, 324, 329, 332,
  335, 336, 338, 340, 342, 343, 349, 350,
  351, 358, 360, 367, 370, 373, 375, 376,
  377, 386, 388, 390
Pierre Genée:
  131
Dietmar Grieser:
  135
Franz Hubmann:
  278
Israelitische Kultusgemeinde, Matrikelamt:
  130
Kammer für Arbeiter und Angestellte, Studienbibliothek, Tagblatt-Archiv:
  281
Heinz Lunzer, Victoria Lunzer-Talos:
  21, 27, 266, 267
Österreichische Nationalbibliothek, Porträtsammlung und Bildarchiv:
  1, 2, 9, 11, 13, 14, 15, 16, 20, 29, 43, 46,
  47, 48, 49, 50, 51, 57, 58, 59, 60, 61, 62,
  63, 66, 68, 69, 71, 72, 73, 74, 75, 76, 79,
  88, 98, 99, 127, 203, 204, 205, 215, 218,
  289, 363, 366, 368, 372
Österreichische Nationalbibliothek,
  Druckschriftensammlung:
  34, 83, 84, 85, 86, 87, 93, 94, 159, 160,
  161, 162, 199, 232, 283, 284, 285, 288

Österreichisches Staatsarchiv/Kriegsarchiv:
  4, 6, 7, 8, 10, 12, 17, 18, 31, 32, 41, 65,
  70, 81, 82
Universitätsbibliothek:
  90, 91
Universitätsarchiv Wien:
  52

*Folgenden Rechteinhabern danken wir für
die freundliche Genehmigung zum Abdruck:*
Allert de Lange (Joseph Roth)
Der Aufbau (Stefan Fingal)
S. Fischer Verlag (Stefan Zweig)
Hermann Kesten
Jan G. Reifenberg (Benno Reifenberg)
Societäts-Verlag (Frankfurter Zeitung)

*Es konnten trotz intensiver Nachforschungen
nicht für alle Bildvorlagen die Rechteinhaber ermittelt werden; wir bitten diese, sich
gegebenenfalls mit dem Verlag Kiepenheuer
& Witsch in Verbindung zu setzen.*

Herzlichen Dank sagen wir folgenden Personen und Institutionen, die uns bei der Vorbereitung dieses Buchs geholfen haben:

Antiquariat Georg Fritsch, Wien
Antiquariat Walter Wögenstein, Wien
Austrian Institute, New York
Trude und Leo Bartel, Princeton, N. J.
Nitsan Bazelet, Tel Aviv
Knut Beck, Frankfurt/Main
Inge Belke, Marbach/Neckar
Michael Bienert, Berlin
Theo Bijvoet, Den Haag
Ronald Bos, Amsterdam
Rosalind Bronsen, Burlington, MA
Bohdan M. Cajkovs'kyj, L'viv
Erwin Butschan, Hachenburg
Larissa Cybenko, L'viv
Sonja Dobbins, London
Alisa Douer, Wien
Brita Eckert, Frankfurt/Main
John Ellison, Fredonia, N. Y.
Klaus v. Fleischbein-Brinkschulte, Berlin
Barthold Fles †, Laren
Hermann Frodl, Wien
Eckart Früh, Wien
Dietmar Grieser, Wien
Fred Grubel, New York, N. Y.
Heinz Gruber, Wien
Fritz Hackert, Tübingen
Marie Luise Hahn-Passera, Frankfurt/Main
Mechthild Hahner, Frankfurt/Main
Hermann Haarmann, Berlin
Wendy Henry, New York
Carolin Hilker Siebenhaar, Berlin
Erich Hillbrand, Wien
Helga Hummerich, Frankfurt/Main
Elke Ingram, Wien
Institut Autrichien, Paris
Bärbel Jach, Berlin
Robert Jacobs, New York, N. Y.
Georg Jankovic, Wien
Alice von Kahler †, Princeton, N. J.
Otto Kellner, Wien
Robert Kittler, Wien
Elisabeth Klamper, Wien
Heike Klapdor-Kops, Berlin
Sergej Kravtsov, L'viv
Bruno Kunz, Wien
Eleonore Lappin, Wien
Barbara Lee-Störck, Wien
Manfred Leithe-Jasper, Wien
Irene Lenk, Wien
Gérard Leyris, Orsay

Roland Links, Berlin
Rebecca Lunzer, Wien
Renate Matthaei, Köln
Helmut Maurer, Wien
Frank Mecklenburg, New York, N. Y.
Dana Melnik, Brody
Jochen Meyer, Marbach/Neckar
Fruma Mohrer, New York, N. Y.
Dan Morgenstern, New York, N. Y.
Herbert Mühlbauer †, Wien
Wolfgang Neugebauer, Wien
Katharina Ochse, Berlin
Ingrid Oentrich, Wien
Anton Peternel, Klagenfurt
Claudia Promnitz, Berlin
Brigitte Rapp, Wien
Andrea Tüke Rebuffé, Paris
Klemens Renoldner, Wien/Bern
Madeleine Rietra, Amsterdam
Ernst Rutkowski, Wien
Franciska Safran, Fredonia, N. Y.
Otto Schindler, Wien
Ernst Schönwiese †, Wien
Egon Schwarz, St. Louis, MO
Halina Svarnyk, L'viv
Klaus Siebenhaar, Berlin
Rainer-Joachim Siegel, Leipzig
Otto Sokol, Wien
Diane R. Spielmann, New York, N. Y.
Bernhard Stillfried, Wien
Andrea Sulzgruber, Wien
Alexander Talos, Wien
Milan Toman, Frankfurt/Main
Gabriele Weber, München
H. Weiss, Wien
Jarmila Weißenböck, Wien
B. Wirth, Frankfurt/Main
Hans Peter Zimmer, Wien

Literaturhinweise

Die Schriften Joseph Roths liegen gesammelt vor in der Ausgabe:

Joseph Roth: Werke. [Band 1-3:] Das journalistische Werk. Hrsg.: Klaus Westermann. Köln: Kiepenheuer & Witsch, 1989-1991;
[Band 4-6:] Romane und Erzählungen. Hrsg.: Fritz Hackert. Köln: Kiepenheuer & Witsch, 1989-1991.
Diese Bände werden mit »Werke«, Bandzahl und Seitenzahl zitiert.

Die Ausgabe wird ergänzt durch die Sammlung:
Joseph Roth: Unter dem Bülowbogen. Prosa zur Zeit. Hrsg.: Rainer-Joachim Siegel. Köln: Kiepenheuer & Witsch, 1994.

An Briefsammlungen des Autors sind erschienen:
Joseph Roth: Briefe 1911–1939. Hrsg.: Hermann Kesten. Köln, Berlin: Kiepenheuer & Witsch, 1970.
Diese Ausgabe wird mit »Briefe« und Seitenzahl zitiert.

Aber das Leben marschiert weiter und nimmt uns mit. Der Briefwechsel zwischen Joseph Roth und dem Verlag De Gemeenschap. 1936–1939. Hrsg.: Theo Bijvoet, Madeleine Rietra. Köln: Kiepenheuer & Witsch, 1991.
Diese Edition wird mit »De Gemeenschap« und Seitenzahl zitiert.

Madeleine Rietra: Muss man dann immer postwendend Geld senden, um überhaupt mit Ihnen verkehren zu können? Joseph Roth und Barthold Fles in Briefen. In: Interbellum und Exil. Hrsg.: Sjaak Onderdelinden. Amsterdam: Rodopi, 1991.
Auf diese Auswahl wird mit »Interbellum« verwiesen.

Die vollständigste Bibliographie zu den Werken Joseph Roths enthält:
Rainer-Joachim Siegel: Joseph-Roth-Bibliographie. Morsum/Sylt: Cicero Presse Timm Zenner, 1994.

Das umfangreiche Werk:
David Bronsen: Joseph Roth. Eine Biographie. Köln: Kiepenheuer & Witsch, 1974 (zitiert als »Bronsen« mit Seitenzahl) liegt nun in gekürzter Form vor:
David Bronsen: Joseph Roth. Eine Biographie. Hrsg.: Katharina Ochse. Köln: Kiepenheuer & Witsch, 1993.

Wo möglich wurden zitierte Texte mit den Originaldokumenten verglichen und diesen entsprechend wiedergegeben; verschiedene Hervorhebungen (ein- oder mehrfache Unterstreichungen) wurden vereinheitlicht.